Clemens Zerling

DIE ROSENKREUZER

Clemens Zerling

DIE ROSEN~ KREUZER

Geschichte einer Idee zwischen Mythos und Wirklichkeit …

V. F. SAMMLER

Umschlaggestaltung: DSR – Digitalstudio Rypka/Thomas Hofer, Graz

Umschlagfoto Vorderseite: Archiv des Verfassers (Kosmische Rose; siehe im Innenteil S. 55 oben)
Umschlagfotos Rückseite: Archiv des Verfassers (ganz oben, hermetisches Rosenkreuz des Golden Dawn /
unten, außen links: Mons philosophorum [Berg der Philosophen, geheimes Rosenkreuzersymbol] /
unten, Mitte oben: Jakob Böhme [oben] / unten, Mitte: Heinrich C. Agrippa von Nettesheim) / unten, außen
rechts: Darstellung aus „Geheime Figuren der Rosenkreuzer" [Christus in der Rose. Die Rose steht hier als Symbol
für die Offenbarung der universalen Harmonie des Seins])

Bildnachweis Innenteil: Soweit nicht anders ausgewiesen: Archiv des Verfassers

Wir haben uns bemüht, bei den hier verwendeten Abbildungen die Rechteinhaber ausfindig zu machen. Falls es
dessen ungeachtet Bildrechte geben sollte, die wir nicht recherchieren konnten, bitten wir um Nachricht an den
Verlag. Berechtigte Ansprüche werden im Rahmen der üblichen Vereinbarungen abgegolten.

Bibliografische Information Der Deutschen Bibliothek
Die Deutsche Bibliothek verzeichnet diese Publikation in der Deutschen Nationalbibliografie; detaillierte bibliografische Daten sind im Internet unter http://dnb.ddb.de abrufbar.

Hinweis: Dieses Buch wurde auf chlorfrei gebleichtem Papier gedruckt. Die zum Schutz vor Verschmutzung ver-
wendete Einschweißfolie ist aus Polyethylen chlor- und schwefelfrei hergestellt. Diese umweltfreundliche Folie
verhält sich grundwasserneutral, ist voll recyclingfähig und verbrennt in Müllverbrennungsanlagen völlig ungiftig.

Auf Wunsch senden wir Ihnen gerne kostenlos unser Verlagsverzeichnis zu:
Verlag für Sammler
Hofgasse 5 / Postfach 438
A-8011 Graz
Tel.: +43 (0)316/82 16 36
Fax: +43 (0)316/83 56 12
E-Mail: stocker-verlag@stocker-verlag.com
www.stocker-verlag.com

ISBN 978-3-85365-232-9

Layout: Ecotext Verlag, Mag. G. Schneeweiß-Arnoldstein, 1010 Wien
Gesamtherstellung: Druckerei Theiss GmbH, A-9431 St. Stefan

Printed in Austria

Inhaltsverzeichnis

O Schatz aller Schätze,
o Du Geheimnis aller Geheimnisse
und aller Dinge Heimlichkeit,
ja aller Dinge Heiligung und Gesundung.
Mit Recht begehrt Dein die ganze Welt,
denn allen, die Dich kennen,
gibst Du Freude,
zerstörst alle Schwachheit,
kurzum gibst dem Menschen in Überfluss alles,
was ihm wohlgefällt.

Lobpreis an die rosenkreuzerische Weisheit, Paracelsus zugeschrieben. Aus: Sendschreiben, An die Brüderschafft deß Hochlöbl. Ordens deß Rosencreutzes …, in: Theophilus Schweighart, Pandora Sextae Aetatis, Sive Speculum Gratiae …, o. O., o. D. [1617]

Hermes mit dem Kind Dionysos aus dem Hera-Tempel in Olympia, um 340 v. Chr., Archäologisches Museum in Olympia

Der Bote und Übermittler göttlicher Weisheit trägt den Unterweltgott, das neue Leben aus der Tiefe der Erde und des Unbewussten. Ursprünglich reicht er ihm eine geistbeschwingende Weintraube, Symbol göttlichen Wirkens – die rechte Nahrung für Dionysos, der sich als Prinzip geistiger Überschattung mitunter auch als kreative Inspiration offenbarte und verschenkte.

Auf der Suche nach Literatur über die mysteriöse wie zugleich ominöse Bruderschaft der Rosenkreuzer gerät der fiktive Schreiber des Romans ZANONI in einen alten Buchladen und befragt diesbezüglich den weißhaarigen Buchhändler:

„Die Rosenkreuzer!", wiederholte der alte Herr und sah mich mit Erstaunen an. „Wer anders als ein Rosenkreuzer könnte die Geheimnisse derselben erklären? Und können Sie sich denken, dass ein Glied dieser verschwiegensten unter allen geheimen Gesellschaften den Schleier lüften wird, hinter dem die Isis ihre Wahrheit verbirgt?"

Im Verlauf des Gespräches gewinnt der Suchende den Eindruck, im Buchhändler selbst einen dieser geheimnisumwitterten Weisen vor sich zu haben. So nimmt er gern eine Einladung in dessen Privathaus an. Dort kommt es zu einer gelehrten Auseinandersetzung über das Wesen der Rosenkreuzer, von denen einige, wie der alte Herr versichert, immer noch existieren.

„Diese Bruderschaft", sagte er, „ist achtungswert und tugendhaft; kein Mönchsorden ist strenger in der Ausübung moralischer Gesetze oder eifriger im christlichen Glauben – diese Bruderschaft ist nur ein Zweig von anderen, noch erhabeneren, noch erlauchteren hinsichtlich ihres Ursprungs. Sind Sie mit den Platonikern bekannt?"

„Ich habe mich gelegentlich in ihrem Labyrinth verirrt", sagte ich.

„Und doch sind ihre verwickeltsten Probleme nie veröffentlicht worden. Ihre erhabensten Werke sind nur im Manuskript vorhanden und bilden das grundlegende Wissen nicht nur der Rosenkreuzer, sondern auch der Bruderschaften, die ich erwähnte. Ernster und erhabener noch sind die Kenntnisse, die aus den älteren Pythagoreern und den unsterblichen Meisterstücken des Apollonius zu schöpfen sind."

„Apollonius, der Betrüger von Tyana! Sind seine Schriften noch vorhanden?"

„Betrüger?", rief mein Wirt. „Apollonius, ein Betrüger!"

„Ich bitte Sie um Verzeihung. Ich wusste nicht, dass er Ihr Freund war, und wenn Sie sich für seinen Charakter verbürgen, so will ich glauben, dass er nur die Wahrheit sprach, wenn er sich rühmte, an zwei Orten zu gleicher Zeit sein zu können."

„Ist das so schwer?", sagte der alte Herr. „Haben Sie nie geträumt?"

Baron Edward Bulwer-Lytton

Vorwort

Wir schreiben das Jahr 1614. Aufgerüstet und unversöhnlich stehen sich in Europa Protestantische Union und Katholische Liga als Machtblöcke gegenüber. Von Kanzeln und Kathedern aus schäumen Theologen aller Konfessionen, verdammen alles, was sie persönlich nicht als „reine Lehre" akzeptieren. Während sich solche Fundamentalisten einander in Dogmatismen übertreffen, ist – von ihnen scheinbar unbemerkt – längst ein neues Zeitalter geistiger Freiheit angebrochen. Moderne wissenschaftliche Forschungsmethoden halten Einzug, gewähren Einblicke in bislang unbekannte Zusammenhänge. Sie bahnen konkrete Erfahrungswege zu Erkenntnissen jenseits überkommener Glaubensinhalte. Manche ihrer Vertreter nehmen extreme Positionen der späteren Aufklärung vorweg. Gott als soziale, ethische, erst recht als naturwissenschaftliche Arbeitshypothese oder als Erklärungsmittelpunkt verliert zunehmend an Bedeutung. Jetzt rückt der Mensch als Subjekt und Objekt in den Mittelpunkt. Er will die Natur seinen eigenen Interessen unterordnen. Im Gefühl, vor Umwälzungen zu stehen, die vielleicht kaum noch einen Stein auf dem anderen lassen, verkünden zahlreiche Volkspropheten einmal wieder den unausweichlichen Untergang der Welt.

In jeder tiefen Krise gebären wir individuell und gesellschaftlich etwas Neues, das durchaus zum Erlösungsmoment aufsteigen kann. Verspüren wir das Nahen solcher Änderungen, ohne schon das Neue konkretisieren und einordnen zu können, entstehen wachsende Ängste. Nicht immer dringen sie gleich an die Oberfläche des Bewusstseins.

Für 1604, dem „magischen Jahr", haben Astronomen den Aufgang eines neuen Sterns am Firmament angekündigt. Chiliasten in allen religiösen Lagern erhoffen mit diesem Omen den Beginn eines Tausendjährigen Reiches und die Wiederkunft des Messias. Hatte nicht schon der kalabrische Mystiker Joachim von Fiore (um 1135–1202) ein solches „Zeitalter des Heiligen Geistes" verheißen? Johannes Kepler (1571–1630) veröffentlicht dazu zwar eine gründliche und jeglicher Spekulation abholde Untersuchung. Trotzdem weckt dieser Stella nova eine starke Erlösungserwartung. Doch die Erlösung, wie auch immer sie sich manifestieren wird, hat es offensichtlich nicht gerade eilig mit ihrer Erscheinung.

Da versetzen drei anonym erscheinende Schriften die Intellektuellen Europas in hellste Aufregung. Wie Paukenschläge folgen sie aufeinander: 1614 die Fama Fraternitatis, 1615 die Confessio Fraternitatis, 1616 die Chymische Hochzeit: Christiani Rosencreutz anno 1459. Fama und Confessio sprechen von einer geheimen „hochlöblichen Unsichtbaren Bruderschaft", die zur wirklichen geistigen Reformation aufruft: zur „Generalreformation" des Individuums, der Gesellschaft, von Kirche und Gelehrtenwelt. Religion und moderne Wissenschaft sollen wieder miteinander versöhnt werden. Die letzte der drei Schriften, zu der sich später als Autor der protestantische Theologe Johann Valentin Andreae (1586–1654) aus dem württembergischen Calw bekennt, scheint daneben direkt auf ein politisches Ereignis anzuspielen, nämlich die Hochzeit des calvinistischen Pfalzgrafen Friedrich V. aus Heidelberg mit Elisabeth Stuart, der Tochter des protestantischen Königs Jakob I. von England. Friedrich wird die Krone Böhmens annehmen und die Hoffnungen weiter Teile des protestantischen Lagers auf ein Gegengewicht zum ebenso erzkatholischen wie erzkonservativen Haus Habsburg auf sich vereinigen. Damit löst er aber auch den Dreißigjährigen Krieg aus. Unaufhaltsam wird sich dessen lodernde Feuersbrunst durch die deutschen Lande wälzen, die in weiten Teilen nur Asche hinterlässt.

Fama bedeutet Sage, Gerücht, Nachricht oder Ruf. Und dieser Ruf eilt kometengleich durch Europa. Über 400 Antwortschreiben und sogenannte Sendbriefe an diese unsichtbare Fraternität greifen allein bis 1625 deren Gedanken auf, voller Reformsehnsucht oder kritisch ablehnend. Bereits auf der Frankfurter Buchmesse 1614 erwartet man, die ersten „echten" Rosenkreuzer zu Gesicht zu bekommen.[1] Leider lassen sie sich nicht sehen, auch in den nächsten Jahren nicht. Überhaupt scheint diese Bruderschaft entweder unsichtbar zu sein, oder sie hat sich nach ihren Veröffentlichungen in absolutes Schweigen gehüllt. In ihrer Confessio erklärt sie (Kap. 5): Gott hat uns „mit seinen Wolken umgeben, dass uns von seinen Knechten keine Gewalt angetan und zugefügt werden kann, daher wir auch von niemand, er habe denn Adlers Augen, gesehen und erkannt werden können". – Trotzdem suchen euphorische Aufnahmewillige und aufgestachelte Gegner fieberhaft nach ihr – völlig ergebnislos. Weder finden es die Brüder R. C. nötig, ihren Bewunderern zu antworten, noch ihren Angreifern. Solche Unentdeckbarkeit stachelt die Neugier an und lässt die Spekulationen wuchern. Viele anonyme Autoren machen sich als vermeintliche Mitglieder dieses geheimen Ordens wichtig und stiften weitere Verwirrung. 1609 erklärt sich ein Philipp Ziegler in Nürnberg zum „König der Rosenkreuzer".[2] Gibt es diese Bruderschaft überhaupt, die sich so im Verborgenen zu halten weiß? Oder handelt es sich nur um ein Ludibrium (Spiel, spöttisches Theater, Posse) mit einer Idee, wie Andreae später behauptet. Ein solches Spiel wird der gelehrte Arzt und Alchimist Michael Maier (1568–1622) später wieder aufgreifen.

Auch fast 400 Jahre später hat der Name Rosenkreuzer und sein Symbol noch nichts von seiner ebenso anziehenden wie beunruhigenden Faszination eingebüßt.

Ein intelligent inszeniertes Spiel mit etwas Nicht-Greifbarem

Die Fama Fraternitatis, ein Dokument voller politischer und religiöser Brisanz, erlebte in relativ kurzer Zeit mehrere Auflagen. Umgehend setzte natürlich die Suche nach ihrem Verfasser ein, dem man auch die Confessio Fraternitatis zuschrieb. Heutige Rosenkreuzer-Forschung geht nicht mehr von einem einzigen Autor aus. Immer mehr Hinweise führen nämlich zum sogenannten Tübinger Kreis. Um die zentrale Gestalt dieser losen Vereinigung mit stark alchimistischem Einschlag, Tobias Hess (1558–1614), scharten sich offensichtlich etwa dreißig Gelehrte, darunter der Theologe und Sozialreformer Johann Valentin Andreae (1586–1654) sowie der Jurist und gelehrte Staatswissenschaftler Christoph Besold (1577–1638). Gerade dieses Dreigestirn scheint maßgeblich verantwortlich gewesen zu sein, die Manifeste formuliert und in Umlauf gebracht zu haben.

Schon kurz nach Veröffentlichung der Fama hatten Kritiker an der Tübinger Universität Andreae und seine Freunde als Urheber beschimpft. Christoph Besold notierte 1624 handschriftlich in seiner Ausgabe der Schrift: „Autorem suspicor J. V. A. (als Autoren vermute ich Johann Valentin Andreae)", was er im Weiteren mit dessen Familienwappen zu begründen suchte.[3] Absoluter kann Diskretion nicht sein, wenn selbst die engsten Freunde im Trüben fischen. Oder handelt es sich um eine gezielte Spurenverwischung? Denn in diesem Jahr begann der Konvertit Besold, sein umfangreiches Werk im katholischen Sinne zu revidieren. In Konsequenz verlangte dies, die eigene Beteiligung an der Entstehung des aller konfessionellen Enge gegenüber angriffslustigen R.-C.-Programms möglichst zu verdunkeln.[4]

Im Anhang der Erstausgabe der Fama befindet sich ein etwas obskures Antwortschreiben von Adam Haslmayr (1562–1630), eines paracelsischen Medicus aus Tirol: Antwort An die lobwürdige Brüderschafft der Theosophen von RosenCreutz N. N., o. O., 1612. Darin erklärt der vielseitige Lehrer, Musiker, Notar und Alchimist, bereits 1610 eine handschriftliche Fassung der Fama eingesehen zu haben. Haslmayr begrüßt die inspirierte Weisheit dieser Schrift euphorisch. Er preist die Bruderschaft als Alternative zum Jesuitenorden, weil sie „wahrhaftig" auf der Lehre Christi gründe. Zuversichtlich weissagt er den baldigen Untergang des Papsttums und rät Gläubigen deshalb von einem weiteren Kirchenbesuch ab. Nach der Veröffentlichung der Antwort bat er seinen Landesherrn, Erzherzog Maximilian in Innsbruck, außer Landes gehen zu dürfen, um die Rosenkreuzer im Raum Montpellier zu suchen.[5] Wie kam er gerade auf die Gegend Languedoc-Roussillon? Statt diese sicher interessante Suche zu sponsern, ließ Maximilian ihn auf Veranlassung der aufgebrachten Jesuiten in Ketten legen. Haslmayr wurde zu viereinhalb Jahren Galeerendienst vor Genua verurteilt. Seltsamerweise gelang es ihm aber, in dieser Strafzeit eine Reihe von paracelsischen und alchimistischen Schriften zu verfassen.

In seinem Antwortschreiben auf das Manifest der Bruderschaft benutzte der Tiroler als Erster und vorübergehend Einziger den Begriff Rosenkreuzer. Weder die erhalten gebliebenen handschriftlichen Fassungen der Fama noch die Druckausgaben, noch die Confessio erwähnen die Bezeichnung. Entstammt sie der alchimistisch-paracelsischen Tradition? Ernst Bloch behauptete, Paracelsus habe eine Rosenkreuzerloge von 1530 in Basel erwähnt, gab aber keinen Quellenhinweis an.[6] Wusste Haslmayr mehr als andere? Oder war er etwa der kreative „Erfinder"? Jedenfalls taucht vor ihm der Begriff Rosenkreuzer in keiner der Wissenschaft bisher zugänglichen Quelle auf. Wie aus dem Nichts blitzt er auf – passend für eine Bewegung, deren Markenzeichen das Geheimnisvolle und Unergründliche werden soll.

Mittlerweile hat der unermüdliche Forscher der rosenkreuzerischen Idee Carlos Gilly sogar noch frühere Handschriften der Fama aufgefunden, die älteste stammt aus dem Jahre 1608. Wenn die Idee der Veröffentlichung aus der gelehrten Gesellschaft des Tübinger Kreises stammte, vermutlich unter der Federführung des hochbegabten und phantasievollen Andreaes, beantwortet dies jedoch nicht unbedingt die Frage nach der Herkunft des Inhalts. Vielleicht beruhte dieser wiederum auf einer bereits kursierenden Erzählung aus dem Milieu christlicher Kabbalisten und wurde nur umgeformt. Tübingen scheint auch nicht das einzige Zentrum rosenkreuzerischer Ideen gewesen zu sein. Welche anderen Quellen und Einflüsse kommen in Frage? Im Bildteil begeben wir uns auf die Suche. Trotzdem lässt sich kaum Licht in die bewusste Vernebelungstaktik bringen. Oder haben es die Drahtzieher der Veröffentlichungen selbst nicht so genau gewusst?

Ihre erste gedruckte Fassung der FAMA im Jahre 1614 hätte kaum unauffälliger daherkommen können. Sie erschien nämlich in einem Sammelband, ausgerechnet nach dem Auszug einer Satire über die Generalreformation von Traiano Boccalini, RAGGUALI DI PARNASSI (NACHRICHTEN VOM PARNASS), Mailand 1614. Boccalini (1556–1613), Richter und Verwaltungsbeamter in päpstlichem Dienst, machte darin als Gegner der erzkonservativen spanischen Vorherrschaft in Italien seinem Herzen scharfzüngig Luft. Wie so viele Anhänger einer politischen Reform „von oben" hatte er seine ganzen Hoffnungen auf den hugenottischen König Heinrich IV. von Frankreich gesetzt. Doch 1610, auf dem Höhepunkt der Erfolge Heinrichs über Frankreichs Katholiken und dem Beginn einer bereits Früchte tragenden Arbeit für den Religionsfrieden, ermordete der katholische Eiferer François Ravaillac den charismatischen König. Heinrichs Anhänger und mit ihnen alle reformfreudigen Kräfte für eine geistige Wende in Europa trugen zunächst ihre Hoffnungen zu Grabe. Doch schon bald würden einige von ihnen ihre Erwartungen auf eine neue Integrationsfigur richten, nämlich auf den Pfalzgrafen Friedrich V. in Heidelberg.

In Boccalinis Satire weint selbst Apollon bittere Tränen über Heinrichs Tod; seine Leuchtkraft läßt merklich nach. Daher befiehlt der griechische Sonnengott von seinem Thron auf dem Parnass aus den Weisen und Gelehrten, die Welt von Grund auf zu reformieren. Thales von Milet, Cato, Seneca und viele andere überbieten sich allerdings nur in wunderlichen oder völlig absurden Vorschlägen. Offensichtlich ist das Säkulum zu krank und jede Heilung vergeblich. Um nicht das Gesicht zu verlieren, beschließen die Gelehrten, wenigstens „Kraut und Rüben" samt Petersilie mit einer Steuer zu belegen. Das Volk begrüßt solch tiefgreifendes Reformwerk auf das lebhafteste. Nur Pico della Mirandola, Vater der christlichen Kabbala, beklagt sich bei Apollon, die Reformatoren machten solchen Lärm, dass er kaum noch denken könne.

Nach dieser frechen Satire folgt im Sammelband von 1614 die FAMA unter dem etwas sperrigen Titel: ALLGEMEINE UND GENERALREFORMATION DER GANZEN WEITEN WELT. DANEBEN DER FAMA FRATERNITATIS, DES LÖBLICHEN ORDENS DES ROSENCREUTZES, AN ALLE GELEHRTE UND HÄUPTER EUROPAE GESCHRIEBEN. Ihr Inhalt strotzt nur so von unbedingtem Reformwillen,

selbstbewussten Behauptungen und Versprechungen. Zugleich klingt, wie auch in vielen Antwortschreiben, eine mächtige Sehnsucht nach gesellschaftlichem und geistigem Wandel auf, die nach Erfüllung ruft. „Die Sehnsucht, den Traum zur Tat und Wahrheit werden zu lassen in kleinen, ernsthaft arbeitenden Gruppen. Comenius, der greise, hat im vollen Bewusstsein dessen, was er [später] sagte und forderte, geschrieben: *Sollte es Gott geben, dass der Welt dieses große Licht bei uns angezündet werde und von dort hinausginge als Kollegium des Lichtes …!* Gott hat es angezündet."[7] Ja, und es brennt und flackert, nur vermutlich anders, als sich die frühen Anhänger eines Reform fordernden Rosenkreuzertums hätten träumen lassen.

Im Hause Sancti spiritus

Zunächst weckte die FAMA die Aufmerksamkeit ihrer Leser quasi durch einen Fanfarenstoß. Gott selbst habe den Menschen „in diesen Tagen" ein vollkommeneres Wissen von seinem Sohn und der verborgenen Natur geoffenbart. Hocherleuchtete Ingenia würden nun die zum Teil verunreinigte „Kunst" [wachsender Verwirklichung im Selbst] erneuern und sie zur Vollkommenheit führen. Somit werde der Mensch endlich seinen eigenen Adel und seine Herrlichkeit verstehen und sich darüber klar werden, wie weit sich seine Möglichkeiten in der Natur erstreckten.

Nun erfahren wir die Geschichte vom „weiland andächtigen geistlichen und hocherleuchteten" Vatter Fr. C. R. Mit solchen Buchstabenkombinationen stellt uns der Text immer wieder vor scheinbar unlösbare Rätsel. Im Alter von fünf Jahren stecken seine adeligen Eltern den Knaben ins Kloster, damit er Griechisch und Latein lernt. Auf sein emsiges Bitten hin darf er „noch in blühender Jugend" einen der älteren Brüder auf die Reise zum Heiligen Grab begleiten. In Zypern stirbt dieser Bruder P. A. L. So ändert C. R. seine Reisepläne.

Als Erstes steuert er einen fiktiven Ort namens Damcar an, den schon so mancher vergeblich auf der Landkarte suchte. Von dort zieht es ihn nach Ägypten und weiter nach Fez. Unterwegs erwirbt er Kenntnisse in Alchimie, findet die Gesetze und Analogien von Makrokosmos und Mikrokosmos. Fleißig studiert er Magie, Kabbala, lernt neben Medizin, Philosophie, Physik, Mathematik auch Arabisch, untersucht Pflanzen, Früchte, Tiere – die ganze Natur – und macht sich ihr Wissen zu eigen.

Zurück auf europäischem Boden, will Frater C. R. in Spanien seine erstaunlichen Erkenntnisse mitteilen, besonders die der Transmutation. Bei den Gelehrten stößt dieses Ansinnen jedoch auf Ablehnung. Deshalb reist er in seine Heimat, nach „Teutschland", wo er sich zunächst enttäuscht zurückzieht. Einige Jahre später kommt ihm sein Vorhaben, sein Wissen zu teilen und eine Reformation auszulösen, wieder in den Sinn. Er gründet eine Fraternität R. C. und findet dazu aus dem Kloster, indem er seine Kindheit verbrachte, drei Mitbrüder: G. V., I. A. und I. O. Also beginnt die Bruderschaft des R. C. mit vier Personen, erzählt die Fama. Zu viert stellen sie ein Sechs-Punkte-Programm auf:

1. Keiner soll einem anderen Beruf nachgehen, als Kranke zu heilen, und dies umsonst.
2. Keiner soll eine Kleidung tragen, die ihn von anderen unterscheidet, sondern sich so kleiden, wie es Sitte in dem Land ist, in dem er sich gerade aufhält.
3. Ein jeder Bruder hat sich jährlich am Tag C. im Hause Sancti spiritus einzustellen oder die Ursache seines Fernbleibens zur Kenntnis zu bringen.
4. Ein jeder Bruder soll eine „taugliche" Person suchen, die ihm nachfolgen kann.
5. R. C. soll allen Sigill, Losung und Charakter sein.
6. Die Bruderschaft soll hundert Jahre lang verschwiegen bleiben.

Brüder, die zu einer Generalreformation aufrufen, wollen also Kranke pflegen. Heißt das, dass sie im Gegensatz zu Boccalinis Satire den Anspruch erheben, die Krankheiten ihrer Zeit heilen zu können? Zusammen erbauen sie das geheimnisvolle Gebäude Sancti spiritus und erstellen das Kapitel „Makrokosmos", den ersten Teil des „Buches M.". Aufgrund zunehmender Arbeit mit „unglaublich" vielen Kranken nehmen sie vier weitere Brüder auf.

Leider lässt sich das Haus des Heiligen Geistes, indem die acht Brüder R. C. regelmäßig zusammentreffen, für Neugierige so leicht nicht finden. Schade, denn dort sind Weisheit und Wissen aller Zeiten aufbewahrt. Wo ist es deshalb nicht schon überall gesucht worden! Michael Maier, engagierter Verteidiger der Rosenkreuzer, beschreibt diesen geheimen Ort in seinem Werk Themis aurea von 1618. „Ich hab schon manches Mal ein Olympisches Haus nicht weit vom Fluss gesehen und habe eine Stadt gekannt, deren Namen, wie wir glauben, St. Spiritus ist – ich meine Helikon oder Parnassos, wo Pegasus eine Quelle strömenden Wassers zum Fließen brachte, worin sich Diana wusch, deren Magd Venus und dienender Zeremonienmeister Saturn war. Dies wird die Wissenden, die es lesen, belehren, die Unwissenden aber noch mehr verwirren."

Während die Renaissance-Expertin Francis Yates hinter diesen Anspielungen die Stadt Heidelberg verstehen

möchte[8], sucht Diana oder Artemis ihr Erneuerungsbad gewöhnlich an der Urquelle der Schöpfungsprozesse. An diesem Dreh- und Angelpunkt allen Wandels durch Werden und Vergehen dienen Venus und Saturn auch als Prinzipien von Ausdehnung und Zusammenfaltung, Vielfalt und Begrenzung, Verlangen und Mäßigung …

Die Entdeckung einer lange verborgenen Grabkammer

Vatter R. C., aus dem nun C. R. C. geworden ist, stirbt im hohen Alter. 120 Jahre nach seinem Tod stoßen jüngere Brüder eher durch einen Zufall auf sein Grab und öffnen unter Mühen die alte Tür. Ehrfürchtig treten sie ein und stehen in einer höchst merkwürdigen Gruft. Ein siebeneckiges Gewölbe umschließt den Raum. Statt eines Grabsteins finden die Brüder nur einen runden Altar in der Mitte. An seinem äußeren Rand läuft eine Inschrift entlang: A. C. R. C. HOC UNIVERSI COMPENDIUM VIVUS MIHI SEPULCHRUM FECI. (Dies Kompendium des Universums habe ich mir zu Lebzeiten zum Grabmahl gemacht.) Darunter lesen sie: JESUS MIHI OMNIA (Jesus mein alles). Im Zentrum des Altares prangen, im Kreis eingeschlossen, vier Figuren mit der Umschrift:

NEQUAQUAM VACUUM (Nirgends leerer Raum)
LEGIS JUGUM (Die Strenge des Gesetzes)
LIBERTAS EVANGELII (Die Freiheit des Evangeliums)
DEI GLORIA INTACTA (Die unversehrte Herrlichkeit Gottes)

Eine gründliche Inspektion der Grabkammer, die heller leuchtet als alles je Vorgefundene, obwohl nie ein Sonnenstrahl in das Gewölbe drang, offenbart sie als wahre Fundgrube an symbolischen Hinweisen. Sie liefern dem, der sie zu entschlüsseln vermag, Erkenntnisse und Einsichten, um dem Wesen von Makrokosmos und Mikrokosmos auf die Spur zu kommen.

Aber noch haben die staunenden Besucher nicht den Leichnam des Vaters C. R. C. gesehen. Da rückt einer von ihnen den schweren Altar beiseite. Jetzt kommt eine starke Messingplatte zum Vorschein, die sich aufheben lässt. Und da liegt er, „ein schöner und ruhmwürdiger Leib", unversehrt und ohne jede Verwesung, im vollen Ornat und mit zahlreichen Grabbeilagen. In der Hand hält er ein Büchlein, mit Gold auf Pergament geschrieben. Die Finder verehren es als größten Schatz, welcher der weltlichen Zensur nie unterworfen gewesen sein soll. Es enthält in verschlüsselter Form sogar die Namen der ersten Gründungsmitglieder der Bruderschaft.

Diente hier die Fundlegende des Neupythagoreers Apollonius von Tyana (um 3–97 n. Chr.) als Vorlage? In der pseudobiographischen Schrift Buch vom Geheimnis der Schöpfung, um 1140–50 aus dem Arabischen übersetzt, berichtet Balinûs (arab.: Apollonius), er habe das Grab des Hermes Trismegistos gefunden und darin die Tabula Smaragdina aufgeschlagen. Später verschmilzt Apollonius gelegentlich mit Hermes Trismegistos. Um 1875 wird der wissensdurstige Okkultist Eliphas Lévi deshalb versuchen, Apollonius zu evozieren (erwecken).[9]

Im Grab des C. R. C. wuchten die Besucher die Messingplatte jetzt wieder sorgfältig über den Leichnam und schieben den Altar an die alte Stelle. Sie verlassen das mysteriöse Gewölbe, verschließen und versiegeln das Portal sorgfältig, das so lange verborgen war. Seitdem hoffen sie auf Zuwachs in ihrer Fraternität und laden ein, sich den Brüdern R. C. anzuschließen, deren Schätze jetzt nie mehr ausgehen würden.

Ein Geheimnis hütet seine Entdeckung selbst

Dicht aufeinander und planmäßig folgten die drei ersten Rosenkreuzerschriften. Daher schien aufgrund der letzten Veröffentlichung, Chymische Hochzeit: Christiani Rosencreutz anno 1459, ihr Protagonist auch der Begründer und Namensverleiher dieser Rosenkreuzer zu sein. Doch gelang es nicht, die Existenz eines Christian Rosencreutz historisch nachzuweisen. Andere vermuteten ein Pseudonym und suchten nach geeigneten Vorbildern in der Geschichte. Daran herrschte offensichtlich kein Mangel, standen doch eine Reihe von Persönlichkeiten zur Debatte, wie wir noch erfahren werden. Rudolf Steiner und andere, die von den Lehren der Theosophischen Gesellschaft geprägt waren, erhoben Christian Rosencreutz zu einem hohen Adepten: Von irdischen Gesetzen lange befreit, inkarniere er aber als Personifizierung der rosenkreuzerischen Idee in jeweils neuer Gestalt, wenn es die Aufgabe erfordere. So wirke er physisch wie psychisch permanent weiter. Christian Rosencreutz wird hier sozusagen zum Programm. Gerhard Wehr spricht in diesem Zusammenhang vom „Urbild und Inspiration neuzeitlicher Esoterik“.[10]

Allerdings erwähnen weder Fama Fraternitatis noch Confessio einen Christian Rosencreutz, wie so häufig in Unkenntnis unterstellt wird. Sie sprechen nur von Fr(ater) C. R., R. C. oder C. R. C. Die verdächtigen Pünktchen hinter den Buchstaben lassen eine kabbalistische Deutung zu. Schließlich hat R. C. auch Hebräisch gelernt. Hebräische Buchstaben besitzen neben dem Nenn- einen Zähl- und obendrein einen komplexen Symbolwert. Sie lassen also ein Verständnis auf mehreren Ebenen zu und zeigen Prinzipien der Natur und des Seins auf.

Die anonymen, aber offensichtlich sehr gelehrten Verfasser der Fama beschreiben die symbolische Reise einer kaum identifizierbaren Person, die dabei Weisheit, Wissen sowie innere Erfahrung anreichert und schließlich verstirbt. Gefunden wird das Grabmahl nach 120 Jahren im „magischen Jahr“ 1604, in der auch der Stella nova am Firmament auftaucht. Wir ahnen es jetzt schon: Der Inhalt lässt uns Einblick in universelle und seelische Prozesse gewinnen.

So gleicht das schwierige Unterfangen, einen Zugang zu den Rosenkreuzermanifesten zu finden, unserer eigenen Suche nach Identität bzw. der Begegnung mit unserem Selbst in seiner Komplexität. Selbstfindung bedeutet Ganzwerdung durch Individuation (lat. individuus = untrennbar, unteilbar). Vor allem die Fama liefert mit ihrem Reichtum an versteckten Hinweisen und Andeutungen einen Erfahrungsweg der Einweihung. Für viele bleibt sie ein „Buch mit sieben Siegeln“. Selbst vor jenen, die glauben, über eine kabbalistische Deutung alle Schlüssel gefunden zu haben, fallen sicher nicht alle Schleier. Doch setzt bereits die Beschäftigung mit den Inhalten zu R. + C. einen kaum wahrnehmbaren Prozess in Gang. Denn die rosenkreuzerische Idee erfüllt selbst alle Qualitäten des geheimen Wandlungsträgers Mercurius in der Alchimie, und zwar als Ursache und zugleich Ziel, als Subjekt und zugleich Objekt eines Transformierungsprozesses. Am Ende dieser hohen „Kunst“ menschlicher Authentisierung könnte endlich das Übermenschliche ungehindert einströmen. Dann stünden wir am Anfang neuer und wirklicher Geheimnisse.

Was verbirgt sich hinter dem Symbol Rosenkreuz?

Rosenkreuzer – der Name klingt seltsam fremd und zugleich so vertraut. Johann Valentin Andreae kreierte den Namen Rosencreutz offensichtlich aus seinem Familienwappen und ließ damit zu, in ihm selbst als Christian Rosencreutz den Prototyp des Suchenden und Reisenden zu sehen. Oder spielte er zugleich geschickt auf eine ältere Symbolik an?

Vorläufer des Kreuzsymbols tauchen in Form der Rota schon auf frühesten Felszeichnungen auf. Sie markieren den permanenten Lauf der Sonne durch den Tag oder das Jahr mit vier kultischen Hauptfesten. Im Mittelpunkt des Kreises thront das in sich selbst Ruhende, zugleich aber alles in Tätigkeit Setzende. Seine vier (Jahreszyklen) oder acht (ihr Aufbau und Abbau, ihre aktive und passive Phase) Radialstrahlen als Prozesse des schöpferischen Werdens bewegen sich zur Peripherie hin. Lässt man bei der Rota den umschließenden Kreis weg, bleibt das Kreuz übrig. So nehmen Rota und Kreuz überschneidende Grundsymbolik an und verdeutlichen die rastlose Tätigkeit eines ewigen Gesetzes: permanent neues Leben, Wachstum mit Optimierungsdrang durch Wandel, Tod und Neugeburt. Im ägyptischen Abu Simbel wird bis heute in der Frühe der Tempel von Re-Harachte, Gottheit der allmorgendlichen Wiedergeburt der Sonne im Osten, mit einem wuchtigen Ankh-Schlüssel (Ankh, Henkelkreuz oder Crux ansata, eine Variante der Kreuz- und Rota-Symbolik) geöffnet.

Rosen gelangten im zweiten vorchristlichen Jahrtausend aus Persien in den östlichen Mittelmeerraum. Als ihre bislang älteste künstlerische Darstellung gilt eine Wandzeichnung im sogenannten Haus der Fresken des Palastes von Knossos auf Kreta (um ca. 1600 v. Chr.).[11] In der religiösen Symbolik der minoischen Kultur spielten sie wohl keine wesentliche Rolle. Auch nicht in Ägypten, wo sie erst in der Zeit der griechischen Herrschaft Bedeutung gewannen. Unter den ptolemäischen Pharaonen ersetzten Rosen die fast dreitausendjährige „heilige Blüte". Diese band sich nicht an eine bestimmte Blume, blieb lange rein stilisiert und bedeutete ursprünglich einzig die Sakralisierung und Heraushebung aus dem Profanen. Im Zusammenhang mit Kreuz und Rota versprach die „heilige Blüte" die Hoffnung auf neues Leben im Jahreszyklus und darüber hinaus Unsterblichkeit. In der Spätantike repräsentierte sie den Einfluss oder die Gegenwart der höchsten Intelligenz im Universum, *nous* (Geist), höchstes vorstellbares Bewusstsein in seinem Aspekt von Licht und erlösendem Neubeginn.

Eindeutige Rosenkreuze, aber in variabler Gestaltung, finden sich erstmalig in der Grabmahlkunst des koptischen und byzantinischen Frühchristentums. Die damit verbundenen Vorstellungen dürften sich ebenfalls um Leben im Tod und Auferstehung drehen. Zum offiziellen christlichen Bildprogramm gehörten Rosenkreuze nicht. Ob ihres venusischen, erotischen und ausschweifenden Leumunds in der römischen Spätantike waren Rosen den frühen Kirchenvätern nämlich höchst suspekt. Erst ab dem 6. und 7. Jahrhundert gewann die Königin der Blumen auch im Christentum Bedeutung. Erst jetzt wurde die Rose mit Christus dem Erlöser verbunden und die rote Farbe mit dem Blut der Märtyrer. Im Hochmittelalter verloren sich die Spuren des Symbols.

Ohne Verbindung mit dem Kreuz versinnbildlichten rote Rosen in der mittelalterlichen Alchimie den Prozess des Rubedo, der Rötung. Rosenhaftes Rubedo,

auch als Morgenröte umschrieben, geht gewöhnlich der Vollendung ihres Großen Werkes voran. Im Feuerofen steigt die Hitze auf den Siedepunkt und führt zur vollkommenen Verschmelzung. Jetzt kommt der symbolische König und hält heilige (chymische) Hochzeit mit der Königin. Endlich sind alle Gegensätze verbunden, das Tor zum Königsweg steht offen.

Neben *rosa* (Rose) spielten die Alchimisten gern mit dem Begriff *ros* (lat.: Tau, Quellwasser), dem glitzernden Morgentau. Er repräsentierte für sie eine wandlungsmächtige Substanz, ein von oben eingeflossenes Feuer, das sich mit dem Wasser verbunden hatte. Doppelt verschlüsselt wies *ros* auf das griechische Tau, den 19. Buchstaben des Alphabets. Neunzehn symbolisiert wiederum die Vereinigung von Erde mit Sonne und Mond. Denn wie bereits die babylonischen Astronomen herausgefunden hatten, liegen nach 18 Jahren, 10 Tagen und 8 Stunden, also in jedem 19. Jahr, alle drei Himmelskörper auf einer Knoten-Linie. Nicht nur, aber auch in dieser sogenannten Saronsperiode, fällt der Schatten des Mondes auf die Erde. Es kommt zu einer Sonnenfinsternis, und der Mond scheint vollkommen die Sonne zu bedecken – ein Bild für ihre „große Hochzeit", für die Vereinigung von Grundgegensätzen.

Alle diese Bezüge lassen sich in rosenkreuzerischen Schriften und ihren allegorischen Bildern entdecken. Wenn der Begriff Rosenkreuzer wirklich schon Jahre vor der Veröffentlichung der Manifeste existierte, hat er seine ursprüngliche Bedeutung erfolgreich im Unklaren belassen. Vielleicht basiert er auch nur auf dem Lutherwappen. Luther definierte die Symbolik seines selbst gewählten Wappens in einem Schreiben vom 8. Juli 1530 an den Nürnberger Ratsschreiber Lazarus Spengler: das schwarze Kreuz deute auf Passion und Tod Christi, die roten Rosen auf das neue Leben, das dem Tod abgerungen werden soll.[12] Im Grab von Vatter C. R. C. entdecken die Fratres R. C. schließlich die Rota, nicht das Rosenkreuz.

Für den Georg Wilhelm Friedrich Hegel (1770–1831) symbolisiert das Rosenkreuz die Vernunft und ihre Gegenwart, zugleich die Aufgabe seiner Philosophie. In seinem „Bamberger Aufsatz" von 1811 wird er deutlicher: „Das Rosenkreuz vereint die Gegensätze, welche die Abstraktion nicht zusammen zu halten mag. Es vereint Schmerz und Wonne, Verwerfung und Ehre. Darin ist das Symbol dem Begriff verwandt."

Seit dem 18. Jahrhundert nutzen die verschiedenen rosenkreuzerischen Organisationen ihr Grundsymbol in unterschiedlicher Form: Zahl und Farbe der Rosen am Kreuz variieren ebenso wie Maß und Form des Kreuzes. Jetzt wird die Rose auf den seelischen Aspekt bezogen, das Kreuz kann die körperliche Ebene vertreten. So markiert das Rosenkreuz mehr den Weg und das Ziel menschlichen Daseins, seinen Reifungsprozess durch die Erfahrungen des Lebens hindurch. Wie die sich öffnende Rose vermögen auch wir aufzublühen, um aus uns heraus Schönheit und Vollkommenheit zu gewinnen und damit immer mehr die höchste Form unseres Selbst widerzuspiegeln. Fünf Blüten bieten dabei u. a. einen Hinweis auf die vier Elemente und ihre geistigen Entsprechungen. In harmonischer Tätigkeit zueinander, bringen sie ihre Quintessenz in der Fünf hervor: das Gold eines integralen Bewusstseins.

Taranis, keltischer Herr der Rota, auf einem Weihealtar, Oberösterreichisches Landesmuseum Linz

Woher der Begriff Rosenkreuzer auch immer stammen mag: Zu Beginn des 17. Jahrhunderts auf geheimnisvolle Weise plötzlich im Umlauf, entfaltete er rasch und zunehmend ein Eigenleben, strahlt bis in die Jetztzeit und bewahrt einen Zugang zu Mysterien der verborgenen Seite unserer Wirklichkeit. Diese wissen unter anderem vom wahren Ursprung des Menschen, von seinen verlorenen und wiederzugewinnenden Potenzen, Schätzen oder Vermächtnissen – eine uralte und offensichtlich kaum stillbare Sehnsucht.

Das Lutherwappen, mit einer selbstgewählten Symbolik zwischen Passion, Tod und neuem Leben im lichten Gewand der reinen Wahrheit

Das Mysterium der Unsichtbarkeit

Von Anfang an trieben viele der gelehrten Autoren, die sich in ihren Antwortschreiben und Büchern der rosenkreuzerischen Idee widmeten, ein Spiel mit Worten. So stellten die Anhänger immer wieder in Abrede, Rosenkreuzer zu sein, um sich gegen lästige Kritiker oder „engagierte" Inquisitoren abzusichern. Andererseits bedeutete Rosenkreuzer nach ihrem eigenen Selbstverständnis eine nur für wenige erreichbare höhere Stufenfolge auf dem Weg zum vollendeten Menschsein. Auf jeden Fall beinhaltet es ein Ideal, verbunden mit der Aufgabe, die in sich schlummernden und selten in ihrer Gänze ausgeschöpften Potenziale zu suchen, zu erreichen, zu nutzen

und in den Dienst weitreichendster Universalität zu stellen.

Wie könnte er also aussehen, der wahre Rosenkreuzer? Sein Status verlangt, dass er alle inneren und äußeren Gegensätze verschmolzen bzw. in einem höheren Licht der Erkenntnis als notwendige Bausteine allen Werdens integriert hat. Er vereinigt auch das Wissen des individuellen und überindividuellen Selbst. Es herrschen keine Konflikte mehr zwischen Selbstbehauptung und Altruismus. Es gibt nur noch eine höhere Wirklichkeit, deren einfließender Wille und seine Erfüllung: im Selbstausdruck der höchsten vorstellbaren Ordnung, der Welt des Geistes oder der Ideen. In traditionell mystischer Ausdrucksweise hat sich das Ego, die äußere Persönlichkeit, zum „göttlichen Kind" transformiert. Sie hat ihre Wiedergeburt in der Vereinigung mit dem Höheren Selbst gefunden und ist wahrhaftig zum kleinen Kind geworden. Frei von Sorgen, frei von den Lasten falscher Verantwortung, frei von den Begrenzungen menschlicher Konventionen und Meinungen, bezieht dieser völlig erneuerte Mensch nun den „Nektar der Weisheit" aus seiner ununterbrochenen Erfahrung mit der Goldenen Blume des „ewigen Einen". Endlich in der Fülle seiner Herrlichkeit thronend, würde dieses „innere Licht der Natur" den Rahmen des Lebens „unverfälscht" bestimmen, aus dem sich konkrete Gefühle, Gedanken, Worte und Taten ableiten. Ein solcher Rosenkreuzer hätte seine Individualität nicht verloren, sondern erst gewonnen, nämlich als frei gewordener Ausdruck seiner höchsten irdischen Bestimmung.

Romanhafte Ausgestaltungen solcher Rosenkreuzer demonstrieren zumeist eine Art Übermensch mit unerschöpflicher Vitalkraft, unerhörtem Wissen und alles durchdringendem Intellekt. Längst beherrschen sie die Natur und haben deren Fesseln abgestreift. Nach Belieben würden sie sich materialisieren und dematerialisieren. Doch hier versteigen sich die Autoren solcher pseudo-esoterischen Schriften in Missverständnissen. Rosenkreuzer zu sein, bedeutet nicht maßlose Selbstübersteigerung, sondern Selbst*verwirklichung* als Enthüllung des Göttlichen erreicht zu haben. In den spirituellen Erfahrungen, die diesen Prozess bestimmen, liegen die wahren Mysterien. Auch weil der höchste Geist, die ursächliche Weisheit und Wahrheit in *nous*, sich nicht an menschliche Denkgewohnheiten und Maßstäbe hält.

Um hierbei unserem so gern sortierenden Verstand ein Symbolmodell zu bieten, schufen Kabbalisten ihren Lebensbaum. Dessen zehn Sephiroth entfalten, aber „zerstreuen" sich auch als kosmische Intelligenzen oder Emanationen aus dem Einen Göttlichen oder Absoluten. Ihnen wird ein Entwurf von zehn Idealen menschlicher Vervollkommnung zugeordnet, die als Gradsystem (9+X) zu erklettern und zu erfahren sind. Als Rückkehr aus der Vielheit beginnt der Stufenweg bei der zehnten Sephirah Malchuth und endet bei der Eins, in der Vollendung als Vergöttlichung. Im Bereich der vierten Sephirah Chesed lokalisieren manche kabbalistischen Schulen die Ebene der „Meister des Mitgefühls oder der Barmherzigkeit". In rosenkreuzerischer Terminologie kursiert diese Ebene auch unter dem Begriff Innere und Unsichtbare Kirche oder Weiße Loge als einzig wahrer Rosenkreuzer-Orden. Nach Paul Forster Case zeichnen sich deren Mitglieder durch eine besondere Empfänglichkeit aus, das höhere Gesetz aufzunehmen und getreu widerzuspiegeln. Außerdem seien solche Meister „befreit von der Selbsttäuschung der persönlichen Teilhabe an irgendetwas oder an irgendeiner Handlung". Sie genießen die „vollkommene Freiheit ohne den leisesten Hauch der irrtümlichen Vorstellung von Getrenntheit", Getrenntheit vom Göttlichen.[13]

Schon der englische Philosoph, Theologe und Kirchenreformer John Wyclif (um 1330–1384) hatte in seinen Predigten die Vision einer Unsichtbaren oder Inneren Kirche entworfen. Er verstand darunter eine äußere Gemeinschaft von Menschen, die als selbstlose Diener – ob Priester oder Laie – unsichtbar von Gott zum Heil und zur ewigen Seligkeit prädestiniert sind.[14] Der Begriff Kirche, der auf das griechische Wort *ekklesía* (= u. a. Herausrufung) zurückgeht, bedeutet in diesem Sinne: Gott hat Auserwählte herausgerufen. Wyclifs Vorstellungen wurden von den Lollarden, den Anhängern seiner Lehren in England, und in Böhmen von dem Priester und Reformer Jan Hus (um 1370–1415) und den Böhmischen Brüdern weiter getragen. Ist ein solch unsichtbares Kollegium nicht zur ethischen, geistigen, religiösen und spirituellen Führung legitimiert? Und ähnelt es nicht der geheimen Bruderschaft R. + C.?

An der erlauchten Spitze der Gold- und Rosenkreuzer beanspruchten selbsternannte Unbekannte Obere denn auch einen beachtlichen Führungsanspruch. Das streng hierarchische und verdeckt arbeitende System des Ordens machte zur Pflicht, diesen „Magi" des neunten Grades und symbolischen Repräsentanten der höchsten Weisheit absoluten Gehorsam entgegenzubringen. Schließlich seien diese Brüder von „wahrer eigentümlicher Größe", unfehlbar, allwissend und herrlich. „Ihre fürtrefflichen Gesetze" seien die Früchte ihrer tiefen Einsichten. Nicht zuletzt schauten sie „hinüber in die Welt der unsichtbaren vernünftigen Wesen".[15]

Als dann die ungewöhnlich medial begabte Helena Blavatsky um 1880 in Indien erklärte, einen direkten geistigen Kontakt mit aufgestiegenen Meistern, Mahatmas und ehemaligen Religionsstiftern bekommen zu haben, schlug die Nachricht hohe Wellen. Hatten diese immateriellen Individualitäten doch behauptet, als höchstes Gremium das geheime Wissen der Menschheit zu bewahren und aus dem Geistigen heraus die Angelegenheiten der gesamten Welt zu leiten. Oder waren deren Verlautbarungen nur missverstanden worden? Rasch verbreitete sich jedenfalls bis in die entferntesten Winkel der Erde das aufregende Gerücht über eine esoterische Hierarchie aufsteigender Bewusstseinsebenen samt Zuständigkeiten. Seit Anbeginn menschlichen Denkens bestehe eine solche Weiße Bruderschaft, die sich stets im reinsten Lichtgewand offenbare, verbreiteten diejenigen, die es zu wissen vorgaben. Dabei mischten sie allerdings äußere und innere, individuelle und überindividuelle Strukturen. Bald standen alle Führungskräfte der Theosophischen Gesellschaft unter der geistigen Anleitung bestimmter Adepten, Avatare oder sogenannter kosmischer Meister. Einer der aktivsten unter diesen war vermeintlich als Christan Rosencreutz erkannt worden. Nicht nur deswegen drangen diese fesselnden Phänomene in weite Teile der rosenkreuzerischen Bewegung. Für manche modernen Orden, die sich der rosenkreuzerischen Idee verschrieben haben, gelten Einzelheiten zu solchen Kontakten als Arcanum arcanissimum, als das größte Geheimnis aller okkulten Geheimnisse.

In der Welt der Archetypen des „Zwischenreichs"

Zwischen unserer existentiellen Ebene und der Ebene des Geistes liege der „geheimnisvollste, am wenigsten erforschte, am meisten missverstandene und furchteinflößende" Bereich der Erfahrung des transpersonalen Raumes (der transpersonalen Bänder), formuliert der amerikanische Bewusstseinsforscher Ken Wilber. „Hier begegnen uns Visionen von Bodhisatvas und Engeln, aber auch die Legionen von Māra, dem archetypischen Bösen; hier kann man den inneren Führer entdecken oder schrecklichen Verführern in die Hände fallen."[16]

Wer in dieses astrale Labyrinth voller paranormaler Phänomene gelange, habe gewöhnlich immer noch „die Landkarte" seiner Ego-Ebene präsent, d. h., er interpretiere alle Erscheinungen fast ausschließlich auf sich bezogen und nehme oft nicht deren zwiespältigen Charakter wahr. Aber die Erfahrungen im transpersonalen Raum, so WILBER, hätten in ihrer dualen Prägung auch nützliche und gute Seiten. Er erklärt dies anhand der Symbole oder Archetypen von C. G. Jungs analytischer Psychologie. Neben dem persönlichen Unbewussten existiere das unpersönliche oder kollektive Unbewusste im Menschen, dessen biologische Ausstattung u. a. auf angeborenen Formen und Instinkten beruhen. Deswegen müssten übersinnliche Erfahrungen genauer betrachtet werden.

Bereits PLATON hatte entdeckt, dass vor aller Phänomenalität und ihr übergeordnet die ihr zugrunde liegende „Idee" existieren müsse. So sei die Idee „Licht" das Urbild jeglicher Lichterscheinung. C. G. Jung erkannte, dass solche Archetypen nicht nur „als Funktionsformen" zur Gattung Mensch gehörten. Er sprach von spezifisch „menschlichen Tätigkeiten". Solche unbewusste, aber aktive und höchst lebendige Bereitschaften oder Formen seien in jeder Psyche vorhanden und würden deren Denken, Fühlen und Handeln instinktmäßig im Keim vorbilden, damit zugleich stetig beeinflussen. Dabei gebe es ebenso viele Archetypen wie Lebenssituationen. In jeder Lebenssituation, die ihnen entspreche, werden sie aktiviert. Wenn also alles Psychische in seinem Kern bereits vorgebildet sei, so auch dessen einzelne Funktionen. Und gerade in den Produkten unserer schöpferischen Phantasie würden die Urbilder sichtbar.[17]

Archetypen üben nun eine ewige und tiefgreifende Wirkung auf die oberen Ebenen des transpersonalen Raumes aus. „Mystische Erfahrung ist die Erfahrung der Archetypen", hatte Jung gesagt[18], wobei Wilber diese Aussage gerne in „niedere mystische Erfahrung" präzisieren möchte, im Gegensatz zur höheren Begegnung mit der formlosen Welt. Wer nun eine bewusste Beziehung zu diesen enormen Energiequellen knüpft und versucht, ihr Urbild oder ihre Uridee zu erfassen, dem können sie zu bedeutsamen „Lebensführern" werden, die wichtige Entwicklungsimpulse auslösen.

Doch Jung betonte: Ein Archetyp sei nicht nach Art unbewusster Vorstellungen inhaltlich bestimmt, sondern bloß formal[19], d. h., er bietet lediglich die Möglichkeit eines bestimmten Typus von Wahrnehmen oder Handeln. Als inhaltlose Urformen von in uns frei werdender reiner und formloser Energie nehmen Archetypen nun gewöhnlich gerade dann Formen an, wenn wir sie als Phänomen erfahren. Mit jeder Form beginnt aber das irdische Gesetz der Gegensätzlichkeit zu wirken. Reine Wahrheit droht sich in Zerrbildern aufzulösen. Trügerische Einbildungen und Illusionen können uns stören, ablenken, täuschen, sogar völlig in die Irre führen: „So sind die Archetypen also nicht nur die Zeugnisse des organischen Bewusstseins, sondern auch schon die ersten Zeichen seines ersten Auseinanderfallens. Sie weisen uns auf dem Weg der Rückkehr zum Geist die Richtung, doch … dürfen wir nicht an ihnen haften. Obwohl sie also nützlich sind und nicht übersprungen werden dürfen, muss man sie letztlich hinter sich lassen und verbrennen. … Kurzum, die Archetypen sind ein Hinweis, werden aber zum Hindernis, wenn man sie nicht überwindet."[20]

Wenn die uns mächtig ergreifende, erschütternde und verwandelnde Idee „innere Führung" oder „innere Weisung" in menschliche Anschauungen „geformt" oder gar personifiziert wird, vermag sie in Vorstellungen (ver)führen, die dem äußeren Ego einen besonderen Stempel der Wichtigkeit aufdrückt. „Triffst du Buddha unterwegs, dann töte ihn", warnt martialisch der Zen-Buddhismus. Ist diese psychische Welt aber ernüchtert integriert, wartet auch auf dem Weg zur rosenkreuzerischen Wahrheit die Ebene des direkten bild- und formlosen Gewahrwerdens der ewigen Gegenwart des höchsten Geistes (*nous*) auf den Suchenden. Jetzt könnte sich das Tor öffnen zur Einheit mit dem Einen, von den Kabbalisten auch als „das Große Nicht-Ding" umschrieben.

„Gebt nun auf dieses Wort besonders acht", predigte Meister Eckhart. „Der Mensch, von dem Jesus [im Sinne eines „göttlichen Kindes"] empfangen wurde, musste unbedingt eine Jungfrau sein. Jungfrau – das heißt hier ein Mensch, der von allen bildlichen Vorstellungen befreit ist. Er muss so frei sein, wie er war, als er noch gar nicht existierte." Erst wenn ihn keinerlei Vorstellungen und menschliche Ideen mehr behindern und er von der höchsten Wahrheit berührt wird, wäre er „völlig frei für den geliebten göttlichen Willen", den er nun „unaufhörlich zu erfüllen" trachte.[21]

Im Unterschied zu der sogenannten transpersonalen und transzendenten „Führungsebene" hatte der Illuminat, Kabbalist und rosenkreuzerische Philosoph Karl von Eckhartshausen (1752–1803) in seinem bis heute immer wieder aufgelegten Werk WOLKE ÜBER DEM HEILIGTUM (2. Brief) einige Klarstellungen über die Unsichtbare Bruderschaft oder Weiße Loge geliefert. Er sprach von der Inneren Kirche und verstand sie als

„innere Versammlung" einer Gesellschaft von Auserwählten, von lichtfähigen und lichtsuchenden Menschen. Sie bildeten zu jeder äußeren Schale einer sichtbaren Kirche oder eines sichtbaren mystischen Ordens die verhüllte Frucht. „Diese Weisheitsschule war immer die geheimste und verborgenste der Welt, denn sie war unsichtbar und nur der göttlichen Regierung unterworfen." Ihre Mitglieder seien in der ganzen Welt verstreut, aber durch den Geist der Liebe und Wahrheit verbunden, und sie arbeiteten am großen neuen Tempel der Menschheit. Müssten sie einmal zusammenkommen, so fänden sie sich und würden sich sicherlich erkennen: „In dieser heiligen Gemeinde ruht das Urdepositum der ältesten Urkunden des Menschengeschlechtes, nebst den Urgeheimnissen aller Wissenschaften; sie ist die einzige wahre Lichtgemeinde, die im Besitz des Schlüssels aller Geheimnisse ist, und das Innere der Natur und der Schöpfung kennt; sie ist eine Bruderschaft, die sich an höhere Kräfte anschließt und in allen Völkern ähnlich Strebende hat. Sie ist eine Gesinnungsgemeinschaft geistig geweckter Menschen, die kein äußeres Band, keine Satzung und kein Vorsitzender zusammenhält; die auch in keine Kasse Beiträge zahlt; die sich persönlich meist nicht kennt, sondern nur durch ihren Geist, wo immer sie sich zeigt, befruchtend auf ihre Nebenmenschen einwirkt."

So kann die FAMA FRATERNITATIS mit Recht von der unsichtbaren Bruderschaft R. + C. prophezeien: „Dieses aber sagen wir nachdrücklich: … unser Gebäude, hätten es auch hunderttausend Menschen aus der Nähe gesehen, [wird] für die gottlose Welt in Ewigkeit unberührt, unzerstört, ungesehen und vollkommen verborgen bleiben. SUB UMBRA ALARUM TUARUM JEHOVA (in den handschriftlichen Urfassungen: JHVH)!"

Was bedeutet Rosenkreuzertum heute?

Die rosenkreuzerische Idee entstand im protestantischen Milieu an der Wende zum 17. Jahrhundert. Zutiefst religiös geprägt und betont christlich, versuchten deren Wegbreiter trotzdem aus der Enge und dem Dogmatismus herrschender Glaubensinhalte auszubrechen. So integrierten sie Elemente von Kabbala, Alchimie, mittelalterlicher Mystik und spätantiker Hermetik. Nicht einmal vor „verruchter" Magie schreckten sie zurück, unter der sie damals aber noch die experimentelle Erforschung der seelischen Natur verstanden. Sie hatten sich der Suche nach einem „moderneren" Gottesbegriff verschrieben, wobei sie anfangs Gott zumeist als Intelligenz und Weisheit der Natur definierten. Daher kam jede Erfahrungsmöglichkeit gerade recht, das Lebendige

des Göttlichen praktisch, mystisch wie auch theoretisch-philosophisch und experimentell-naturwissenschaftlich auszuloten.

Alle wissenschaftlichen Disziplinen waren miteinbezogen. Konsequent suchte man auch über alle Konfessionen, Religionen und Philosophien hinweg nach einer gemeinsamen Wahrheit. Damit gewann die Idee zunehmend eklektizistischen Charakter, mit allen Vor- und Nachteilen. Eklektizismus (von griech. eklektós = ausgewählt) schafft eine sympathische Offenheit und Weite. Das rosenkreuzerische Ideal verbindet sich immer mit weitestgehender Toleranz allen Fragen des Glaubens gegenüber. Andererseits unterliegt Eklektizismus der Gefahr, an der Oberfläche zu bleiben und, um schwer vereinbare Dinge zu verbinden, sich mit dem größten gemeinsamen Nenner zufriedengeben zu müssen. Eine solch unvoreingenommene Suche führte jedenfalls dazu, dass es von Beginn an keine eigene rosenkreuzerische Lehre gab. Somit kann das Rosenkreuzertum auch nicht über eine spezifische Lehre definiert oder abgegrenzt werden.

FAMA und CONFESSIO verlangten eine Generalreformation „an Haupt und Gliedern"; damit nicht weniger als den gesamtgesellschaftlichen Wandel, individuell wie kollektiv. Während quasi jeder Einzelne aufgerufen wurde, sich am Heilungsprozess des Zeitalters zu beteiligen, verstanden die Gelehrten jener Zeit aber, dass in erster Linie sie angesprochen waren. Sie sollten alle ihre Kompetenzen in interdisziplinären Gesellschaften oder Akademien einbringen, austauschen und im Sinne globaler Verbesserungen einsetzen. Aus dem Samen dieses Selbstverständnisses sind nicht nur die länderspezifischen Akademien der Wissenschaften aufgegangen. Amos Comenius (1592–1670) plädierte für eine vierfache Grundlage der Generalreformation auf Basis seiner Pansophie-Vorstellung: durch eine universale Sprache, universale Weisheit enthaltende Bücher, universale Schulen und – durch über allem thronend und leuchtend – ein universales Kollegium von Illuminaten, ganz nach dem Zuschnitt der Fratres R. und C. Die UNESCO ehrt ihn als ersten Vorbereiter der Idee der Vereinten Nationen (UNO).

Auch wenn FAMA und CONFESSIO gelehrte Sozietäten verlangten und schon von einer bestehenden Bruderschaft sprachen, dürfen wir bei ihrem Erscheinen sicher noch nicht von einem stabilen Organisationsgeflecht ausgehen. Aller Wahrscheinlichkeit nach traf man sich in losen Vereinigungen zu alchimistischer Praxis und Lehraustausch, wie beim sogenannten Tübinger Kreis oder in religiösen Zirkeln, zu Predigt und Diskussion. Ihre Gegner aus Kreisen der kirchlichen Orthodoxie irrten wohl nicht, wenn sie Weigelianer, Schwenckfelder, Paracelsisten, Böhmisten und andere „Sekten" mit den Rosenkreuzern in einen Topf warfen.[22]

Als erste übergreifende Organisation mit festen Strukturen und Satzungen tritt uns der Orden der Gold- und Rosenkreuzer entgegen, vermutlich um die Mitte des 18. Jahrhunderts gegründet. Er wartet auch mit einem festen Gradsystem auf, einer Stufenfolge von Einweihungen. Schon im 5. Kapitel der CONFESSIO heißt es, die Glückseligkeit der Bruderschaft werde in „gewissen Graden unterschieden".

Der Text geht darauf nicht näher ein, deutet aber vermutlich die kabbalistische Tradition von zehn Stufen höheren Menschseins an. Ob es aber vor den Gold- und Rosenkreuzern bereits innerhalb rosenkreuzerischer Zirkel Initiationen gab, wie wir sie heute verstehen, bleibt offen. Wieder stehen wir hier vor dem Tor wirklicher Geheimnisse und Geheimhaltung, denn Initiationsverfahren verlangen Schweigen. Schweigen verstärkt Andacht und entspricht dem inneren Schweigen als der geheimen Natur unserer Seele. Es dient auch als Opfer unserer äußeren Persönlichkeit im Sinne eines Sichzurücknehmens. Schweigen muss immer dort als Voraussetzung herrschen, wo die Stimme eines höheren Bewusstseins vernehmbar werden soll.

Gruppenarbeit fördert zugleich soziale Kompetenz und ermöglicht in spiritueller Hinsicht, ein größeres Feld als aufnehmendes Gefäß aufzubauen, eben ein Gruppenfeld, das zugleich stärkt und sichert. So wird die Fassade des geheimen rosenkreuzerischen Tempels, des Gebäudes Sancti spiritus, durch die Gedanken, Worte und Taten der Brüder und Schwestern errichtet. Je stabiler das Bauwerk, desto „ergreifender" lassen sich im wahrsten Sinne des Wortes „heiliger Raum" und „heilige Zeit" erfahren. „Wo zwei oder drei in meinem Namen versammelt sind, da bin ich mitten unter ihnen", verspricht Jesus als Christus im Neuen Testament.

Bestandteil der rosenkreuzerischen Tradition ist, neben meditativen Praktiken und der disziplinierten Arbeit an und mit dem Selbst, das gemeinschaftliche Ritual. In der religiösen Tradition unterscheidet sich ein echtes Ritual von Zeremonien und anderen künstlichen Rahmenhandlungen. Der Begriff stammt aus dem Sanskrit, wo *rta* „Handlung nach dem Gesetz" bedeutet. Rituale spiegeln also kosmische Ordnung, und daran müssen sie sich messen lassen. Eine wirklich sakrale Handlung stellt unter Einbezug aller Teilnehmenden ein wirkliches Geschehen mit dynamischen Symbolinhalten nach, seien es makrokosmische oder mikrokosmische Gesetze. Jedes echte Ritual muss auf einem nacherlebbaren Urgrund fußen und zugleich in Bereiche jenseits des Menschlichen hinübergreifen. Nur so kann es fundamentaler Ausdruck der natürlichen Gesamtordnung

werden, in die wir hineingeboren sind und die unser Leben bestimmt.

Da unser Unterbewusstsein für Ritualistik und Strukturen sehr empfänglich ist, können rosenkreuzerische Orden (lat.: ordo = Ordnung) mit der „Arbeit" von regelmäßigen und unveränderten „heiligen Handlungen" ihren Schwestern und Brüdern sicherlich zu einer grundlegenden und stets erneuerten Stabilisierung verhelfen. Stabilisierung verschafft Harmonie. Harmonie baut eine Brücke zwischen allen Gegensätzen. Das griechische Verbum *harmottein* bedeutet zusammenfügen, aber auch sich verloben.

Per crucem ad rosam, per rosam ad crucem

Im Laufe der Zeit erfasste die rosenkreuzerische Idee neben den Theologen, Ärzten und Naturwissenschaftlern der ersten Stunde im 18. Jahrhundert die höhere Beamtenebene, wie wir heute sagen würden, den mittleren Adel und die Lehrberufe. Im 19. Jahrhundert drängten daneben weite Kreise der Kunstszene in die Orden und auffallend viele Frauenrechtlerinnen. Zwar dauerte es, bis Frauen gleichberechtigt alle Türen offenstanden. Einzelne scheinen bereits früher Zugang gefunden zu haben. So entwarf Martinéz de Pasqually (1727–1774) für seinen Ordre des Chevaliers Maçons Elus-Cohen de l'Univers in seinem letzten Lebensjahr noch ein spezielles Ritual zur Initiierung von Frauen. Im 20. Jahrhundert gelang es den großen und international arbeitenden Orden bereits, breiteste Schichten anzusprechen.

Leider erlaubt es die Kürze des gebotenen Umfanges nicht, auf alle regionalen Erscheinungen einzugehen. So bleiben beispielsweise die höchst interessanten rosenkreuzerischen Entwicklungen in den Niederlanden, in Skandinavien und Russland unerwähnt. Und natürlich können auch nicht alle Organisationen vorgestellt werden. Allein in Frankreich soll es über hundert Gruppierungen geben, die der rosenkreuzerischen Idee nahestehen. Bei den meisten dürfte es sich nur um Freundeskreise handeln. Anderswo mag es ähnlich sein, doch Quantität sagt nicht unbedingt etwas über Qualität aus. Bei den bestehenden Vereinigungen, die sich als rosenkreuzerisch bezeichnen, haben wir uns auf die bekannten Orden beschränkt, die Zehntausende oder mehr Mitglieder verzeichnen und kontinentübergreifend oder gar global arbeiten.

Alle bestehenden Vereinigungen versichern ihre Authentizität mit der Idee. So pflegen sie in der Regel auch die liebgewonnene Tradition, eine symbolgeladene Ursprungslegende aufzustellen. Manche greifen dabei längst über das sogenannte ältere Rosenkreuzertum des 17. Jahrhunderts hinaus und suchen Anschluss an die hermetische Tradition, die frühchristliche Gnosis oder gar an mutmaßliche altägyptische Mysterienschulen. Im vagen Bereich unbegrenzter Möglichkeiten und Verwandlungen muss sich der Drang nach Authentizität und Autorisierung durch „wahre rosenkreuzerische Sukzession (Nachfolge)" auch nicht unbedingt mit engen historisch nachweisbaren Fakten aufhalten.

Doch für das rosenkreuzerische Selbstverständnis, das sich im 17. Jahrhundert herausschält, bleiben einige Forderungen unabdingbar: die stete Suche nach dem Göttlichen, nach dem größeren Licht der höheren Wahrheit, und nicht zuletzt die unermüdliche Arbeit an einer vollkommenen Welt, in der alle Geschöpfe unter bestmöglichsten Voraussetzungen leben können. Rudolf Steiner formulierte es so: „Die Rosenkreuzerweisheit muss nicht nur in den Kopf gehen, auch nicht bloß in das Herz, sondern in die Hand, in unsere manuelle Fähigkeit, in das, was der Mensch täglich tut. Es ist kein sentimentales Mitfühlen; es ist ein Sich-Erarbeiten der Fähigkeiten, innerhalb des allgemeinen Menschheitsdienstes zu wirken […]. Auf die werktätige Erkenntnis, auf die Möglichkeit, aus der Erkenntnis heraus einzugreifen in das Leben, darauf kommt es an!"[23]

Dies verlangt aber, in wissenschaftlicher Hinsicht stets auf dem neuesten Stand der Forschung zu bleiben, um sich im permanenten Prozess von unbrauchbar gewordenen Vorstellungen und unhaltbaren Spekulationen zu befreien. Wenn die Tradition ernst genommen werden soll, bedürfen rosenkreuzerische Lehren der dauernden Überprüfung, Erneuerung und Aktualisierung.

Ideale drängen oft darauf, verwirklicht zu werden. Meist sehen wir in uns den Träger von Idee und Ausführung. Wer oder was aber setzt tatsächlich den ursächlichen Impuls? Sind wir nicht vielleicht bloß Erfüllungsgehilfe einer Information oder eines Potentials, von denen wir uns angezogen fühlen? Oder hat diese Idee uns sogar auserwählt? Und gerufen?

Das Ideal Rosenkreuz ist äußerst lebendig, und seine Ziele bleiben unverändert. Vielleicht vernehmen auch Sie den inneren Ruf, die Fama, und suchen nach der phantastischen Welt des Rosenkreuzes. In Ihrem Innern werden Sie sicherlich fündig! Vatter C. R. C. wartet schon und hält in seinem symbolischen Grab alles bereit, was Sie vielleicht schon immer wissen wollten.

Per crucem ad rosam, per rosam ad crucem

Durch das Kreuz zur Rose, durch die Rose zum Kreuz: alles aussagende und alles verhüllende rosenkreuzerische Weisheit aus dem 17. Jahrhundert

Der Stein der Weisen als doppelköpfiger Phönixadler von J. A. Knapp in Manly Palmer Hall: THE SECRET TEACHINGS OF ALL AGES: AN ENCYCLOPEDIC OUTLINE OF MASONIC, HERMETIC, QABBALISTIC AND ROSICRUCIAN SYMBOLICAL PHILOSOPHY being an INTERPRETATION FO THE SECRET TEACHINGS CONCEALED WITHIN THE RITUALS, ALLEGORIES, AND MYSTERIES OF ALL AGES, **San Francisco 1928**

Als Hermaphrodit im Symbol einer Doppelwesenheit besteht unsere innere Wandlungssubstanz, der geheimnisvoll paradoxe Mercurius der Alchimie, aus Gegensätzen und ist das vereinigende Symbol. Er ist als Träger unseres Ichs Ursache und zugleich Ziel, Subjekt und zugleich Objekt unseres Transformierungsprozesses und gehört als Prima materia zum Untersten in der Hierarchie aller Entwicklung, als Stein der Weisen zum Höchsten. Die Farbe Blau verweist vermutlich auf die kontinuierlichen Sublimierungen und Verflüchtigungen im Laufe der emotionellen Erhitzung während des Großen Werkes unserer Bewusstwerdung.

Der traditionelle Beginn der Rosenkreuzer
in Deutschland, ihre drei Manifeste und
der Tübinger Kreis als mutmaßlicher Drahtzieher

„Am Anfang war das Wort"

**Johann Valentin Andreae (1586–1654),
Kupferstich von Wolfgang Kilian, 1648**

Im Hause und im Laboratorium seines
Vaters, dem protestantischen Prälaten
Johann Andreae, trifft sich regelmäßig
ein Kreis von diskursfreudigen Theosophen und praktizierenden Alchimisten.
Ihr Kopf scheint der in Tübingen nach
paracelsischer Methode behandelnde
Arzt, Jurist, chiliastische Theologe,
Botaniker und begabte Erfinder Tobias
Hess (1558–1614) zu sein. Ihre wachsende Idee einer Generalreformation
von Religion, Gesellschaft und Wissenschaft verlangt ein neues Bewusstsein.
Als ihren geistigen Mentor verehren
einige den Generalsuperintendenten
Johann Arnd(t).

**Handschriftliche Fassung
um 1610–1612 der** Fama
Fraternitatis oder Bruderschafft dess Hochloblichen Ordens Rosae
Crucis. An die Haupter,
Stande vnd Gelerten
Europae, **Universitätsbibliothek Salzburg**

Spätestens seit 1608 kursieren Handschriften des Textes. Während seine Redaktion mit einiger Sicherheit im
sogenannten Tübinger Kreis
zu suchen ist, bleiben die
geistigen Urheber weiterhin
verborgen. Vielleicht haben
die Herausgeber nur eine
überlieferte hermetische und
kabbalistische Allegorie bearbeitet.

**Cover der Druckfassung 1614,
Archiv A. M. O. R. C.**

Die erste Druckfassung der Fama von
1614 weist einige Ungereimtheiten
auf, die der Tübinger Kreis leicht hätte
korrigieren können. Geschah die Veröffentlichung etwa gegen ihren Willen
und verfrüht? Andreae selbst bedauert später im Rückblick auf die Fama,
„dass diese von schamlosen Komödianten verraten, verdorben und weitergeführt worden wäre".[1] Sind er und seine Freunde nun in Zugzwang geraten?

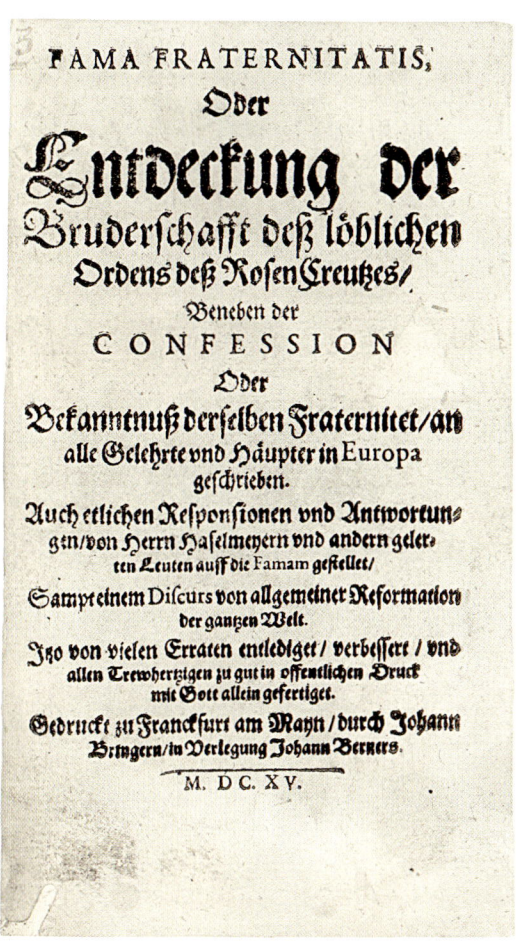

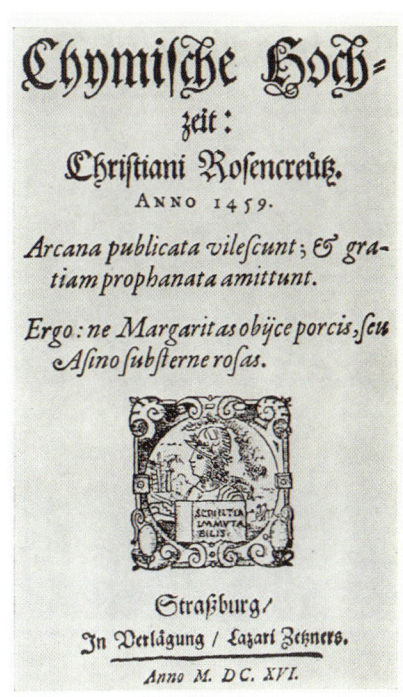

Gleich zweimal erschien 1615 die Confessio, **das zweite Mal als Anhang zur** Fama fraternitatis, **Bibliotheca Philosophica Hermetica, Amsterdam**

Erstausgabe von Radtich Brotoffers Chymische Hochzeit Christiani Rosencreutz Anno 1459 **aus dem Jahre 1616, nach Angaben des Johann Valentin Andreae als Studentenulk von ihm selbst verfasst, Literaturarchiv Marbach**

Erstausgabe von Radtichs Brotoffer (Symbolname) entdeckt darin als erster eine Allegorie auf die Herstellung des Steins der Weisen und interpretiert die sieben Tage der Hochzeit als die sieben Stufen im Großen Werk der Alchimie[2]: Destillatio (Abscheidung, Sublimierung), Solutio (Lösung, Auflösung, Erkennen des Selbst), Putrefactio (Reinigung im Feuer, Läuterung), Nigredo (Schwärzung, Zurückfindung zum reinen Urzustand), Albedo (Weißung, Begegnung mit dem höheren Geist, Erleuchtung), Rubedo (Rötung, Vereinigung mit dem Höchsten Geist) und Projectio medicinae (die hervortretende Möglichkeit wahren Heilens).

Mit der Confessio wollen die Fratres R. C., wie sie betonen, einige Punkte näher erläutern, die in der Fama unklar geblieben seien.

Wappen des Kasseler Druckers Wilhelm Wessel mit rosenkreuzerischer Symbolik

1606–1610 hat der reformierte Landgraf Moritz von Hessen in Kassel das Augustinerkloster Weißenstein abreißen und daselbst ein prächtiges Jagdschloss erbauen lassen. Dort richtet er eine Druckerei ein, in der auch die erste Ausgabe der Fama wie der Confessio gedruckt wird. Als Drucker setzt er Wilhelm Wessel ein, dem er bereits 1594 das „Privileg" erteilt hat, keine Texte ohne die Zustimmung seines Fürsten zu drucken „und überdies in bestimmten Fällen strengstes Stillschweigen zu bewahren".[3] 1790 muss Weißenstein dem Bau des heutigen Schlosses Wilhelmshöhe weichen.

Johann Valentin Andreae mit Familienwappen aus Kreuz und Rosen, Kupferstich von 1617

Christoph Besold (1577–1638), Kupferstich von M. Schickhart 1618, Universitätsarchiv Salzburg

Andreae, geboren in Herrenberg bei Böblingen, hat in Tübingen Theologie, Jura und Medizin studiert. In mehreren Schriften betont der vielseitige und originelle Denker die Notwendigkeit eines neuen Christentums von tätiger Bruderliebe sowie höchster ethischer Lebensführung, die auf wissenschaftlich-technischer Forschung im Dienste der Menschheit fundiert ist. Um 1619 gründet er die „Societas christiana", die nach solchen Vorgaben der FAMA ein neues Zeitalter verwirklichen soll. Die „unsichtbaren" Anhänger der rosenkreuzerischen Idee formieren sich. Als äußeres Kennzeichen sollen die Mitglieder dieser gelehrten, erleuchteten und philanthropischen Bruderschaft „das Kreuz in der Rose" führen.[4] Offensichtlich existiert sie nur wenige Jahre, findet aber Fortsetzungen und Verzweigungen, obwohl – und vielleicht auch weil – der Krieg ihre Mitglieder in alle Richtungen treibt.

Zu diesem Tübinger Kreis, der zuletzt etwa 30 Personen umfasst, stößt um 1610 der protestantische Jurist Christoph Besold. Er gilt als einer der belesensten, politisch engagiertesten und meistgelesensten Schriftsteller seiner Zeit, spricht neun Sprachen und übersetzt eine Reihe von wichtigen Werken. Seine umfangreiche Privatbibliothek mit ca. 3.870 Bänden stellt er Andreae zur Verfügung. Nach seinem Tode kauft sie das Land Salzburg an, als Grundlage für die neu erstandene Universität 1622. „Seine Verdienste um mich übertreffen alles, was ich davon sagen könnte", rühmt dieser in seiner Autobiographie.[5] Vielleicht gehört zum Umfeld dieses rührigen Tübinger Kreises auch Johannes Kepler, ein Studienfreund Besolds. Zumindest nennt Andreae ihn 1642 als Mitglied seiner „Societas".[6]

Das Ergon und Parergon, zwei Begriffe im älteren Rosenkreuzertum: Theophilus Schweighardt (Daniel Mögling): Speculum Sophicum Rhodo-Stauroticum: Das ist: Weitläuffige Entdeckung dess Collegij unnd axiomatum von der sondern erleuchten Fraternitet Christ. RosenCreutz: allen der wahren Weissheit Begirigen Expectantes zu fernerer Nachrichtung, den unverständigen Zoilis aber zur unausslöschlicher Schandt und Spott**, o. O., o. D. (1618)**

Während das Ergon (Werk) im Selbst-Bewusstsein stattfindet, im Handlungsablauf unserer Lebensführung und unserer Taten, reift das Parergon (etwa: beifolgende Werk) als Folge unsichtbar in der Seele. Wenn wir daran arbeiten, die Gegensätze in der Natur und in uns harmonisch zu vereinigen – Verstand und Gefühl, Bewusstes und Unbewusstes usw. –, finden Sonne und Mond ihre „Chymische Hochzeit". Als das verborgene Werk entwickelt sich in unserem Zentrum Parergon „cum deo" (mit Gott), denn das symbolische Kind, das wir zeugen, unsere neue Persönlichkeit, hat göttliche Natur gewonnen. „Nun merk': so viel herrlicher die Seele als der Leib, so viel vortrefflicher ist das Ergon als dieses beifolgende Werk", erläutert Theophilus Schweighardt zu diesem Bild. Wer mehr von diesem Zusammenhang begehre, lese in der Heiligen Schrift und in den Texten von Thomas a Kempis.[7]

Das Unsichtbare Kollegium der Fraternität R. C., Aquarell aus Theophilus Schweighardt (Daniel Mögling): SPECULUM SOPHICUM RHODO-STAUROTICUM ...

Daniel Mögling (1596–1635), Leibarzt sowie Hofmathematikus des Landgrafen Philipp von Hessen-Butzbach und Andreaes Freund, verteidigt in vier Schriften nicht die Existenz eines Rosenkreuzerordens, sondern nur vehement dessen Aufruf in der FAMA zur Generalreformation. Mit Nachdruck verlangt Schweighardt eine Vertiefung in die Inhalte der Manifeste. Eine Generalreformation und Neuorientierung der Gesellschaft sei allein aus dem Geist der Theosophie möglich, der auf innerer Offenbarung und mystischer Versenkung in die Heilige Schrift und in das Buch der Natur gründe.

Eine mehr oder weniger im Geheimen operierende Gesellschaft beschäftigt sich an der Wende zum 17. Jahrhundert im schwäbischen Tübingen intensiv mit neuen Wissenschaften und technischen Errungenschaften; auch mit antiker Zahlensymbolik und alchimistischer Transmutation, vor allem aber mit dem, was jeden Wandel als unsterbliche Natur überlebt. Da erscheinen plötzlich die drei sog. Rosenkreuzermanifeste und erschüttern die gelehrte Welt ganz Europas. Erklären doch die anonymen Autoren der FAMA die Erforschung des Mysteriums der göttlichen Schöpfung als ihr Ziel und lassen durchblicken, darin schon weit fortgeschritten zu sein.

Bereits zeitgenössische Gegner wie Freunde aus Tübingen verbreiten, niemand anders als der überaus kreative Johann Valentin Andreae allein oder zusammen mit seinen Freunden Tobias Hess und Christoph Besold stecke als Urheber hinter diesen ersten Rosenkreuzer-Manifesten. Heutige Forschungen finden neue Bestätigungen dafür, wenn auch die Inhalte der FAMA aus älterer Quelle stammen müssen. Andreae widmet seinem Freund Hess nach dessen Tod im Jahre 1614 zwei wichtige Texte, in denen das Wort *Fama* mehrfach kursiv gedruckt erscheint; so als wolle er dem Leser damit einen Hinweis geben.[8] Lässt er aber dann in seinem Werk TURRIS BABEL von 1619, wie manche meinen, wirklich die „Katze aus dem Sack"?

„Je mehr ich über diese Fraternitas nachdenke, desto kunstvoller scheint mir das Spiel gewesen zu sein. Denn es kam hier solch eine Summe von menschlichen Hoffnungen zum Ausdruck, dass dies selbst bei hervorragenden Männern den Wunsch erwecken musste, sich an die Fraternität zu wenden, um Hilfe für die eigene Arbeit zu erlangen. Und in der Tat wäre solch eine Fraternität oder Gesellschaft von hochbegabten und scharfsinnigen Männern durchaus imstande, Ziele zu erreichen, die wir mit unserem Verstand noch keineswegs zu erfassen vermögen", schreibt Andreae dort.[9] Doch woran knüpften sich die Hoffnungen in jener Zeit? Und warum verharrt das Erlösungsmoment im Unsichtbaren?

Simon Studion (1543–ca. 1605) und der Anbruch des neuen Zeitalters

Am 6. März 1543 in Urach (Schwaben) geboren, studiert Studion Theologie in Tübingen, unterrichtet ab 1572 in Marbach am Neckar und betätigt sich nebenher als Dichter, Historiker sowie Pionier der Archäologie.[10] „Mystische Arithmetik" lernt er bei dem Mathematiker und Astronom Samuel Heyland kennen, dessen Hauptaugenmerk den prophetischen und apokalyptischen Berechnungen des calabresischen Abtes Giacomo (Joachim) di Fiore (um 1135–1202) gilt. Wie dieser glauben die Chiliasten der damaligen Zeit, den Zeitpunkt des scheinbar unausweichlichen Weltendes und Wiedererscheinens des Messias mittels Zahlenspekulation bestimmen zu können.

Simon Studion, Kupferstich von 1593, Württembergische Landesbibliothek Stuttgart, Graphische Sammlungen

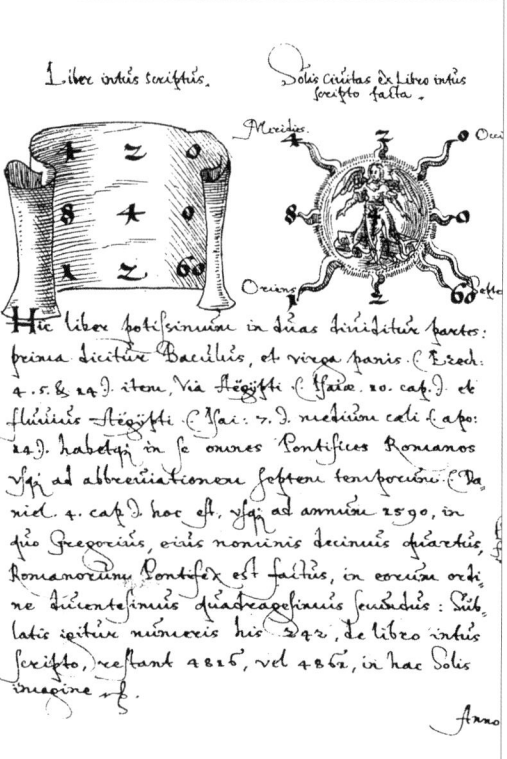

Bildseite aus der NAOMETRIA, **ebd.: Handschriftensignatur Cod. theol. qt. 23a, S. 69**

NAOMETRIA, SEU NUDA ET PRIMA LIBRI INTUS ET FORIS SCRIPTI PER CLAVEM DAVIDIS ET CALAMUM VIRGAE SIMILEM APERTIO … IN CRUCIFERAE MILITIAE EVANGELICAE GRATIAM AUTHORE SIMONE STUDIONE INTER SCORPIONES, **Württembergische Landesbibliothek Stuttgart, Handschriftensignatur Cod. theol. qt. 23a**

1604 vollendet Studion seine einflussreiche Naometria (= Tempelmeßkunst). Darin stellt der „Marbacher Präzeptor", fußend auf dem Buch DANIEL des Alten Testaments und der OFFENBARUNG DES JOHANNES, Berechnungen über die Wiederkunft Christi an und verfasst eine eigene Apokalypse.

Nach dem ersten Entwurf der NAOMETRIA (1593) und einer zweiten Fassung mit 961 Seiten (1596) legt Studion 1604 die rund 2.000 Seiten starke, endgültige Ausgabe vor, mit originellen Illustrationen zu den „naometrischen" Berechnungen. Für seine apokalyptischen Prophezeiungen verwendet er eine komplizierte Numerologie, fußend auf den Maßen des Salomonischen Tempels im Alten Testament. Aus zahlreichen verwickelten Beziehungen zwischen wichtigen biblischen und historischen Ereignissen gewinnt er weitere Offenbarungen.

Studions Aufzeichnungen zufolge soll am 17. Juli 1586 in Lüneburg ein *Conventus* (Versammlung) stattgefunden haben, unter Teilnahme einiger evangelischer Fürsten und Kurfürsten, samt Vertretern des Königs Heinrich IV. von Frankreich, des Königs von Dänemark und der Königin Elisabeth I. von England. Dabei sei die Gründung einer Confederatio Militiae Evangelicae (Bündnis der Evangelischen Ritterschaft) zur Verteidigung reformatorischer Interessen gegen die „Katholische Liga" ins Leben gerufen worden. Es gibt aber keinen historischen Beleg für ein derartiges Treffen „auf höchster politischer Ebene".

Herzog Friedrich I. von Württemberg (1557–1608) aus Dominicus Custos: Atrium heroicum Caesarum, regum […] imaginibus […] illustr[atum]. Pars 1–4, **Augsburg 1600–1602, Universitätsbibliothek Mannheim**

Lüneburg um 1550, Ausschnitt aus der Stadtansicht von Braun und Hogenberg

Dem an Alchimie und Okkultismus interessierten Herzog widmet Studion seine Naometria. Er hofft auf dessen Schutz und dessen aktive Teilnahme an einem protestantischen Bündnis, überzeugt davon, dass Friedrich bei der Begründung eines neuen Zeitalters eine wesentliche Rolle zufällt. Studions Feinden in lutherischen Kirchenkreisen gelingt es aber, Zweifel an seiner Rechtgläubigkeit zu streuen und ein Druckverbot seines Monumentalwerks durchzusetzen. Es wurde bis heute weder veröffentlicht noch übersetzt. Ein Vierteljahr nach ihrer Fertigstellung erwirken Studions Gegner sogar seine Strafversetzung nach Maulbronn. Ab März 1605 verlieren sich alle Spuren. Sein Todesdatum ist unbekannt.

Giacomo di Fiore hatte geweissagt, dass am Beginn der neuen Zeit – in seinem System die „Dritte Zeit" als die des Heiligen Geistes – ein Orden entstehen werde, der in diese neue Ära einführt. Von einem solchen Orden, *Cruce signati,* offensichtlich eine Art geistiger Überbau für eine erneuerte Reformation, munkelt Studion. Vielleicht hat er ihn tatsächlich selbst gegründet – oder nur selbst erfunden.

Im Jahre 1604, zugleich Jahr der Vollendung von Naometria, wird das von Fiore und Studion verheißene Zeitalter des Heiligen Geistes erwartet. Tobias Hess, der sich ausgiebig mit Studions Werk beschäftigt, deutet die 120 Jahre nach dem Tode von „Vatter R. C." (1483), zugleich das Geburtsjahr Luthers, als Bußzeit bis zu Anbruch dieses messianischen Zeitalters.[11] Auch Johann Valentin Andreae erwähnt die Prophezeiungen in Turris Babel (1619) und scheint auf ihre Erfüllung zu hoffen.

Wer die Texte der Naometria wirklich gelesen habe, so bemerkt Carlos Gilly, müsse feststellen, „dass Studion unter der oft zitierten Crucifera Militia Evangelica nicht eine geheime Gesellschaft oder eine auserlesene Avantgarde zur Bekämpfung des Papsttums, sondern ganz einfach die Gesamtheit der Lutheraner und der Reformierten verstand". So könne auch seine *Cruce signati* kaum als Vorläufer der späteren Rosenkreuzer gelten[12], wie z. B. A. E. Waite behauptet. Oder beschrieb Studion dank kabbalistischer Bildung mit den *Cruce signati,* „mit einem Kreuz Gezeichnete", nur Menschen, die sich in hermetischer Symbolsprache zum letzten Buchstaben des hebräischen Flammen-Alphabets hi-

Rose mit Kreuz und Lilie aus der Naometria

Für seine Intentionen, nämlich eine durch Christus vom Papsttum befreite Gesellschaft, hat Studion neben einer vierblütigen Lilie eine vierblütige (botanisch ebenso ungewöhnliche) Rose mit Kreuz in der Mitte gewählt. Für Arthur Edward Waite taucht damit zum ersten Male das Symbol Rosenkreuz auf. Doch von einem Rosenkreuz ist in der Naometria nicht einmal die Rede.

nentwickelt haben, zu Tav? Tav nimmt neben seinem Lautzeichen und Zahlenwert im Rahmen dieser 22 Buchstaben als dynamische Kräfte und Emanationen des Göttlichen sowohl die Bedeutung Kreuz oder Kreuzzeichen als auch die von Erfüllung und Ganzheit an, sprich: die Vollendung des Großen Werks der Vervollkommnung des Menschen. Dann allerdings steckt hinter den *Cruce signati* tatsächlich eine vergleichbare Idee wie hinter den „unsichtbaren" Rosenkreuzern.

Johannes Kepler, Kupferstich von Jakob an der Heyden mit einem Gedicht von Thomas Lansius

Johannes Kepler (1571–1630) und das „neue Licht" am Firmament

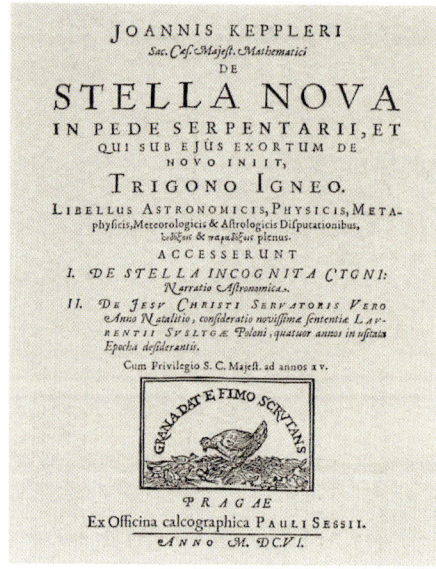

Cover von De Stella Nova in pede serpentarii, Prag 1606, Bibliotheca Philosophica Hermetica, Amsterdam

1571 in Weil am Rhein nahe Stuttgart geboren, studiert er Theologie und lässt sich nebenher von seinem Lehrer Michael Mästlin in die Geheimnisse der Astronomie einführen. In seiner Zeit grassiert das Fieber astrologischer und astronomischer Deutung. Kepler wird es maßgeblich gelingen, zumindest die Astronomie aus dem Nebel philosophischer und theologischer Spekulation herauszuholen und auf eine solide Basis von Messungen sowie genauer Berechnung zu stellen. Für die Fratres R. C. scheint Kepler so etwas wie das Vorbild eines Menschen zu sein, der sich aus den Verstrickungen falscher Vorstellungen befreit hat.

Im Oktober 1604 erregt die unheimliche Erscheinung eines neuen Sterns – heute würden wir von einer Supernova sprechen – im Sternbild Schlangenträger viele Gemüter. Schließlich bringt diese Tatsache auch theologische Auffassungen ins Schleudern, das Universum sei nach Gottes Plan festgefügt und im Großen und Ganzen vollendet, sogar vollkommen. Tatsächlich scheint Gott noch an seiner Schöpfung zu arbeiten, offensichtlich mit erheblichem Aufwand. Kepler deutet in De Stella nova das Erscheinen der Supernova als kosmisches Zeichen einer erneuten Reformation.

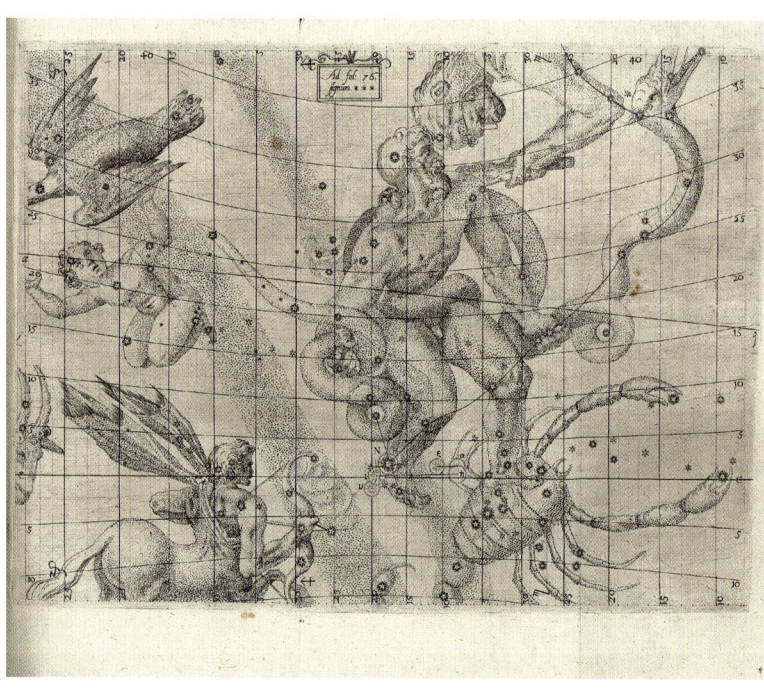

Lokalisierung des neuen Sterns im Fuß des Schlangenträgers aus De Stella Nova, Bibliotheca Philosophica Hermetica, Amsterdam

Hatten nicht schon länger Astrologen und Astronomen darauf hingewiesen, dass diese Große Konjunktion der drei oberen Planeten Mars, Jupiter und Saturn samt Wiederkehr des „feurigen Dreiecks" oder Trigonos igneus (Widder, Löwe, Schütze) im Jahr 1603 ungeahnte Katastrophen und Widrigkeiten mit sich brächten? Gewiss entzünden sie „den letzten Brand" der Welt, weissagt die Fama Fraternitatis. Dieses urgewaltige „Zeichen von Gottes gewichtigem Ratschluss" werde aber dabei endlich allen Menschen das geheime Alphabet der Heiligen Schrift und das verschlossene Buch der Natur eröffnen, hofft die Confessio.

Schloss Betanek (Benátky) nahe Prag

Der in Knustrup, damals dänische Provinz Schonen, geborene Sohn eines Edelmannes, Tycho Brahe, widmet sich bereits in jungen Jahren der Mathematik, der Astronomie und Astrologie. Er entwickelt astronomische Instrumente und gelangt zu bisher nicht erreichter Präzision und Perfektion bei der Aufstellung erforderlicher Messreihen. Tychos Erkenntnisse liefern Kepler eine entscheidende Voraussetzung zur Entdeckung der Planetengesetze. Wilhelm IV. von Hessen-Kassel, ein gelehrter Astronom und Vater des Moritz, pflegt intensiven Austausch mit Brahe. Kaiser Rudolf II. ruft Brahe nach Prag und empfängt das Genie mit höchster Ehrerbietung.

Tycho bietet Kepler, der 1594 eine Stelle als Mathematiker mit astronomischen Aufgaben in Graz (Steiermark) angetreten hat, aber im Rahmen einer landesweit angelegten Protestantenvertreibung fliehen muss, auf Schloss Betanek in Prag Bleibe und Mitarbeit an. Hier erarbeiten Kepler und Tycho Brahe unter anderem die Rudolfinischen Tafeln, mit denen sich im Voraus die Stellungen von Sonne, Mond und Planeten genauestens errechnen lassen.

Grabmal Tychos in der Prager Tynkirche

Johannes Kepler glaubt als Anhänger der Lehren des Pythagoras an eine Harmonie im Kosmos, die sich in Zahlen ablesen lässt. Gerade die abstrakte Natur der Mathematik gleicht am ehesten dem „objektiven Geist", der als bestimmendes Prinzip der bunten Fülle aller Erscheinungen zugrunde liegt. Es ist Aufgabe des Menschen und vor allem der Wissenschaft, diesen Geist und die dahinterliegende „Große Ordnung im Universum" zu finden. Der Astronom hält Kontakt mit seinem ehemaligen Studienkollegen Christoph Besold und über ihn vielleicht sogar zum Tübinger Kreis. Hoffnungsvoll erwartet er die Morgenröte einer neuen Zeit. Reformwillige Zeitgenossen sehen in der Person Keplers einen aufleuchtenden Leitstern am Firmament. Ausführlich, zugleich aber ernüchternd befasst sich der Astronom in DE STELLA NOVA mit dem alle 800 Jahre und im Anschluss daran „zehn Mal alle zwanzig Jahre" wiederkehrenden Zeichen am Himmel. Vehement warnt er vor leichtfertiger Prophetie, die bisweilen selbst ihre Erfüllung einleiten könnte. Nie habe ein Erscheinen des feurigen Dreiecks „plötzliche Umwälzungen bewirkt, sondern nur einen aufgeregten Wandel von Verhältnissen, die sich bereits in Bewegung befanden". Für den, der das Erscheinen eines neuen Sterns als günstiges Vorzeichen betrachte, bestehe die Wirkung solcher Himmelsphänomene lediglich darin, dass „er sich durch diesen Glauben zu ungeahnten Leistungen ansporne lasse". Hätten nicht wichtige Entdeckungen und Errungenschaften der letzten 150 Jahre in allen Bereichen von Leben und Wissenschaft die Welt von Grund auf verändert? Jetzt beginne sie endlich zu leben, „ja zu brausen". Auslöser vergangener großer Konjunktionen wiesen auf ihre aktivierende Kraft hin.[13]

Michael Maier (1568–1622): „Die Sonne hat ihr Bild der Erde eingedrückt. Dieser Gott wird im philosophischen Gold erkannt."

TRES SCHOLA, TRES COESAR TITVLOS DE
DIT; HÆC MIHI RESTANT,
POSSE BENE IN CHRISTO VIVERE, POSSE MORI.
MICHAEL MAIERVS COMES IMPERIALIS CON
SISTORII *cic* PHILOSOPH: ET MEDICINARVM
DOCTOR. P. C. C. NOBIL. EXEMPTVS FOR·OLIM
MEDICVS CÆS. *cic*.

Michael Maier, Frontispiz zu ATALANTA FUGIENS **(1617), vermutlich von Matthäus Merian gestochen**

1568 wird der Sohn eines lutherischen Perlstickers und Tuchhändlers in Kiel oder in Rendsburg (Holstein) geboren. Ab 1587 studiert er in Rostock Philosophie und Medizin, 1595 in Padua und promoviert 1596 zum Doktor der Medizin an der Universität Basel. Im selben Jahr kehrt er in seine Heimatstadt zurück, wo er sich als Arzt niederlässt. Nachweislich praktiziert er 1601 auch in Königsberg und dann in Danzig. 1609 wird er Privatsekretär von Kaiser Rudolf in Prag, der den vielseitigen Gelehrten bald zum Hofpfalzgrafen und Leibarzt befördert.

Landgraf Moritz von Hessen-Kassel (1572–1643), „Pate" der rosenkreuzerischen Idee

Als sich nach Rudolfs Tod die Gegenreformation in den habsburgischen Landen ausbreitet, zieht es Maier aus Böhmen fort. 1611 bis 1616 weilt er in England. Zurück auf dem Kontinent, greift er in die Aufregung um die Rosenkreuzermanifeste ein, verteidigt vehement die Ideen der Bruderschaft R. C., streitet eine Mitgliedschaft aber ab. Direkten Kontakt mit dem Tübinger Kreis scheint er auch nicht zu haben und nicht zu suchen. Von 1619 bis offensichtlich zu seinem Tode wirkt er als Leibarzt paracelsischer Prägung des Landgrafen Moritz von Hessen.

Johann Heinrich Eisenträger: Das ehemalige Stadtschloss in Kassel um 1770, Hessische Hausstiftung in Schloss Fasanerie bei Fulda

Am Hofe des Moritz von Kassel leben zeitweise neben Maier auch der Alchimist Eglinus, angeblich Verfasser der ASSERTIO FRATERNITATIS R. C., der Paracelsist und Autor der BASILICA CHYMICA Oswald Croll und der Pansoph Heinrich Nollius.[14] 1620 verlegt Michael Maier Wohnsitz und Praxis aber nach Magdeburg. Offensichtlich stirbt er hier 1622. Jedenfalls verliert sich seine Spur in Magdeburg während der Wirren des Dreißigjährigen Krieges.

In der heutigen Merianstraße 13 von Oppenheim, der ehemaligen Kupferstichwerkstatt des Verlegers Johann Theodor de Bry, nahe der Katharinenkirche, werden zwischen 1616 und 1624 die meisten Werke Michael Maiers, Robert Fludds und anderer rosenkreuzerischer Autoren gedruckt. Matthäus Merian, der berühmte Schweizer Künstler und Graveur, heiratet eine Tochter von de Bry und schafft hier vermutlich die großartigen Bilder von Atalanta fugiens.

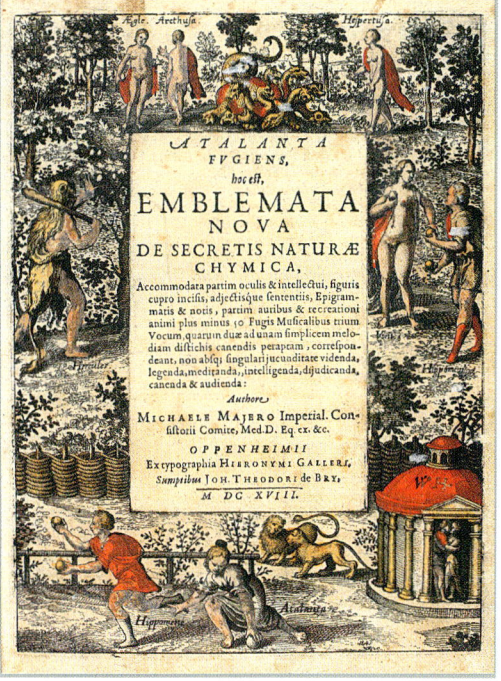

Merianstraße 13 in Oppenheim am Rhein

Titelkupfer von Atalanta fugiens, Oppenheim 1618, ein gelehrtes Werk mit philosophischen, alchimistischen und musikalischen Verständnisansatz, dargestellt in Bildern, Musiknoten und Texten

Atalanta, die „schnellfüßige" böothische Jägerin (als merkurialische Prima materia) und ein Aspekt von Artemis, maß sich gemäß griechischer Sage mit ihren Freiern im Wettlauf. Sie bezwang alle und tötete sie anschließend. Hippomenes (als männlicher Sulphur) aber besiegte sie mit einer List. Im Tempel (hermetisches Gefäß) der löwenköpfigen Muttergöttin Kybele liebten und vereinigten sie sich, wobei sie sich selbst in Löwen verwandelten, die in der mittelalterlichen Bildsprache auch das Symbol für Handeln aus dem „Geist der Stärke" sind.

Im Jahre 1611 soll Maier nach England gereist sein, um „die Sprache zu lernen", in der Ordinale von Norton geschrieben war, ein alchimistisches Werk, das der Holsteiner für eine Offenbarung hielt. Erst in England sei er auf das dunkle Gerücht der Bruderschaft der Rosenkreuzer gestoßen und habe nun die Fama und Confessio studiert.[15]

In Themis aurea, hoc est de legibus Fraternitatis R. C. tractatus (1618), gewidmet Elias Ashmole, betont er, dieses Unsichtbare Kollegium sei keine Fiktion. Seine Mitglieder folgten als „rechte Philosophische Pythagoreische Versammlung" den Regeln des Weisen aus Samos, indem sie „die Reinheit des Körpers und die Unschuld der Seele an den Tag legen" würden. So sieht er in den Brüdern R. C. vor allem Hüter einer göttlichen Tradition, die unermüdlich dem Wesen, den verborgenen Kräften und Geheimnissen der Natur nachspürten – schließlich Sehnen und Streben aller wahren Philosophen.[16] „Wer diese Wissenschaft gefunden hat, dem dient sie zur rechtmäßigen und immerwährenden Speise."[17]

Bis Mitte 1616 hält Maier sich in England auf. Für die einen wird das Rosenkreuzertum mit ihm nach England getragen, wo es durch seine Werke „leicht Fuß fasste".[18] Frances Yates mutmaßte sogar, Maier habe die Fäden zwischen England und dem Kontinent, besonders zum Hof nach Heidelberg geknüpft[19] – der Holsteiner als Top-Rosenkreuzer und politischer Geheimagent? Jedenfalls erfährt mit ihm, wie auch durch den von ihm beeinflussten Robert Fludd, die rosenkreuzerische Idee eine größere Verbreitung, zugleich eine stärkere Hinwendung zur Alchimie. Seine ernst zu nehmenden und hervorragend illustrierten Werke verschaffen ihr eine stabilere Basis. Hereward Tilton hält in seiner Maier-Biographie von 2003 den Deutschen ohnehin nur für einen Sympathisanten der rosenkreuzerischen Bewegung, der aber in ihrem Gepräge als Geheimbruderschaft einen wichtigen Träger alter alchimistischer Ideen entdecken will. Religiös-reformatorische Aspekte spielen bei Maier offensichtlich keine Rolle.

Joachim Jungius (1587–1657): „Auch innere Erfahrung gründet sich auf die Reflexion des Verstandes."

Lateinischer Platz in Rostock um 1585, heute Hopfenmarkt, Stadtarchiv Rostock

Portrait von Jungius, zeitgenössischer Kupferstich

Joachim Junge, lateinisiert Jungius, geboren in Lübeck, studiert Philosophie, Naturwissenschaften, Mathematik und Medizin in Rostock und Gießen. 1609 erlangt er die Magisterwürde der „freien Künste" an der Universität zu Gießen und erhält dort bereits mit 22 Jahren auch eine Professur für Mathematik. 1618 schließt er in Padua mit der Promotion zum Doktor der Medizin ab. Hier knüpft er wohl Beziehungen zu italienischen Humanisten.

Mit naturkundlichen Problemen und den sogenannten Freien Künsten beschäftigte sich im 16. Jahrhundert die Artistenfakultät. Sie wirkte im Rostocker Haus „Zum Adler", das eine Bibliothek und ein Museum enthielt, vielleicht sogar ein Laboratorium. Auffälligerweise tragen drei am Lateinischen Platz nebeneinanderstehende universitäre Einrichtungen – Roter Löwe (4. Haus v. l.), Einhorn (5. Haus v. l.), Schwarzer Adler (8. Haus v. l.) – Namen aus der alchimistischen Symbolsprache. Rechts neben Kirche und Kloster zum Heiligen Kreuz steht das Weiße Collegium, das alte Hauptgebäude der Universität, davor das Auditorium magnum oder Lectorium.

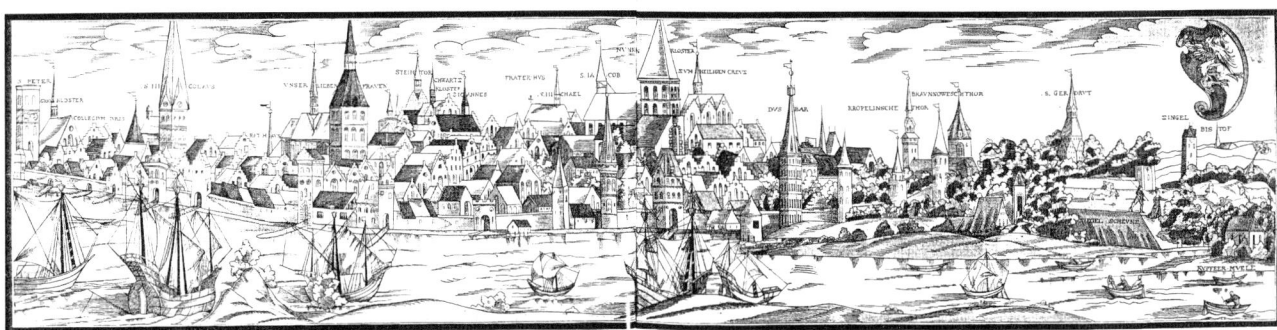

Rostock um 1560, Holzschnitt von Hans Weigel, Nürnberg

Im Jahre 1622 stiftet Jungius zu Rostock eine von der dortigen Universität unabhängige „Gelehrte Gesellschaft", Societas ereunetica sive Zetetica, die sich neben der Philosophie vornehmlich den Naturwissenschaften widmet. Vielleicht bringt er das Vorbild aus Italien mit, wo solche Akademien bereits seit 1560 in Neapel und seit 1603 in Rom arbeiten. Vielleicht stammt der Impuls zur Gründung einer Sozietät auch aus dem Rostocker Freundeskreis von Andreae: zu ihnen gehören unter anderem der Jurist Heinrich Hain, der Theologe, Mathematiker und Topograph Eilhard Lubinus sowie die Theologen Johann Affelmann und Paul und Johann Tarnovius.

Im Akademischen Gymnasium von Hamburg, 1613 gegründet, damals im Rang einer philosophischen Fakultät und als Vorstufe einer Universität gedacht, amtiert, wirkt und forscht Jungius hier von 1629 bis zu seinem Tode. Durch seine überragenden Leistungen auf wissenschaftlichem und pädagogischem Gebiet begründet er den dauernden Ruhm dieser Schule.

Akademisches Gymnasium in Hamburg im Jahre 1681, als Seitenflügel des Dominikanerklosters St. Johannis, Ausschnitt aus einem Kupferstich von D. Lemkus, Staatsarchiv Hamburg

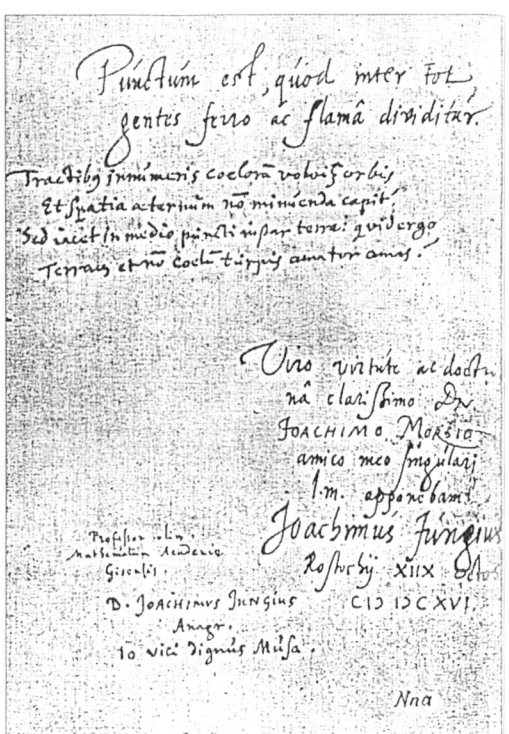

Eintrag von Jungius im Album Morsianum, **Stadtbibliothek Lübeck**

Im Album Morsianum lässt sich der Humanist, rosenkreuzerische Theosoph und Alchimist Joachim Morsius (1593–1644) offensichtlich alle die sich verewigen, die er als Geistesverwandte betrachtet.

1643 bittet er seinen Freund und damaligen Rektor des Akademischen Gymnasiums in Hamburg, zusätzlich an einer neu zu gründenden theosophisch-rosenkreuzerischen Sozietät mitzuwirken. Dieser Brief hat sich im Nachlass von Jungius erhalten, eine Antwort nicht.

Schulen und Universitäten mit ihrem Festhalten an der lateinischen Sprache, ihrer prinzipiellen wie oft auch organisatorischen Anbindung an die Kirchen und „ihrer Orientierung an der in der Metaphysik gipfelnden Philosophie alteuropäischen Erbes", boten den Erneuerern in Kultur und Wissenschaft des 17. Jahrhunderts keine geeignete Heimstätte mehr.[20] Sie mussten nach neuen Organisationsformen suchen und schufen die „Gesellschaften" als freie Zusammenschlüsse einzelner Gelehrter, aus denen später die Akademien entwuchsen.

Die Societas ereunetica, die erste Wissenschaftliche Akademie in Deutschland und zugleich im nördlichen Europa, sah sich in der Nachfolge der Platonischen Akademie. Ihre Mitglieder, deren Liste streng geheim gehalten wurde, verpflichteten sich, im gegenseitigen Wetteifer nach neuen Erkenntnissen auf den verschiedensten Wissensgebieten zu ringen. Solche Sozietäten oder „Alchimisten-Vereine" entstanden bald wohl in Wien und Prag, in Braunschweig, Helmstädt, Lüneburg, Hamburg, Bremen, Erfurt, Danzig, Mantua, Venedig, Amsterdam und Den Haag.[21] Und „was nach einer Sozietät aussah, war damals ohne weiteres dem Rosenkreuz verfallen", behauptet Will Erich Peuckert.[22] Leider ging dieses Collegium in den Wirren des Dreißigjährigen Krieges unter.

Joachim Jungius nahm einen bedeutenden Einfluss auf die Entwicklung der Naturwissenschaften, schuf ein Bewusstsein für Wissenschaft und stärkte deren Selbstbewusstsein. Erfahrung und Beobachtung durch Experimente seien unbedingt in die Methoden neuzeitlichen Denkens und Forschens einzubeziehen, forderte er, wobei er sich immer wieder auf Petrus Ramus berief und innere wie äußere Erfahrungen als gleichwertig ansah. Gottfried Wilhelm Leibniz stellte ihn als universalen Denker, Mathematiker und Naturwissenschaftler in eine Reihe mit Kopernikus, Galilei und Kepler, Descartes, Pascal sowie Campanella und drängte auf die Herausgabe seines wissenschaftlichen Nachlasses. Er will gehört haben, die Rosenkreuzer-Manifeste seien von Jungius verfasst.[23] Auch Frances Yates hielt es nicht für unmöglich, dass bei der „magischen Fabel" der Rosenkreuzer-Manifeste, die unter anderem eine mathematische Grundlage aufwiesen, Persönlichkeiten von der Bedeutung eines Jungius' an der Herausgabe beteiligt gewesen sein könnten.[24] Doch nachweisen lassen sich außer seinem Freundeskreis in Rostock, zu dem zahlreiche Anhänger der rosenkreuzerischen Idee gehörten, und seiner Bekanntschaft mit Andreae und Comenius, nur sein heftiger Reformwille, theosophische Äußerungen und die Gründung einer Sozietät.

Philosophen dringen
bis zum Grund allen Seins vor

Anweisung des Gottes Thot an Horus, aus dem Papyrus des Sionsiré: „Morgen Mittag gehe in das Haus der Bücher im Tempel von Hermepolis, dort gelangst du an eine verschlossene und versiegelte Kammer. Öffne sie, und du wirst einen Schrein finden, darin ein Buch ist. Dies Buch habe ich geschrieben!" Das heilige Buch, das Buch der Einweihung, muss jeder Suchende selbst entdecken. Es liegt überall dort aufgeschlagen, wo Weise darin zu lesen vermögen. Einige Jahrhunderte später forderte der Pythagoreer Antonius Diogenes in seinem stark verschlüsselten Mysterienbericht auf: „Ein Buch ist zu finden, das aus einem Grab bei Tyros stammt, aus der Zeit um 500 vor der Zeitrechnung, also aus der Zeit des Meisters von Samos, mit der Anspielung darauf, dass dieser es geschrieben habe."[1]

Pythagoras wie auch Platon hatten die Weisheit Altägyptens verehrt, Neuplatoniker und Neupythagoreer folgten ihnen darin. Jamblichus erklärte in DE MYSTERIIS AEGYPTIORUM: Indem sie die Natur des Universums und die Schöpfung der Götter imitierten, hätten die Ägypter mittels Symbole verborgene mystische Intentionen ans Licht gebracht.[2] In der Renaissance übersetzte Ficino die Neuplatoniker und hob die Weisheit Ägyptens erneut aufs oberste Podest. In SILENTIUM POST CLAMORES (1617) behauptete Michael Maier, sich an Plutarch orientierend, der Ursprung der Rosenkreuzeridee ließe sich bis in altägyptische Zeiten zurückverfolgen – eine Legende, die jüngere Rosenkreuzerorden, und -gemeinschaften nur all zu gern aufgreifen. Jedenfalls müssen nach dem ursprünglichen Selbstverständnis die Wurzeln der rosenkreuzerischen Idee in der frühesten Synthese von Offenbarungswissen und wissenschaftlicher Forschung des Göttlichen zu suchen sein.

Pythagoras (um 570–497/96 v. Chr.), Kapitolisches Museum, Rom

Auf Samos in Griechenland als Sohn eines Kaufmanns oder Steinschneiders geboren, sei er auf Reisen nach Ägypten und Babylon in das Wissen der dortigen Priesterweisen eingeweiht worden. Um 530 wandert er nach Italien aus und gründet in Kroton (Kalabrien) eine Schule samt Bund oder Kultgemeinschaft. Der Stammvater westlichesoterischer Philosophie und Initiation gibt seine Lehren nur mündlich weiter. Jüngere Schüler seiner Akademie dürfen ihn nicht einmal sehen. Er spricht hinter einem Vorhang. Außerdem legt er ihnen Geheimhaltung der Lehren und überhaupt eine fünfjährige Probezeit des Schweigens auf. Erst dann werden sie initiiert und zu „Esoterikoi" (diejenigen, die weiter innen drin sind).

Münze mit einem Portrait, das Pythagoras möglicherweise ähnelt

Der Bund strebt nach Einfluss in der Politik, dominiert in Kroton und bald auch in Nachbarstädten. Jahrzehnte später eskalieren Auseinandersetzungen mit der Opposition zu blutigen Kriegen, in denen die Pythagoreer vertrieben oder getötet werden. Vermutlich hat Pythagoras Kroton vorher schon verlassen und verbringt den Lebensabend in Metaponta (Basilikata). Direkt von ihm haben sich nur seine GOLDENEN VERSEN erhalten. Alles, was wir über ihn wissen, übermitteln Schüler und Zeitzeugen. Neben Mathematik lehrt Pythagoras die Harmonie der Himmelskörper und Sphären des Universums, die er sogar wohl zu hören vermag. In Zahlenverhältnisse gebracht, entdeckt er auch die harmonischen (reinen) Intervalle der Musik.

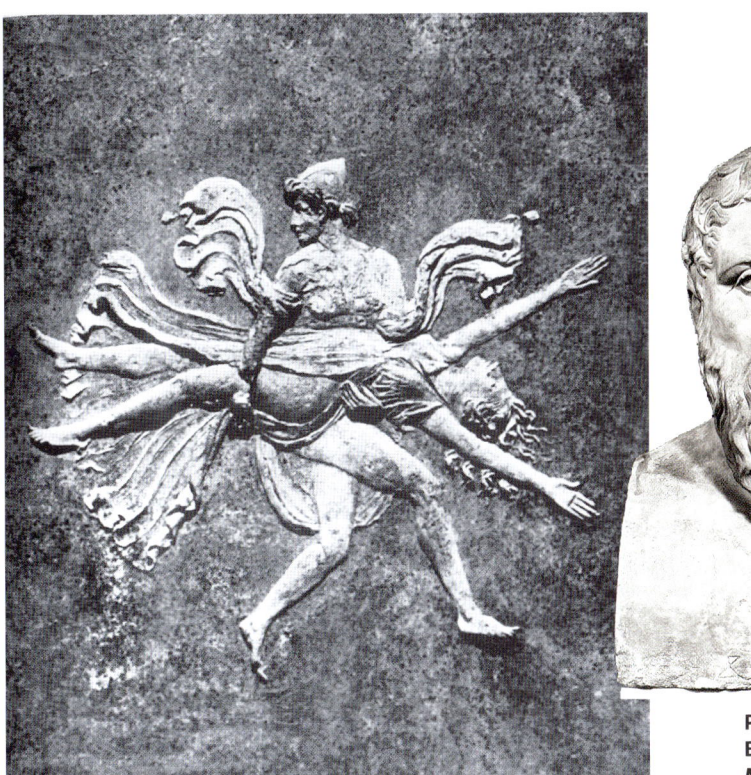

Ein Dioskur raubt eine Leukippide, Stuckarbeit, 1. Jahrhundert n. Chr., Bilder aus der Basilica sotterranea di Porta Maggiore in Rom, einst ein pythagoreischer Tempel

Für Platon (427–347 v. Chr.), Schüler des Sokrates, verbirgt sich hinter der wahrnehmbaren Welt eine Welt des Ewigen und Unveränderlichen, zu der nur der schauende Verstand Zugang findet. In dieser Transzendenz throne an höchster Stelle die Idee des Wahren und Guten. Dialektik nennt er die Wissenschaft von den reinen Ideen, weil sie in der menschlichen Kommunikation selbst Begriffe erzeuge, die in ihr Ideenreich führen. So wachsen diese Ideen zu göttlichen Aspekten von höchster Vollkommenheit, Allwissenheit und Allmacht.

Platon, Büste im Vatikanischen Museum

Anfänglich leben wohl Männer und Frauen in klosterähnlicher Gemeinschaft. Die „Akusmatiker" unter ihnen studieren die religiös-philosophischen Lehren nach den mündlichen Unterweisungen ihres Meisters. Die „Mathematiker" versuchen sich dem Göttlichen wissenschaftlich zu nähern, in der Zahl als „Abbild und Gleichnis jeglichen Wesens" im Universum. Zahlen machen das Verborgene sichtbar und lassen keine Täuschung zu. 1, 2, 3 und 4 (Summe: 10, Tetraktys) offenbaren die kosmische Grundstruktur. Unsere Seele gleicht in Analogie der Vier einem vollkommenen Quadrat. Im Zentrum des Universums und unserer Seele befinde sich ein heiliges Feuer: die Mutter der Götter.

Platonische Akademie in Athen, Fresko von Raffael (1508–1511), Vatikanische Museen

Die göttlichen Ideen formen auch unsere unsterbliche Seele, die im physischen Leib eingekerkert ist, aber erfasst von einer uns vorantreibenden Erlösungssehnsucht. So kann ein Mensch nur glücklich werden, wenn er sich über sein erdgebundenes Dasein erhebt und zu übersinnlicher Erkenntnis in das Reich des höchsten Geistes gelangt und mit ihm eins wird. Platons Akademie hat fast ein Jahrtausend Bestand. In der Renaissance lebt sie als Vorbild unter dem Patronat der Medici wieder auf. In ganz Italien sprießen in Folge mehr oder weniger geheime Gesellschaften aus dem Boden, die Platons Lehren verbreiten.

Apollonius von Tyana, Kupferstich nach Franz Cleyn in: John Dee, A true and faithful relation ... **von Méric Causabon, London 1659**

Plutarch (ca. 46–120 n. Chr.), Kupferstich aus Moralia, Les vies des hommes illustres grecs at romains [...] par Plutarque, **Jacques Amyot Édition, 1572**

Ta sage instruction sert de riche couronne
A Trajan, esleué par dessus tous humains.
Si les grands te portoient au cœur & dans leurs mains,
Vertu viuroit au lieu de Venus & Bellone

Im 1. Jahrhundert v. Chr. erneuern die Pythagoreer ihre Lehren. Einer ihrer bekanntesten Vertreter, Apollonius (um 3–97 n. Chr.), lässt sich nur schwer aus einem üppigen Legendendickicht herausschälen. Romanhaft muten seine Reisen an, die ihn zu einem Initiierten des Wissens der persischen Magi, der indischen Brahmanen und der ägyptischen Mysterien werden lassen. Sein Biograph, der Sophist Philostratus, schildert ihn als Prediger und Wundertäter mit auffallenden Ähnlichkeiten zum Leben Jesu. Im hermetischen Schrifttum verschmilzt Apollonius gelegentlich mit Hermes Trismegistos. Nach einer der sich um ihn rankenden Legenden hat er aber „nur" das Hermes zugesprochene Buch des Geheimnisses der Schöpfung unter geheimnisvollen Umständen aufgefunden und an spätere Erleuchtete weitervermittelt.[3]

In Chaironeia (Böotien) geboren, wird er Schüler des Platonikers Ammonios in Athen. In Plutarchs Schrift Isis und Osiris (Kap. 33) findet sich zum ersten Male der Begriff *chemi* für das schwarze Erdreich des ägyptischen Nillandes, zugleich Symbol für alles Dunkle, Verborgene und die Ursubstanz des Werdens. Die Araber werden *chemi*, in ihrer Sprache *kemia*, den Artikel *al* voransetzen. Plutarch übernimmt zahlreiche hohe politische und priesterliche Ämter in Chaironeia. In seiner Privatakademie lehrt er Philosophie, vorrangig platonische, Politik, Mathematik, Musik, Astronomie und Ethik. In seinen „Parallelbiographien" von bedeutenden griechischen und römischen Staatslenkern arbeitet er deren vorbildhafte moralische Qualitäten heraus. Als Moralia werden die Lebensbeschreibungen vom 16. bis zum 18. Jahrhundert in Mitteleuropa ein antiker Bestseller.

Plotin (um 204–270 n. Chr.), Büste im Museum Ostia Antica, Ostia bei Rom

Da Plotin sich schämt, „im Körper zu sein", vermeidet er alle Angaben über Geburt und Heimat. Vermutlich aus Lykopolis in Ägypten stammend, studiert er in Alexandria bei Ammonios Sakkas (ca. 180–242 v. Chr.) Philosophie und begleitet einen Kriegszug nach Persien, um die Weisheiten der Perser und Inder zu studieren. Im Jahr 244 gründet er in Rom mit Hilfe von Gönnern eine Philosophenschule. Seine Schüler verehren ihn als Meister mit herausragenden geistigen wie wohl auch okkulten Fähigkeiten. Nach 26 Jahren Lehrtätigkeit erkrankt er schwer und stirbt um 270 in Minturnae, auf dem campanischen Landgut eines Freundes.

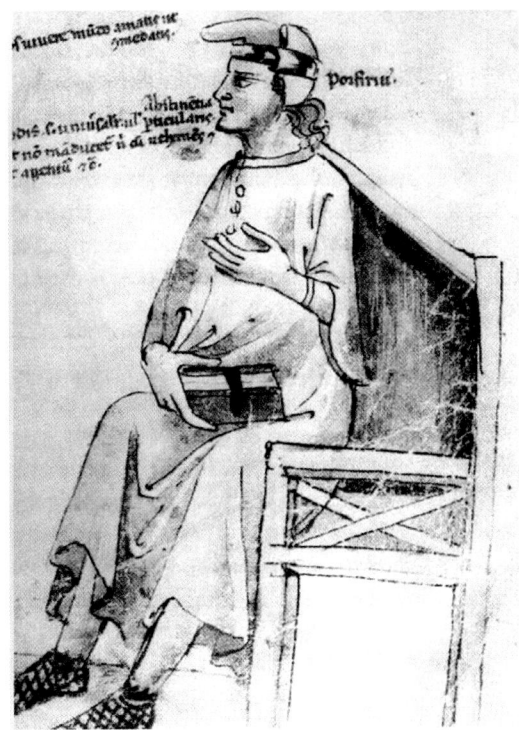

Porphyrius (um 232–ca. 304 n. Chr.), Phantasieportrait in einer mittelalterlichen Handschrift

Aus Syrien stammend, gelingt es ihm, in seinem 30. Lebensjahr in Rom als Schüler Plotins angenommen zu werden. Er wird sein bedeutendster Anhänger und hinterlässt die wenigen biographischen Angaben zu seinem Meister. Er will Plotins Lehre nicht ausbauen. Porphyrius (der Purpurgewandete) bekennt, das es ihm im 68. Lebensjahr gelang, mit dem Göttlichen oberhalb des Geistes (Noūs) eins zu werden. Plotin aber erlangte in der Zeit, die ich bei ihm weilte, „dieses Ziel wohl viermal, vermöge seiner unsagbaren Kraft".[4]

Agathodaimon, der schlangenartige „gute Dämon", eine Art frühgriechischer Schutzengel, im späteren Synkretismus das Höhere Selbst, steht für die vollkommene Natur im Inneren des Menschen, die sich dem Diesseits zugewandt hat; Hausamulett ohne Datierung, frühgriechisch

Jamblichus aus Chalkis (240/50–325/26 n. Chr.), ein Schüler von Porphyrius, stellt in seiner Schrift ÜBER DIE GEHEIMLEHREN (der Ägypter) eigene Vorstellungen als altägyptische Traditionen heraus. Schon Plotins Aufteilung der Weltenseele in eine Zweiheit hat den Ansatz für die neuplatonische Dämonenlehre geliefert, für Differenzierungen im Bereich des Höheren Selbst. Jamblichus baut Plotins Emanationssystem weiter aus und schafft neben der strengen Philosophie eine Theurgie, um Götter und Dämonen herbei zu zitieren. Magische Reminiszenzen in den rosenkreuzerischen Lehren werden seine Praktiken zurückgreifen.

In einem Hymnus an AMUN aus der Zeit der ägyptischen Ramessiden heißt es: „Kein Gott kennt eine wahre Gestalt, sein Bild wird nicht entfaltet in den Schriftrollen. Er ist zu geheimnisvoll, um enthüllt zu werden, zu groß, um erforscht zu werden, zu mächtig, um gekannt zu werden … Kein Gott kann ihn bei seinem Namen anrufen …"[5]

Pythagoras ordnete diesem höchsten vorstellbaren Prinzip „Eines und Alles" die Zahl 1 zu. Plotin beschrieb es als das Absolute, Eine (EN), Erste, Seiende und Gute, unveränderlich und unbeweglich. Trotzdem wirkt es aus der Fülle seiner Kraft, büßt aber wie das Licht, das in die Finsternis strahlt, nichts von seinem Wesen ein. Erste Wirksamkeit seiner Emanationen ist *nous*, der Geist, die Ebene der tätig werdenden Ideen,

Urgrund des Denkens. Dessen Produkt, die Weltseele und verantwortlich für die Schöpferkraft, nimmt nach „oben" hin als Psyche auf. Nach „unten" wirkt sie als Physis zur Welt des sinnlich wahrnehmbaren Kosmos hin. Aus Physis, die Lebenskraft der gestaltenden Natur, emanieren die Dämonen, aus Psyche die Götter. Da die höhere Seele zur Wiedervereinigung mit der höchsten Gottheit drängt, muss der Mensch den Stufenweg dorthin zurückfinden. Erkenntnis und innere Schau dienen dabei nur als Etappenziel oder Schwelle, ebenso die Begegnung mit dem Agathodaimon, vergleichbar dem Höheren Selbst.

Für die rosenkreuzerische Suche nach dem Absoluten bleibt Plotins Lehre besonders durch ihre differenzierten Wegmarkierungen unverzichtbar.

Hermes Trismegistos:
„Die Achtheit offenbart die Neunheit."

Thot als Ibis, Kalksteintafel, British Museum, London

Thot, „kundiger Schreiber der Götter", altägyptische Schutzgottheit von Kunst und Wissenschaft, repräsentiert auch die Schriftgelehrtheit, das Gedächtnis der Natur als Quelle der Inspiration, jede aus Verinnerlichtheit gewonnene Weisheit und Erkenntnis. Er wird oft als Ibis dargestellt, ein Vogel, der bedächtig stelzend seine Nahrung im klaren Wasser fischt. Unter griechischem Einfluss verschmilzt Thot mit Hermes, dem altgriechischen Offenbarungsgott und Seelengeleiter durch Unterwelt und Unbewusstes. Vom 2. Jahrhundert n. Chr. an erwächst daraus im aufgeschlossenen Synkretismus von Alexandria Hermes Trismegistos (Der dreifach Größte). Diesem Weisen werden 42 philosophisch-theosophische Texte zugeschrieben.[6] Siebzehn haben sich fragmentarisch im CORPUS HERMETICUM erhalten.

Auf einer smaragdenen Tafel habe Hermes Trismegistos die Geheimnisse des „chymischen Werkes" als ägyptisches Vermächtnis an die Nachwelt niedergelegt. Der Text der ihm ebenfalls zugeschriebenen TABULA SMARAGDINA gilt Alchimisten, Astrologen und Magiern griechischer, arabischer und lateinischer Sprache als „Gesetzestafel" ihrer Kunst, sein fiktiver Autor selbst als Ahnherr ihrer Wissenschaft. Heutige Forschung hält das Werk für einen arabischen Text aus dem 8. oder 9. Jahrhundert.[7]

Hermes Trismegistos und seine gelehrten Kollegen, unter Beschuss von zehn Tauben als alchimistische Allegorie, aus Janus Lacinius: PRETIOSA MARGARITA NOVELLA, **1577–83**

„Der Greis im alchimistischen Heiligtum" aus AURORA CONSURGENS **(Aufsteigende Morgenröte); vermutlich Hermes Trismegistos mit einer Doppel-Tafel, unter Beschuss von „Raben des Nigredos", Handschrift aus dem 15. Jahrhundert, Zentralbibliothek Zürich**

Arabische Quellen des Mittelalters schreiben die TABULA Apollonios von Tyana zu. Im BUCH VOM GEHEIMNIS DER SCHÖPFUNG (Kitab Sirr Al-Haliqa), um 1140–50 in Spanien übersetzt, erzählt Balinûs (arab: Apollonius), wie er das Grab des Hermes entdeckt. Er findet darin einen auf einem Thron sitzenden Greis, der eine Tafel aus Smaragd in den Händen hält, in der die Geheimnisse der Schöpfung und vom Ursprung aller Dinge aufgezeichnet sind. Dieses Bild taucht in der FAMA wieder auf, als Mitglieder einer Bruderschaft das Grab ihres alten „Vatters" R. C. entdecken, zugleich „alle Bücher" zum Verständnis der Natur.

„Wahrhaftig, ohne Lügen gewiss, und auf das allerwahr-haftigste, dies, so unten, ist gleich dem Obern, und dies, so oben, ist gleich dem Untern, damit man kann erlan-gen und verrichten Miracula eines einigen Dinges …", formuliert die Tabula Smaragdina geheimnisvoll.

Hermes Trismegistos und das kreative Feuer, das die Polaritäten vereint. „Sein Vater ist die Sonne, seine Mutter ist der Mond."
Daniel Stolcius v. Stolcenberg: Viridarium chymicum, **Frankfurt 1624**

Im Jahre 1460 tauchte das Corpus Hermeticum in Florenz auf. Cosimo de' Medici vertraute es umge-hend dem gelehrten Marsilio Ficino zur Übersetzung an. Mit ihm glaubten alle Leser an einen authentischen ägyptischen Urtext als göttliche Offenbarungsschrift; vergleichbar der Bibel, aber doch viel älter. Hermes Trismegistos selbst schien eine historische Persönlich-keit zu sein, ein Priester-Weiser oder gottähnlicher Pha-rao. Marsilio Ficino glaubte sogar, er sei identisch mit Moses[8], das Corpus Hermeticum damit Platons „ferne Quelle" der Weisheit.

Isaak Casaubon, ein englischer Philologe, dem die zahl-reichen Widersprüche zwischen den Texten aufgefallen waren, klassifizierte das Werk 1614 allerdings als Kom-pilation verschiedener späthellenischer Autoren aus dem 2. Jahrhundert n. Chr. Er diffamierte die Traktate sogar als „christliche Fälschung" zum Zwecke der Heidenbe-kehrung. Mit diesem unwiderlegbaren Altersnachweis brachen Wahrheitsanspruch und sakrale Erhöhung der Schriften in sich zusammen. Ihr Wert als Schlüssel zum Verständnis antiker Spiritualität überdauerte. Aber noch im 19. Jahrhundert konstruierten Phantasten illustre biographische Einzelheiten zu Hermes und zimmerten an seiner Reinkarnationskette.

Bereits im 5. Jahrhundert v. Chr. hatte der Historiker Herodot Thot mit dem griechischen Hermes identi-fiziert. Als Gottheit von Hermopolis (Stadt des Her-mes), altägyptisch Schmun, subsumierte Hermes die vier Paare von Urgöttern einer sehr frühen Kosmologie. Zusammen repräsentierten sie in der Achtheit die Ord-nung des Weltganzen als fortschreitende Optimierung auf Grundlage der Polarität (Symbol: Kreuz, dessen vier Enden wieder gekreuzt sind oder mit je einer Blü-te in den Quadranten). Thot oder Hermes Tetramegis-tos, Der vierfach Größte, wie er zunächst hieß, vertrat also die Art, wie man zur Erkenntnis dieses vierfachen Urprinzips gelangt. Als „dreifach Größter" hütete und offenbarte er das Wissen vom Menschen, hineingestellt zwischen Himmel und Erde, oder unser Dasein zwi-schen dem Verlangen von Geist und Seele.[9] Vor allem im Buch XIII des Corpus hermeticum führt Hermes als Initiator seinen Sohn und Initianten „Tat(ius)" im Zwie-gespräch durch die Möglichkeiten der Seelenreifung.

Clemens von Alexandrien, Kirchenvater an der Wende zum 3. Jahrhundert, setzt den Hermes-Logos (das schöpferische WORT) gleich dem des Christus. Lac-tantius, ebenfalls frühchristlicher Kir-chenvater († um 325), preist den „heid-nischen Propheten" als Verkünder des Erscheinens Christi.

Hermes Mercurius Trismegistos, Steintief-schnitt von Giovanni di Stefano in der Kathe-drale von Siena, spätes 15. Jahrhundert

Empiriker der Gotteserfahrung

Roger Bacon (um 1214–ca.1294):
„Bring die Elemente ins Gleichgewicht und
du erhältst den Stein der Weisen."

**Phantasieportrait Bacons
aus** SANIORIS MEDICIN &
MAGISTRI D. ROGERI
BACONIS ANGLI, DE
ARTE CHYMIAE SCRIPTA
[…], **Frankfurt a. M. 1603**

Vermutlich in Ilchester, Grafschaft Somerset, als Sohn eines adeligen Gutsbesitzers geboren, studiert er bereits mit zwölf Jahren in Oxford Theologie, Medizin, Mathematik und Astrologie. Von etwa 1240 an studiert er in Paris, wo er 1245 als Theologe promoviert und in Albertus Magnus einen wichtigen Lehrer findet. Bald lehrt er selbst als Magister der sieben Freien Künste an der Sorbonne. Immer wieder greift er scharfzüngig die Kreuzzüge an und fordert, wie Ramón Llull, gewaltfreie Missionierungen auf Grundlage allen Religionen gemeinsamer Werte und Begriffe.

Grosseteste, seit 1215 Kanzler der Universität Oxford und seit 1235 Bischof von Lincoln, empfindet fast väterliche Gefühle für Bacon, fördert und beerbt ihn. Der Theologe begreift den menschlichen Geist nicht als etwas Passives, sondern als geschaffenes geistiges Licht mit eigener Energie, generell aktiv und dynamisch. Wenn sich dieser Geist in seiner höchsten Potenz mit Gott vereinigt, entsteht Liebe.[1] Zugleich beschäftigt beide Freunde die Frage, ob es nicht eine gemeinsame Ursprache der Menschheit gibt, zu deren Verständnis der Schlüssel wiedergefunden werden muss. Bacon erlernt deshalb auch Griechisch, Chaldäisch, Hebräisch und Aramäisch.

**Robert(us) Grosseteste
(um 1168–1253), in einer
Handschrift aus dem
14. Jahrhundert,
British Library**

Bacons Turm in Oxford aus OXONIA
ANTIQUA RESTAURATA, **Oxford 1823**

Nach seiner Rückkehr 1252 aus Paris tritt Roger in den Franziskanerorden ein, verstärkt seine naturwissenschaftlichen Forschungen und startet eine reiche schriftstellerische Tätigkeit. In einem alten wuchtigen Wachturm in Oxford richtet er im Obergeschoss eine Sternwarte ein, das Untergeschoss dient als Laboratorium, auch für alchimistische Versuche. Hier erforscht dieser Doctor mirabilis mit seinen Schülern die Himmelsphänomene, fertigt konvexe Linsen, Brennspiegel und gläserne Lesesteine als Lupen. Und immer wieder knallt, pufft und raucht es aus diesem Gemäuer!

Schon in Paris hat er ein explosives Pulver entdeckt. Wahrscheinlich weigert sich der „wunderbare" Mönch aber, dessen Formel für militärische Zwecke preiszugeben. Denn er legt sie nur in chiffrierter Form in EPISTULA DE SECRETIS OPERIBUS ARTIS ET NATURAE ET DE NULLITATE MAGIAE nieder.[2] Verschlüsselt bleiben darin auch seine Thesen zur Herstellung von Gold und dem Stein der Weisen. 1257 verurteilt die Ordensführung den originellen, aber auch streitbaren Querdenker und Schöpfer gewagter Lehren zu einem mehrjährigen Klosterexil im Pariser Ordenshaus. Noch härter aber trifft ihn ein Lehr- und Publikationsverbot.

Schriftprobe aus einem Werk Bacons. Unterstrichene Wörter deuten auf Verschlüsselungen. Newbold-Kent: THE CIPHER OF ROGER BACON, Philadelphia 1928

Die Alchimie dürfte in Persien entstanden sein. Demokrit von Abdera (um 472–457 v. Chr.) soll die Lehren der Magi in ein festes System gebracht, den Vergleich zwischen Makrokosmos (All) und Mikrokosmos (Mensch) gezogen und von der Transmutation der Stoffe gesprochen haben.[3] Auch die Seele soll sich vervollkommnen, im Feuerofen des Lebens durch Erfahrungen und Absonderung des Unbrauchbaren heranreifen. C. G. Jung verglich diesen Vorgang mit der Individuation.[4] Zunächst verlangt das Große Werk die Separatio aller Dinge in ihre Grundbestandteile: die Elemente Erde, Luft, Wasser und Feuer. In ihren seelischen und geistigen Entsprechungen dienen sie als Orientierungssystem des Bewusstseins. Dann müssen sie in harmonische Beziehung zueinander gebracht werden. Im äußeren und inneren Labor (Welt und Seele) enthüllt sich während des alchimistischen Prozesses der verborgene Schöpfungsplan mit seinen Gesetzen und offenbart die Quintessenz aller Einzelteile.

Bis in das 17. Jahrhundert blieben Alchimisten offensichtlich ausgesprochene Einzelgänger. Nur selten hatten sie Schüler. Organisationsformen sind nicht bekannt, mit Ausnahme im Umfeld des Ramón Llull, der von einer alchimistischen Sozietät sprach[5], von Agrippa von Nettesheim und vielleicht auch von Paracelsus.[6]

Idealportrait Roger Bacons in Michael Maiers SYMBOLA AUREAE MENSAE, Frankfurt 1617

Ein Mönch und Alchimist balanciert die Elemente Feuer und Wasser ins Gleichgewicht. Im Auftrag seiner Gönners, Papst Clemens IV., verfasst Bacon das OPUS MAJUS. Es schließt alle seine Forschungen ein, selbst seine Alchimia practica, und soll als Grundlage künftiger wissenschaftlicher Ausbildung dienen. Nach dem Tod dieses Reformpapstes reißt im Franziskanerorden die konservative Fraktion wieder die Führung an sich. Erneut wandert der missliebige Frater 1278 nach Paris in Klosterhaft, diesmal für ein ganzes Jahrzehnt. Erst 1288 sieht er Oxford wieder, altersgebeugt, aber endlich befreit von allem Schreibverbot. Doch mitten in der Arbeit an COMPENDIUM STUDII PHILOSOPHIAE, eine Art Enzyklopädie aller Wissenschaften, stirbt der umfassende Gelehrte 1292.

Arnald(us) de Villanova (ca. 1235–1312): „Die Königliche Kunst hat keine Feinde – außer den Ignoranten!"

Villanova weist auf die „alchymische Hochzeit" des Männlichen und Weiblichen als Grundausdruck aller Gegensätze in der Natur und Voraussetzung zur Gewinnung des Philosophischen Steins [der Weisen].
Michael Maier: SYMBOLA AUREAE MENSAE ...

Im Uhrzeigersinn präsentiert der alchimistische Arzt Maier die hermetischen Adepten, aus deren Wissen er schöpft, darunter auch fiktive Namen. Von oben links: Sarmata anonymus, Hermes Trismegistos, Maria die Hebräerin, Demokrit, Morienus, Avicenna, Albertus Magnus, Arnaldus de Villanova, Thomas von Aquin, Raimundus Lullus, Roger Bacon, Melchior Cibinensis.

Titelkupfer zu Michael Maier: SYMBOLA AUREAE MENSAE DUODECIM NATIONUM, **Frankfurt 1617**

Arnaldus selbst fühlt sich als geistiger Schüler des Alchimisten Geber, führt dessen Theorien weiter und schreibt als Erster über die Zubereitung des geheimen Elixiers aus dem Stein der Weisen. Wie der Theologe und Kantonist Johannes Andreae (1270–1348) berichtet, habe er dabei goldene Stäbe produziert, die zur Prüfung von Hand zu Hand gegangen seien.[7] War Arnaldus zugleich die materielle Transmutation der Metalle gelungen? Zumindest als Arzt, Alchimist, Chemiker und Sozialreformer demonstriert er wahrhaft „goldene Hände".

Ältester bekannter Portraitversuch des Arnald(us) de Villanova, eigentlich Arnoldo Bachuone, der hier auf den persischen Arzt und Philosophen Avicenna (980–1037) trifft, in HERBOLARIUM DE VIRTUTIBUS HERBARUM, **Vincenza 1491, Villanova zugeschrieben**

1235 oder 1240 im katalanischen Villanova geboren (obwohl oft als Provenciale bezeichnet), studiert Arnaldus Philosophie, Theologie und Medizin in Barcelona, Paris und Montpellier. An diesen drei Universitäten übernimmt er später auch Lehrtätigkeiten. Ab 1281 dient er als Leibarzt bei König Peter III. von Aragon, ab 1296 bei dessen Sohn Friedrich II. auf Sizilien. Hier arbeitet er zugleich als Traumdeuter, prophezeit als Astrologe nahende Katastrophen und warnt vor dem Auftauchen des Antichrists samt Weltuntergang für die Jahre 1335 oder 1345.

Schloss Anagni in der Campagna

Am Hof von Papst Nikolaus IV. soll Villanova 1288 alchimistische Experimente durchgeführt haben. Neben seiner nicht immer gelungenen Wahrsagerei bringen ihn auch seine philosophischen Schriften wiederholt in Schwierigkeiten mit der Inquisition, vor allem seine Abhandlung über den Wert der heiligen Gottesnamen, wittert die Inquisition doch antike Wortmagie. Vor einer geheimen Kommission muss er zweimal „seine Irrtümer" abschwören, wird aber trotzdem zum Tod auf dem Scheiterhaufen verurteilt. Ihn rettet nur eine schwere Krankheit des Papstes Bonifatius VIII. (reg. 1294–1303), den er mit großem Erfolg kurieren kann. Der hatte ihm ohnehin den guten Rat erteilt, sich lieber mit Medizin als mit Theologie zu befassen. Jetzt macht Bonifatius Villanova zu seinem Leibarzt und schenkt ihm das päpstliche Palazzo Anagni.

Die Trinität (als bewegliches Spiel von Ideen und kreativer Bewegung) führt zur alchimistischen Vierheit, zur Formgebung durch das Große Weibliche in uns, im Christentum durch Maria; aus ROSARIUM PHILOSOPHORUM**, erstmalig nach 1500 in** GIARDINO DE UERIDANTE ROSE **auf Italienisch veröffentlicht und Villanova als Autor zugeschrieben. Das Werk enthält eine viel beachtete Rosenmystik, die aber eher aus dem Christentum entlehnt zu sein scheint.**

Im Jahre 1305 werden Villanovas Bücher zur Gänze verboten und viele verbrannt. 1311 stirbt er als Opfer eines Schiffbruches bei Genua, als Botschafter des Königs Friedrich II. auf dem Weg nach Rom zu Papst Clemens V., einem wohlwollenden Gönner des Magus.

Nach Villanovas Tode wurden seine Schriften erneut zum großen Teil verbrannt. Erst im Jahre 1532 erschien in Lyon wieder eine siebenbändige Ausgabe seiner Werke. Schon zu Lebzeiten als Autorität im Bereich Medizin und Alchimie gerühmt, schrieb man ihm dabei viele Bücher und Texte zu, die sich vermutlich oft nur in Auszügen auf ihn berufen, darunter allein etwa 20 alchimistische Schriften. Es spricht aber für die nachhaltige Ausstrahlung seines Lebenswerks. Für die Alchimisten unter den Anhängern der rosenkreuzerischen Idee zählte Villanova zu ihren geistigen Vätern. 1288 soll er in Rom Ramón Llull getroffen haben, der dann sein Schüler geworden sei. Beide hatten den Orient und Nordafrika bereist und beherrschten vermutlich Arabisch, die Muttersprache der Alchimie. Von 1309 bis 1311 weilten sie zusammen in Neapel. Hier soll sich Arnaldus mit pythagoräischen Bruderschaften in Verbindung gesetzt und sich damit Pythagoreik und Alchimie angenähert haben.

Als Berater des Königs hatte der Philosoph angemahnt, die Verwaltung Aragóns zu reformieren, Hospitäler zu stiften, den Armen zu helfen, Steuern zu senken und soziale Gerechtigkeit im Lande herzustellen. Wenn er, der König, seine eigenen Interessen am besten wahren wolle, müsse er dem Volkswillen entsprechen.[8] Bei solchen sozialreformerischen Bestrebungen berief sich Villanova auf die direkte Inspiration durch den „Erlöser".

Ramón Llull (um 1234–1316): „Ich könnte ganze Meere in Gold verwandeln, wenn es nur genügend Quecksilber gäbe!"

Llull als Initial von In (= in, innen), auf einem weißen Schleier ein neugeborenes Kind haltend, sein Großes Werk der Wiedergeburt. Pseudo-Lullus: Opera chemica, **1470–1475**

Raimundus Lullus, „Lux mea est ipse dominus, mein Licht ist der Herr selbst", Kupferstich nach Boissard, Jean-Jacques/de Bry, Theodor: Bibliotheca chalcographica, Heidelberg, **1652–1669**

Raimundus Lullus oder Ramón Llull, in Palma de Mallorca geboren, entstammt einer ritterlichen Familie aus Barcelona. Im Knabenalter dient er als Page am Hof des Königs Jakob I. von Aragon, ab 1250 als Prinzenerzieher, 1256 steigt er zum Seneschall (Minister bei Hofe) auf, heiratet ein Jahr später und zeugt zwei Kinder. Als dichtender Troubadour erfindet er wilde Amouren, als begnadeter Troubadour der göttlichen Liebe besingt er seelische Abenteuer.

Laut Legende verliebt er sich im Alter von 30 Jahren in die schöne Ambrosia de Castello, die er mit Liebesbriefen traktiert. Als sie nicht darauf eingeht, prescht er ihr hoch zu Pferd bis in die Kirche nach. Jetzt trifft sich die Dame mit ihm, zeigt ihm sogar ihre nackte Brust. Doch die ist schon ganz von Krebs zerfressen. Das habe seine Leidenschaften so abgekühlt, dass er sich fortan der Religion und den Wissenschaften zuwendet.[9] Wahrscheinlicher aber löst eine mystische Schau um 1263 sein Bedürfnis aus, das bunte höfische Dasein abzustreifen. Ab 1264 studiert er wohl in Montpellier Philosophie, Medizin und Theologie. 1265 tritt er als Tertiar in den Bettelorden der Franziskaner ein. 1281 promoviert er an der Pariser Sorbonne und lehrt dortselbst in den Jahren 1287/88.

Missionsfahrt mit Religionsdisput in Nordafrika, Ausschreitungen und Vertreibung. Thomas Le Myésier: Breviculum ex artibus Raimundi Lulli electum, **14. Jahrhundert**

Nach einem weiteren Offenbarungs- und Einheitserlebnis auf dem Berge Randa nahe Palma erfasst er den göttlichen Auftrag, Moslems und Juden zum Christentum zu bekehren. Missionarisch bereist er ab 1291 Europa, Zypern, Palästina, Armenien und Nordafrika. Für seine Disputationen und Botschaften des Friedens erlernt er die arabische Sprache. Obwohl er bei früheren Reisen zwischen 1281 und 1307 nach Tunis und Bougie (Bidschaja) verhaftet wurde und einige Jahre im Gefängnis zubrachte, besucht er hartnäckig 1316 Buogie erneut. Eine aufgebrachte Menge versucht den Missionar auf offener Straße zu steinigen. Halb tot schifft man ihn nach Mallorca, wo er 1316 verstirbt.

In seiner ARS MAGNA (Große Kunst) erarbeitet er eine Systematisierung von Prinzipen und Denkregeln in universaler Begriffs- und Symbolsprache (z. B. gemeinsame Gotteszuordnungen und höhere Ideen wie Tugenden aus Judentum, Islam und Christentum), um ein Verständnis zwischen Gelehrten aller Religionen zu ermöglichen. Begriffe und Relationen hat er auf sieben konzentrischen Kreisen angeordnet, die gegeneinander um ihren gemeinsamen Mittelpunkt bewegt und kombiniert werden können. Diese mechanisch angelegte „Denkmaschine" erlaube das Operieren mit „zwingenden Vernunftsgründen" und soll das Heidentum vom Wert der Logik und der Intelligenz des Christentums überzeugen.

Erste der sieben Kreisfiguren, die Llull 1305 in ARS MAGNA ET ULTIMA ausführlich erläutert. Neun Grundbuchstaben eines „heiligen Alphabets" (B–K) sind Gotteseigenschaften zugeordnet, samt dem ersten Begriff einer Relationskette.

Achtstufiger Aufstieg vom Mineral, über Flamme, Pflanze, Tier, Mensch, Edelmetall, Engel und Gott zur Neun, zum Haus der Ewigen Weisheit. Links hält Llull eine seiner konzentrischen Kreistafeln als Werkzeug hoch, um dieses kosmische Stufenmodell in Analogien zu verifizieren. Raimundus Lullus: DE NOVA LOGICA, 1512

Neun Elemente in Dreiergruppen erlauben 84 Kombinationen, bezogen auf seine sieben Kreise: 84⁷ – also fast unendlich viele Antworten auf eine Frage. Die Zahl Zehn als Ausdruck der Einheit und Vollkommenheit Gottes bleibt von der Kombinatorik ausgeschlossen. Im 16. Jahrhundert gilt seine Methode als „hebräische Kunst", als „göttliches Alphabet", „Geheimes Buch aller Geheimnisse" bzw. als „Geheimtestament der Engel".[10]

D r. „Illuminatissimus der Kunst zur Wahrheitsfindung", der universale Gelehrte und profilierteste Vertreter mittelalterlicher Alchimie, ebnete den Weg zwischen den Weltreligionen. Zugleich glänzte er als herausragender Dichter und gilt als Vater der katalanischen Schriftsprache und Literatur. Über 500 Schriften tragen seinen Namen, oft mit stark hermetischer Tendenz. Davon kennen Experten immerhin gut die Hälfte als authentisch an.

Mit „Lullscher Technik" stehen bei verschiebbaren Diagramm- oder Kolumnenkreisen immer andere Begriffe untereinander und lassen damit neue Begriffsverbindungen zu. Giordano Bruno nutzte dieses Verfahren für seine assoziative Gedächtniskunst, eine Schulung der Rückerinnerung in innerer Schau. Für den Semiotiker Umberto Eco gehören solche Spielereien mit der Kreativität aus dem Unbewussten zur Suche nach der „vollkommenen Sprache" und „verlorenen Einheit". Anhänger der rosenkreuzerischen Idee hätten dies wieder aufgegriffen. Mit Pico della Mirandola beginne aber der „aufregende Versuch", Llull in kabbalistischen Begriffen zu lesen.[11] Aufregend deshalb, weil in der Kabbala Buchstabenkombinationen Realitäten nicht widerspiegeln, sondern hervorbringen. Geistiger Alchimie stehen unbeschränkte Ressourcen von Quecksilber zu Verfügung, um dabei alles in Gold zu verwandeln.

Ramón Llull trifft Arnaldus de Villanova, Initial einer Handschrift, Florenz, 15. Jahrhundert

Phantasieportrait des Nicholas Flamel, Kupferstich von Montcornet um 1650

Nicholas Flamel (ca. 1330–ca. 1417): „Das Elixier oder der Stein der Weisen entsteht nicht durch Aufbau von etwas Fremden, sondern durch Abbau von allem Überflüssigen!"

In der Rue de Montmorency 51 wohnt das Ehepaar Flamel angeblich im „dritten Stock". 1407 erbaut, gilt dieses Gebäude als das älteste erhaltene in Paris.

Um 1330 in Pontoise oder Paris geboren und ursprünglich von Beruf Schreiber oder Kopist, muss Flamel zu beträchtlichem Reichtum gekommen sein. Oder hat er mit der zweifach verwitweten Peronelle 1355 eine vermögende Frau geehelicht? Zusammen stiften und unterhalten sie vierzehn Hospitäler, drei Kapellen und sieben Kirchen in Paris, „die wir alle selbst von Grund auf erbauen ließen und reich bestückten mit großen Geldsummen und ständigen Einkünften", wie Flamel in seiner Pseudo-Autobiographie stolz behauptet.

Unternimmt Nicholas von hier aus seine Reise als Jakobspilger? Oder verlässt er niemals „seinen Keller", die Abgeschlossenheit seines Labors? Alle Alchimisten müssen symbolisch die gefahrvolle Reise mit Pilgerstab und Jakobsmuschel antreten, zuerst zu Lande (der trockene Weg), dann zur See (der feuchte Weg). Auch Flamel habe dieser philosophischen Disziplin gehorcht und sei dem Beispiel all seiner Vorgänger gefolgt.[12] Überhaupt gleicht seine Biographie mehr einer hintergründigen Parabel über die alchimistische Suche und seine Chymische Hochzeit, die Vereinigung von Sol und Luna (Peronelle).

Sein von ihm in Auftrag gegebenes Bild mit seiner Frau Peronelle über dem Portal der Kapelle von Saint Jacques-la-Boucherie ging verloren. Gegen Ende des 18. Jahrhunderts wird die Kirche bis auf den Turm abgerissen. Auf dem Friedhof oder in der Kirche muss Flamel begraben gewesen sein. Es existiert aber noch dieser Kupferstich aus dem 18. Jahrhundert.

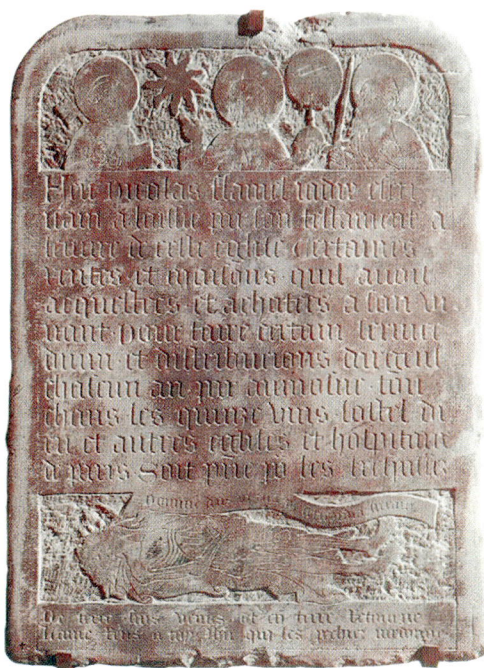

Abraham Eleasar im priesterlichen Ornat auf einem stilisierten Alchimistenofen stehend, in der Vase drei aufgeblühte Blumen als Ausdruck aktiver Tätigkeit von Mercurius, Sal und Sulphur; Titelkupfer von J. E. Boeck zu Abraham Eleazar, **Erfurt 1735**

Eines Tages, um die Mitte des 19. Jahrhunderts, dreht ein Kräuterhändler in der Straße, in der die Flamels einst wohnten, eine fein polierte Marmorplatte um, die dort seit jeher auf dem Boden liegt und auf der er jahrelang seine getrockneten Kräuter verkauft hat. Staunend steht er vor dem vermissten Grabstein Flamels. Die Inschrift bestätigt, dass „der Schreiber Nicholas Flamel" bestimmte Renten und Häuser hinterlassen hat, deren Einkünfte dazu dienen, „jedes Jahr einmal Almosen an die Armen zu verteilen, besonders in der Quinze-Vingts-Kathedrale und anderen Kirchen und Hospitälern von Paris".

1735 erscheint Abraham Eleazar. Uraltes Chymisches Werk [...] Der Herausgeber, Julius Gervasius Schwartzburgicus, behauptet, es handele sich um das geheime Buch Flamels und präsentiere alle Figuren aus dem Buch von Abraham dem Juden samt den philosophischen Regeln zur Herstellung des Steins der Weisen.

„Um fünf Uhr nachmittags, am Montag, den 17. Januar im Jahre des Herrn 1382, verwandelte ich wahrhaftig dieses Quecksilber in … besseres als das gewöhnliche Gold … Ich will die Wahrheit sagen, ich machte es dreimal mit Hilfe von Peronelle, die es genau so gut konnte wie ich, denn sie half mir bei meinen Arbeiten."

So berichtete der legendäre Nicholas Flamel in seiner Pseudo-Autobiographie Buch der Hieroglyphischen Figuren. Sie wurde zum ersten Male 1612 gedruckt und stammte vermutlich aus der Feder von Arnauld de la Chevallerie.[13]

Gemäß dieser Autobiographie hatte Flamel 1357 ein sehr altes und reich vergoldetes Buch erstanden. Es enthielt auf „drei mal sieben" Blättern samt Titelblatt geheime alchimistische Figuren, die er nicht alleine zu entschlüsseln vermochte. Er erinnerte sich aber, die Bilder schon einmal im Traum gesehen zu haben. Das Buch von Abraham dem Juden nannte er das Werk und

vermutete eine kabbalistische Handschrift. Zur Entschlüsselung pilgerte er 21 Jahre später nach Santiago de Compostella. Doch erst auf der Rückreise traf er in Leon auf Meister Canches, der ihm den Buchinhalt zu deuten wusste. Zurück in Paris, „und wieder vereint" mit seiner geliebten Frau Peronelle, hing er bald ein Bild an die Türe einer nahen Kapelle.

Darauf dankten er und seine Frau Gott auf den Knien für die gewünschte Erkenntnis. Eliphas Lévi interpretierte Flamels Fund der 21 Blätter und des Titelblatts als hieroglyphischen Kommentar des kabbalistischen Grundlagenwerkes Sepher Jezirah nach den 22 Schlüsseln des Tarots.[14]

Jedenfalls habe das Verstehen des Fundes Flamel ungeheuren Wohlstand gebracht. War ihm tatsächlich die Transmutation der Metalle gelungen? Fand Flamel den wahren Stein der Weisen, und gewann er ungeheuren inneren „Reichtum" und thronte bald auf der Ebene des Mitgefühls und der „wahren Wohltätigkeit"?

Johannes Trithemius (1462–1516): „Viel Wissen lauert im Zipfel einer Mönchskapuze!"

Kloster Sponheim bei Kreuznach im heutigen Zustand

Portrait- zeichnung des Johan- nes Trithe- mius, Chan- tilly, Musée Condé

Kloster Sponheim bei Kreuznach im heutigen Zustand

1482 überrascht ein heftiges Unwetter Johann auf der Heimreise. Er sucht Zuflucht im Benediktinerkloster Sponheim und entscheidet sich, dort zu bleiben. Schon achtzehn Monate später ernennt der Konvent ihn trotz seiner Jugend zum Abt. Neben der Sorge um die desolaten wirtschaftlichen und geistigen Verhältnisse im Kloster widmet er sich von Beginn an geradezu bildungsbesessen einem intensiven Studium fast aller Wissensbereiche und der Schriftstellerei. Von Johannes Reuchlin, der wohl öfter als Gast in Sponheim weilt, lässt er sich in Hebraistik unterrichten, wahrscheinlich auch in die Kabbala einführen. Vermutlich über Reuchlin wird der Abt mit den Schriften Pico della Mirandolas vertraut.

Johannes Trithemius, eigentlich Johann Heidenberg, geboren in Trittenheim an der Mosel, erwirbt seine Bildung an höheren Schulen in Trier, Köln, Heidelberg und in den Niederlanden. Eine akademische Ausbildung im engeren Sinne lässt sich nicht nachweisen. Trotzdem gilt er als einer der gebildetsten Männer seiner Zeit und heute als Vater der modernen Bibliographie und Literaturwissenschaft.

Abt Trithemius, barok- kes Deckengemälde im Bibliothekssaal des Klosters St. Peter im Schwarzwald

Seit 1486 nennt er sich Johannes Trithemius. Unter diesem Namen erleben seine theologischen und historischen Werke bereits zu seinen Lebzeiten diverse Auflagen. Während ihn die einen, was seine historischen Veröffentlichungen angehen, als „größten Geschichtsfälscher" abtun, sprechen andere vorsichtiger von „gut gemeinten" kreativen „Zusätzen". Wo echte Quellen versagen, greift er nämlich auf fiktive Gewährsleute und Chronisten zurück. Damit würzt er fade Daten und Ereignisse, weiß sie oft in ein fast undurchdringliches Gespinst von Mysterien einzukleiden und schafft mit solch „guten Geschichten" historische Romane.

POLYGRAPHIAE, **Basel 1518, mit Titelholzschnitt von Hans Springinklee (Pseudonym): Johannes Trithemius übergibt Kaiser Maximilian das Widmungsexemplar des Werkes.**

Seine beiden Werke über Geheimschriften gelten wegen der vielen darin aufgeführten Engel- und Geisternamen bis heute als Zauberbücher (Schwarzbücher). Die im Jahre 1508 verfasste und zehn Jahre später in Basel gedruckte POLYGRAPHIAE (= Vielschrift) besteht aus 384 Alphabetreihen. Jedem Buchstaben ist ein Begriff zugeordnet. Wählt man zu den benötigten Buchstaben die entsprechenden Begriffe, entsteht ein Geheimtext.

Grabmahl im Neumünster, Würzburg, aus der Werkstatt Riemenschneiders

Die häufige Abwesenheit ihres Abtes im Dienst der Reformbewegung des Ordens nutzen im Kloster Oppositionelle und Neider seines Ruhmes. Es gelingt ihnen, seine Versetzung aus ihrem Konvent zu betreiben. Nach vielen Irrwegen landet Trithemius schließlich, vergrämt und ohne seine geliebte Bibliothek, im ehemaligen Schottenkloster von Würzburg (St. Jakob), wo er 54-jährig verstirbt.

Trithemius verstand sein Kloster Sponheim als eine Art Akademie. Unter seiner Ägide verfügte es zuletzt über eine stolze Bibliothek von mehr als 2.000 Bänden, darunter geheime Handschriften aus allen Sprachen – die größte und berühmteste Sammlung auf deutschem Gebiet. Dabei übersah er geflissentlich den wachsenden Unmut seiner Mitbrüder, die sich in ihrem Alltag empfindlich gestört fühlen mussten. Ihr beschauliches, abgelegenes Kloster im Hunsrück avancierte zur „Touristenattraktion". Bildungshungrige wie Neugierige pilgerten jedenfalls in Scharen zu dieser Heimstatt humanistischer Gelehrsamkeit.

Magie sei Bewunderung und Meditation, formulierte Trithemius, und liefere wie die Alchimie Mittel und Werkzeuge, die Natur als Abbild göttlicher Schöpfung zu erforschen, und damit die höchste Weisheit. In seinem Traktat LILIEN UND ROSEN sprach er in diesem Zusammenhang von der „vielversprechenden Tinktur". Seine Schriften kursierten im Hause Andreaes und in späteren Kreisen von Anhängern der rosenkreuzerischen Idee. Für sie beherrschte Trithemius als wahrer Meister der Magie die „Engelsprache", worunter sie die göttliche Ursprache verstanden, das ursprünglichen „SchöpfungsWORT".[15] Auch Paracelsus hatte in der 1536 verfassten GROSSEN WUNDARZNEY den fruchtbringenden Einfluss von Trithemius' auf seine geistige Entwicklung erwähnt.[16]

„Stets habe ich alles, was in der Welt wissbar war, zu wissen begehrt …", rechtfertigte sich der schwarze Abt einmal in einem Schreiben. Kein Wunder also, dass dieser rastlos forschende und kreative Geist in späterer Zeit den Prototyp eines Rosenkreuzers darstellte. An anderer Stelle unterstreicht er dies: „Studium erzeugt Erkenntnis; Erkenntnis erzeugt Liebe; Liebe erzeugt Gleichnis; Gleichnis erzeugt Gemeinschaft; Gemeinschaft erzeugt Tugend; Tugend erzeugt Macht; Macht erzeugt Wunder: Dies ist der einzige Weg zur vollkommenen, sowohl göttlichen als auch natürlichen Magie." Auf den Punkt gebracht: „Wissen ist Liebe!"[17]

Heinrich Cornelius Agrippa von Nettesheim (1486–1535):
„Nicht Gestirn noch Unterwelt: In uns allein der Geist ist's, der alles bewirkt."

Schloss Poppelsdorf, Bonn, bei der Erstürmung im Kölnischen Krieg, November 1583, Kupferstich von F. Hogenberg

Aggrippas abenteuerliches Leben treibt ihn unstet durch Europa, von einem Fürstenhof zum nächsten, hier als Leibarzt und Berater in höchster Gunst stehend, dort als mit dem Teufel im Bunde verdächtigter Magier verjagt und von der Inquisition bedroht. Im März 1532 findet er in Bonn Zuflucht vor vielseitiger Verfolgung, als Gast des später (1546) vom Papst exkommunizierten Erzbischofs von Köln, Hermann von Wied. Zunächst darf Nettesheim auf Schloss Poppelsdorf logieren. Am 18. Februar 1535 verstirbt er in Grenoble und wird wunderlicherweise im Konvent der Dominikaner beigesetzt, die er fast zeitlebens als Träger der Inquisition geschmäht hatte und vor deren langen Arm er so oft fliehen musste.

Heinrich von Nettesheym wird als Sohn eines in kaiserlichen Diensten stehenden Bürgers geboren, vermutlich in Köln. Eine adelige Herkunft, wie oft behauptet, bleibt umstritten. Bereits 1502 erwirbt er sechzehnjährig an der Kölner Universität den Magister artium. Noch im selben Jahr studiert er weiter in Paris. Nirgends hält es ihn lange. Ab 1511 weilt er in Italien, dient als Diplomat für Kaiser Maximilian, kämpft als Offizier im Heer und wird zum Ritter geschlagen. 1519 gewinnt er in Metz als brillierender Anwalt einen Aufsehen erregenden Prozess und befreit eine als Hexe Angeklagte aus den Fängen der Inquisition. Als mutmaßlicher „Meister der Ketzer und Hexen" muss er aber hinterher fliehen.

Agrippa von Nettesheim, Holzschnitt von Tobias Stimmer aus Schaffhausen (1539–1588) nach dem vermutlichen Originalportrait der Erstausgabe der Occulta Philosophia

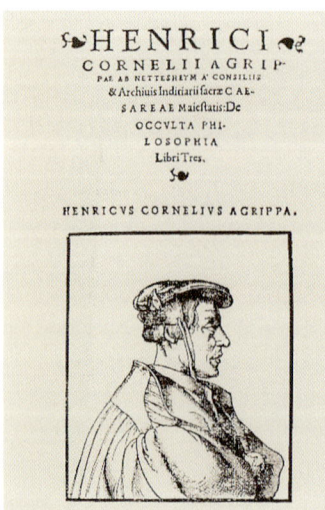

De occulta philosophia, **Antwerpen 1533, mit dem ältesten Portrait des Autors**

In seinem Hauptwerk De occulta philosophia, 1531 erstmalig erschienen und Abt Trithemius gewidmet, versucht Agrippa Magie und Christentum auf der Grundlage des Neuplatonismus zu versöhnen. Mehrfach beruft er sich achtungsvoll auf Roger Bacon als „Autorität", spickt seine Lehren mit Alchimie, Astrologie, Magie, Kabbala und christlicher Engelslehre, macht operativen Gebrauch von der Llullschen Technik und fasst die Mechanik als Bestandteil der mathematischen Magie auf – eine Herausforderung für die christlichen Tugend- und Häresiewächter. De occulta philosophia landet rasch auf dem Index, was der Verbreitung dieser Schrift aber offensichtlich kaum Abbruch tut. Bis heute gilt sie als eines der Standardwerke der Zauberliteratur und operativen Magie.

Doctor Faust, Holzschnitt, ca. 15. Jahrhundert

Agrippa will wie Abt Trithemius, vor allem aber wie seine größeren Vorbilder Pico della Mirandola und Johannes Reuchlin, die Uroffenbarung Gottes in der Kabbala gefunden haben. Und wie sein Freund und Förderer Trithemius glaubt er an eine Weltseele, die alles erfüllt und durchströmt, alles zusammenhält und verknüpft. In ihr ist der Geist, „der in uns wohnt", im „Stoff gefangen" und harrt seiner Befreiung. Befreien wir ihn, fließt die Lebenskraft und der „Atem des Einen". Jetzt öffnen sich verstärkt die Schleusen jeder Art von kreativer Aktivität. Nettesheim begeistert sich auch für Optik, Mechanik und Geometrie, wie sein faustischer Geist überhaupt vor keinem Wissensgebiet Halt macht.

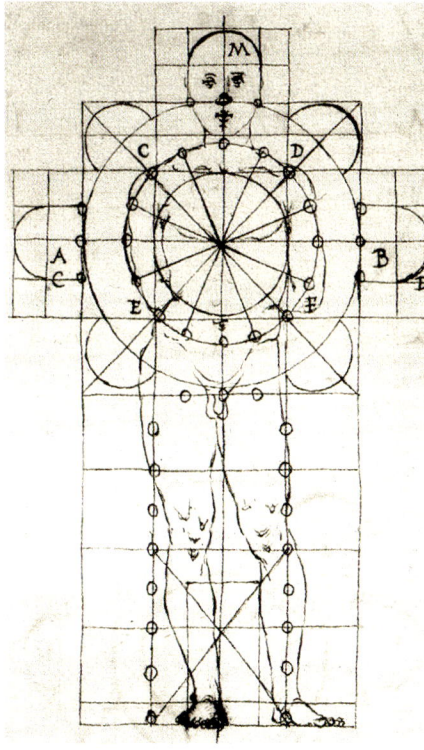

Konstruktion einer Basilika nach dem Maß des Menschen aus DE OCCULTA PHILOSOPHIA

Wie bei Paracelsus, John Dee und Abt Trithemius dienen auch Leben und Ausstrahlung des „schwindelhaften Genies" (C. G. Jung) Heinrich Cornelius Agrippa zur Ausstaffierung des dramatischen Theaterstoffes Dr. Faustus, jenseits des unbedeutenden echten Johannes Faust. Goethe nennt seinen Faustus „Heinrich". So soll Agrippa immer von einem schwarzen Pudel mit verdächtigem Namen „Monsieur" begleitet worden sein, dessen Halsband kabbalistische Zeichen trug und der, wie Fausts ominöser teuflischer Gefährte Mephisto, die Grundlagen für alle gottlosen Zaubereien bereitete.

„Was man von der unbesiegbaren Gewalt der magischen Kunst, von den wunderbaren Bildern der Astrologen, den Verwandlungen der Alchimisten und jenem gepriesenen Steine, durch welchen midasgleich alle Metalle in Gold verwandelt werden, Erstaunliches erzählt und schreibt, wird als nichtig, erdichtet und falsch erfunden werden, sooft man es buchstäblich nimmt … Wir dürfen das Prinzip so großer Operationen nicht außer uns suchen: es wohnt ein Geist in uns, der sehr gut vollbringen kann, was immer die Mathematiker, Magier, Alchimisten und Nekromanten Wundersames und Erstaunliches zu leisten imstande sind"[18], erklärt einer, der es wissen muss: Agrippa von Nettesheim, wesentlicher Repräsentant der Renaissance-Magie und profunder Kenner hermetischer Schriften und Traditionen.

Zwanzigjährig gründete der wortgewandte Kämpfer noch in seiner Studienzeit gegen alles enge Denken in Paris oder Lyon eine geheime Gesellschaft zum Studium der Geheimwissenschaften, die auch Ableger in England, Italien und Deutschland unterhalten haben soll. An der Universität im burgundischen Dôle hielt er Vorlesungen über Reuchlins Kabbalalehren, in Pisa Vorlesungen über Ficino und Hermes Trismegistos, in Turin über die Geschichte der Philosophie.[19] „Imperator der Rosenkreuzer" titulierte Irenäus Philaletha, vielleicht identisch mit Eugenius Philalethes (Thomas Vaughan 1622–1666), Agrippa reichlich spekulativ.[20]

Paracelsus (um 1493–1541): „Wandele dich in einen lebendigen philosophischen Stein um! Und sorge dafür, dass du so hervorgehst, wie du willst, dass das von dir gesuchte Werk beschaffen sei!" (Gerhard Dorn, Schüler des Paracelsus)

Einsiedeln, Holzstich aus dem 16. Jahrhundert. Laut Überlieferung liegt sein kleines Geburtshaus direkt rechts neben der Teufelsbrücke, halb von den Bäumen verdeckt.

Phillippus Aureolus Theophrastus Bombastus von Hohenheim nennt sich später selbst Paracelsus; vermutlich ein ihm ähnliches Porträt, Kupferstich von Augustin Hirschvogel, 1540

Im Schweizer Ort Einsiedeln geboren, studiert er Medizin, Chirurgie und Physik an den Universitäten von Paris, Montpellier, Wien und Köln. 1516 promoviert er in Medizin an der Universität Ferrara. Hochmütig verwirft Paracelsus (etwa: besser als Celsus) aber die klassische Medizin in Bausch und Bogen. Unruhig wandert er durch ganz Europa, Legenden nach auch durch Nordafrika über Ägypten in den Orient, unentwegt Magie, Alchimie und Kabbala studierend. Auf der Suche nach der Universalmedizin, dem Panazee, saugt er zugleich alles Volkswissen ein. Nur etwa 1,50 Meter groß, trägt er als Kind schon ein viel zu großes Schwert, von dem er sich nie mehr getrennt haben soll.

Glänzende Begabung und ungewöhnliche Erfolge als praktischer Arzt lassen ihn schnell zahlreiche Anhänger gewinnen. 1525 beruft der Magistrat von Basel den bereits berühmten Paracelsus als besoldeten Stadtmedicus, zugleich mit Lehrauftrag an der Universität Basel für Physik, Medizin und Chirurgie. Er doziert in deutscher Sprache, der Sprache des Volkes. Als Arzt der Armen verzichtet er oft warmherzig auf jedes Honorar. Im krassen Gegensatz dazu weiß er mit gallig streitsüchtigem Temperament alle Honoratioren gegen sich einzunehmen. Von aufgebrachten Gegnern in einen Prozess verstrickt, muss er 1528 aus der Stadt flüchten.

Grabepitaph des Paracelsus in der Kirche St. Sebastian, Salzburg

Paracelsus' gewaltiges Lehrwerk beeinflusst in der Folgezeit neben Medizin und Naturwissenschaften alle theosophischen Strömungen. Immer wieder erwähnt er seine Schüler. Ob es sich dabei allerdings um eine Organisation mit festen Lehren gehandelt hat, bleibt ungewiss. 1541 verstirbt er in Salzburg. Habe und Bargeld vermacht er testamentarisch den Armen. Als bei seiner Exhumierung im 19. Jahrhundert sein stark weiblich geformtes Becken auffällt, verbreitet sich das Gerücht, der Magus sei ein Androgyn gewesen. Ohnehin halten zahlreiche Sagen und sogar Märchen eine geradezu übermenschliche Erinnerung an ihn lebendig.

Per rosam ad crucem, per crucem ad rosam. Die Goldblume als Geburtsstätte des „Filius philosophorum" (Sohn der Weisheit, die endgültige Wiedergeburt) aus RIPLEY SCROWLE, **1588**

Das Große Werk der Alchimie besteht für Paracelsus vor allem in der seelischen Reinigung und Verbrennung alles unbrauchbar Gewordenem durch ein Feuer. Dieses Feuer glüht in unserem Innersten, laufend entfacht durch unser Leben und unsere Erfahrung. „Nur das ist echtes Gold, das geläutert aus dem Feuer hervorgeht." Echtes Gold erlaubt, das „Licht der Natur" zu schauen, das Göttliche, vor allem im Menschen. Er findet diesen Gott in der Weltseele, heute würden wir sagen: als kollektives Überbewusstsein im kollektiven Unbewussten. So könnten wir in der wahren Transmutation die Wiedergeburt erfahren.[21]

Das sog. Rosenkreuzerportrait, vermutlich von Franz Hoogenbergh († 1590) gestochen aus der Erstausgabe von Paracelsus: PHILOSOPHIA MAGNAE, **1567**

Rosenkreuzerisches Schrifttum aus dem 18. Jahrhundert gibt Paracelsus gern als ihren „Bruder" aus. Als magerer Beweis dienen die symbolischen Vignetten auf diesem Stich (links und rechts oben, entnommen seiner 1536 in Augsburg gedruckten PROGNOSTICATION AUFF XXIIII. JAR ZUKÜNFFTIG[22]), übliche Symbole aus der barocken Emblematik des 17. Jahrhunderts, aber keineswegs typisch „rosenkreuzerisch". Auf dem überdimensionalen Schwertknopf lesen wir Azoth, ein alchimistischer Name für Mercurius.

Mercurius von G. Battista Nazari: DELLA TRAMUTATIONE METALLICA SOGNI TRE, **1599**

In alchimistischer Terminologie symbolisiert Mercurius, das flüssige und kaum zu fixierende Quecksilber, die geheime feurige Wandlungssubstanz der Schöpfung, das Herz der Weltseele und den „Atem des Einen" als flüchtiger Geist und Offenbarungsgott (Hermes Trismegistos). Sal, das lunare Salz, charakterisiert das formschaffende Prinzip der passiven Aufnahme und entspricht der Haupteigenschaft unseres Unterbewusstseins. Sulphur, der solare Schwefel, eine dynamische, verzehrende und befruchtende Kraft, entspricht der Leidenschaft und dem Verlangen, das jede Handlung anspornt, Haupteigenschaft selbstbewusster Wahrnehmung, unseres Oberbewusstseins.

Mit seinen Lehren, kreativen Begriffsbildungen aus dem Lateinischen, Griechischen, Hebräischen und Arabischen, aber auch mit seiner steten Suche nach den Geheimnissen der Natur gehört Paracelsus zu den größten Vorbildern der älteren rosenkreuzerischen Idee. So ist für ihn, der sich selbst gelegentlich „Dr. der Heiligen Schrift" nennt, das einzige gültige Buch ohne „tote Buchstaben" das LIBER MUNDI, „das Buch der Welt" (im Sinne von Naturerfahrung), indem er „fleißig gelesen" hat, wie die FAMA berichtet. In dem Maße, in dem Mensch und Natur, Mikro- und Makrokosmos aufeinander abgestimmt sind, entsteht Harmonie, Grundlage für das Große Werk menschlicher Wandlung zur Vervollkommnung – in der Sprache von Paracelsus: die „Ritterschaft auf Erden" in einer „goldenen Welt" als Vollendung einer „himmlischen Alchimie". Gemäß der FAMA finden die Fratres im Grabgewölbe von Vatter R. C. denn auch „alle unsere Bücher" samt einem „Vocabulario" des Paracelsus.

Heinrich Khunrath (1560–1605): „Ich kann den Stein der Weisen aus dem Hohelied Salomos anfertigen!"

Portrait aus Khunrath:
Vom Hyleali-schen, Das ist/ Pri-Materiali-schen Catho-lischen, oder Allgemeinem natürlichen Chaos …,
Magdeburg 1597

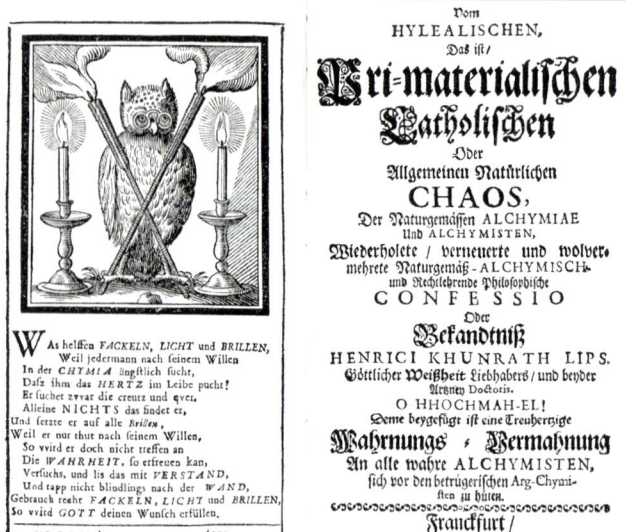

In Leipzig geboren, studiert bereits mit zehn Jahren in Leipzig Medizin und Chemie, später in Basel, wo er 1588 in Medizin promoviert. Bereits früh soll er mit der Alchimie in Berührung gekommen sein, sogar mit einem Meister kabbalistischer Tradition. Seine späteren Werke lassen den Einfluss von Marsilio Ficino und Pico della Mirandola erkennen. Er praktiziert nach paracelsischer Methode in Hamburg und Dresden, zwischendurch ab 1591 in Böhmen als Leibarzt des rosenkreuzerisch interessierten Wilhelm von Rosenberg auf Schloss Trebona.

Vielleicht trifft er in Böhmen auf Michael Maier, der am Hofe Rudolfs II. arbeitet, vielleicht auch schon auf John Dee. Elias Ashmole berichtet in Theatrum chemicum Britannicum (1652), Dee sei auf seiner Reise durch Deutschland 1596 nach Bremen gekommen. Dort habe ihn am 27. Juni Heinrich Khunrath aufgesucht, der „berühmte Philosoph der geheimen Wissenschaften von Hamburg".[23] Dees Monas hieroglyphica und seine Aphorismen werden in Khunraths Werk Amphitheatrum sapientiae erwähnt und damit in Deutschland bekannt. 1605 stirbt der einflussreiche Alchimist in Leipzig oder Dresden.

Oratorium und Labor, Kupferstich von Peter van der Doort nach einem Gemälde von Hans Vredeman de Vries in: Amphitheatrum sapientiae Aeternae …, **Hamburg 1595**

Khunraths Amphitheatrum gilt als klassische Darstellung dessen, was seine Zeit unter christlicher Kabbala versteht und spiegelt die den ersten Rosenkreuzerschriften zugrunde liegende Philosophie. Seine berühmten Bilder verraten die psychologischen, ethischen und praktischen Anforderungen an den, der Adept werden will. Auf den beiden Säulensockeln des Kaminsims lesen wir: „Vernunft und Erfahrung". Die Inschrift auf dem Balken der Holzdecke verkündet: „Keiner ist groß ohne die göttliche Eingebung." So verdeutlichen die linke und rechte Seite des Bildes (Bezug zu den Gehirnhälften) auch die mystische und praktisch experimentierende Zweiheit „Königlicher Kunst". Vermutlich stellt sich Khunrath in dem Knienden dar.

Hugo Hermann: Pia Desideria emblematis, elegiis & affectibus SS. Patrum illustrata, **Antwerpen 1628. Nur mit „herzlichem Verlangen" und fester Verbindung zum „Turm der Weisheit" findet der fromme Pilger durch den Irrgarten des Lebens und falscher Vorstellungen zum Ziel.**

Oetinger, geboren in Göppingen, studiert offensichtlich nach einem mystischen Erlebnis in Tübingen Theologie, schüttelt dabei aber alle konfessionelle Enge ab. In Leipzig und Halle studiert er 1734 zusätzlich Medizin, beschäftigt sich auch mit Physik, Biologie, Chemie und gehört ab 1765 als Prälat in Murrhardt dem Württembergischen Landtag an. Er versucht, die „heilige Hochzeit" auf alchimistischem Wege in der stofflich-irdischen und seelisch-geistigen Dimension herbeizuführen. Nur dem Menschen sei es vergönnt, die Einheit aller Gegensätze zu finden und zu manifestieren – in sich.[3] Seine Philosophie ist beeinflusst von Leibniz, seine Theologie von Jakob Böhme und Swedenborg, seine Kabbalistik fußt auf Isaak Luria.

Friedrich Christoph Oetinger (1702–1782), Lithographie von C. Schacher, Württembergische Landesbibliothek Stuttgart, Graphische Sammlungen

Im 17. und 18. Jahrhundert wehrten sich einzelne Vertreter protestantischer Spiritualität gegen zunehmend krampfhaftes Festhalten am Bibelwort, das oft rein buchstäblich interpretiert wurde. Sie verachteten jedes theologisches Lehrgezänk und legten mehr Wert auf praktisch gelebtes Christentum. Statt Verabsolutierung des Glaubensaktes verlangten sie Erfahrung, persönliche Begegnung mit der göttlichen Sphäre, mit den Spuren göttlichen Wirkens, ja schließlich mit dem letztlich unerforschlichen Abgrund Gottes selbst. Gern bedienten sich diese „Pietisten" alchimistischer Begriffe. Gott, der „große Schmelzer", schickt seinen Heiligen Geist als „heilige Tinktur", während sich die höchste Trinität in der irdischen Welt in der Dreiheit von Mercurius, Sal und Sulphur manifestiert. „Chemie und Theologie sind für mich nicht zwei Dinge, sondern ein Ding", gestand Friedrich Oetinger.[4] Will Erich Peuckert deutete den Pietismus als „Frucht der Rosenkreutzerei" und der Sehnsucht ihrer Zeit: „… Sehnsucht nach einer Generalreformation an Haupt und Gliedern, Wurzeln und Ästen. Die Sehnsucht, den Traum wahr werden zu lassen in kleinen ernsthaft arbeitenden Kreisen."[5]

Aus einem solchen Kreis württembergischer Pietisten erwuchs auch Idee und Ausführung des wahrhaft einzigartigen kabbalistischen Lebensbaumes in einer christlichen Kirche. 1683 stiftete ihn Prinzessin Antonia, Tochter des Herzogs Johann Friedrich von Württemberg. Johann Valentin Andreae hätte ihr dann das Erlernen der hebräischen Sprache empfohlen und den Anstoß zu einer Lehrtafel gegeben. Er ist auf der Lehrtafel als Prophet Jesaja verewigt.

Antonia scharte einen Kreis von gelehrten Theologen und Anhängern der christlichen Kabbala um sich, zu denen auch Philipp Jakob Spener gehörte, der sich als Gutachter des Werkes und seiner Interpretation zur Verfügung stellte. 1763 veröffentlichte Christoph Oetinger Offentliches Denckmahl der Lehr-Tafel einer weyland Würtembergischen Princessin Antonia.

Mit der Beschreibung des Altars führte er in seine christliche Deutung der kabbalistischen Schöpfungslehre, suchte – ungeachtet der originalen jüdischen Tradition – nach Vergleichen in der Bibel und fand sie unter anderem in den Briefen des Apostels Paulus.

Innenansicht des barocken Flügelaltars der protestantischen Dreifaltigkeitskirche von Bad Teinach, Schwarzwald. Antonias Freunde preisen den Bilderschrein als „Schloss der Bildung und Frömmigkeit", als „feste Burg des Herzens". Sie selbst versteht ihn als eine „Leiter der Frömmigkeit, auf der die nach Gott suchende Seele Stufe für Stufe in das Reich des ewigen Lichtes aufsteigen kann".

„Der Sohn Gottes ist aus Quecksilber gemacht!"

Caspar Schwenckfeld (1489–1561), nach einem Stich in der Schwenckfelder Library, Pennsburg, USA

Schwenckfeld entstammt aus altem schlesischem Adel. Er studiert in Köln Theologie und begeistert sich für die Lehren des Johannes Tauler. Wie Zwingli vertritt er die rein geistige Auffassung vom Abendmahl. Er stellt die innere Offenbarung, das unmittelbare mystische Erleben des „inneren Gehobenseins" durch den Heiligen Geist, über das Wort der

Jakob Böhme, anonymes zeitgenössisches Gemälde

Bibel, glaubt an die Kraft der Wandlung einer solchen Erfahrung und erhofft die Rückkehr „pfingstlicher Fülle" der Urkirche. Viele seiner Anhänger in Schlesien wandern 1734 nach Pennsylvania aus; deren Gründung The Schwenckfelder Church besteht bis heute.[1]

Im böhmischen Altseidelberg nahe Görlitz geboren, erlernt der zartgewachsene und hochsensible Sohn eines Bauern das Schuhmacherhandwerk. Nach der üblichen Wanderschaft eröffnet er in Görlitz eine Schusterwerkstatt. Er heiratet, zeugt vier Kinder, lebt in ärmlichsten Verhältnissen und vermag seine Familie nur mit Hilfe von Naturalspenden seiner Anhänger durchzubringen. Anfänglich beschäftigt er sich mit paracelsischer Alchimie, operiert hinter dem Athanor und studiert Schwenckfeld. Aus Paracelsisten und Schwenckfeldianern bestehen seine ersten Gesinnungsfreunde, die aber auch Anweisung in praktischer Alchimie suchen.[2] Besonders starken Einfluss übt Valentin Weigel auf ihn aus.

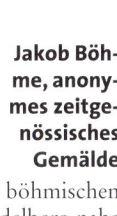

CASPARVS à SCHWENCKFELD, ob Ossig. Eq Nob. Silesius

Die Vierheit des Kreuzes als Planet Merkur, integriert in das geheime Wandlungsmoment Mercurius (= Quecksilber), umgeben von sechs Planeten und zwölf Tierkreiszeichen, aus Böhme: Theosophische Werke, Amsterdam 1682

Im Alter von 25 Jahren ergriff ihn in Görlitz, direkt vor seiner Wohnung an der Brücke über die Neiße, das „göttliche Licht" und gewährte ihm eine inspiratorische Berührung oder die „große Schau": „Ich sah und erkannte das Wesen aller Wesen, den Grund und den Urgrund, die Entstehung und den Uranfang der Welt und der Kreaturen, das alles erkannte ich durch die göttliche Weisheit. Im Innern sah ich das alles wie in einer unermesslichen Tiefe. Und was ich zu erfassen vermochte, das schrieb ich dann also auf", berichtete

er in einem seiner „Sendbriefe" an den Zollbeamten Caspar Lindner.

Nach einem weiteren „geistigen Durchbruch" um 1610 bekannte Böhme 1621, dass noch immer ein „verborgenes Feuer" in ihm glühe, „und mocht es doch nicht ergreifen, bis mir der Höchste mit seinem Oden wieder zu Hilfe kam und ein neues Leben in mir erweckete. Allda erlangte ich einen besseren Stil zu schreiben und auch eine tiefere und gründliche Erkenntnis; konnte alles besser in das Äußere bringen".[3]

Jakob Böhme mit der Krone von Kether und der aus Ägypten übernommenen Geste der Harmonisierung von Gegensätzen. Sie dient den Anhängern Schwenckfelds als geheimes Erkennungszeichen und demonstriert in rosenkreuzerisch geprägten Kreisen auch das Ablegen der äußeren Persönlichkeit; Kupferstich aus Böhme: MYSTERIUM MAGNUM, ODER ERKLÄRUNG DES ERSTEN BUCH MOSE, **Amsterdam 1678**

Böhme in seiner Werkstatt, aus einer holländischen Böhme-Ausgabe, Amsterdam 1686

In Görlitz eifert der protestantische Pfarrer Georg Richter, gnadenloser Wächter über die lutherische Frömmigkeit, gegen Böhme und brandmarkt ihn als gefährlichen Irrlehrer und „Enthusiasten". Richter erwirkt beim Rat der Stadt Görlitz ein Rede- und Schreibverbot für den Mystiker. Aber Böhmes Schriften werden handkopiert und unter seinen immer zahlreicher werdenden Anhängern weitergereicht. Um den Hetzreden Richters in Görlitz zu entgehen, verkauft Böhme 1613 seine Schuhbank und nimmt – umherwandernd – einen Garnhandel auf: dabei kann er seine Freunde besuchen und auf heimlichen Versammlungen lehren.

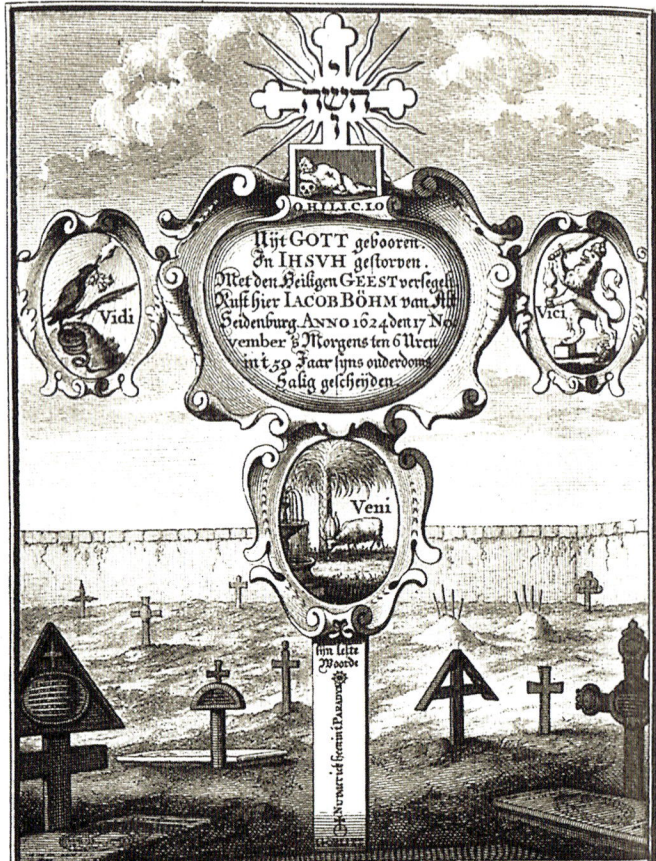

Altes Grabkreuz für Böhme, aus einer holländischen Böhme-Ausgabe, Amsterdam 1686

Da ihn die Freunde bitten, sein in weiten Teilen dunkel bleibendes Erstwerk AURORA ODER MORGENRÖTE IM ANFANG (1612) näher zu erläutern, greift Böhme wieder zur Feder. In den ihm noch verbleibenden sechs Jahren entsteht ein etwa viertausend Seiten umfassendes Druckwerk mit vielen Sendbriefen an seine Schüler. Am 17. November 1624 verabschiedet sich der Schuster auf dem Totenbett mit den Worten: „Nun fahr' ich hin ins Paradeis." Seine Freunde Abraham von Franckenberg und Siegmund von Schweinichen errichten ihm ein Kreuz auf dem Friedhof der Görlitzer Peterskirche mit paracelsischen Symbolen und kabbalistischer Verschlüsselung des Schlusstextes aus der FAMA FRATERNIATIS:

Aus Gott geboren
In JHSVH gestorben
Mit dem Heiligen Geist versiegelt

Abraham von Franckenberg (1593–1652), nach einem Kupferstich von Johann Friedrich Schmidt um 1725

Aus schlesischem Uradel stammend, studiert er Theologie und Jura, verschlingt die Schriften Caspar Schwenckfelds, Johann Taulers und Jakob Böhmes, beschäftigt sich mit Alchimie und christlicher Kabbala. Auf seinem Gut Ludwigsdorf bei Oels versammelt er einen Kreis von Mystikern und Anhängern der rosenkreuzerischen Idee. Sie suchen dem Geheimnis Gottes durch innere Schau näher zu kommen und stehen in enger Verbindung zu weiteren Kreisen in Breslau, Danzig und zu dem rosenkreuzerischen Geheimbund des Johannes Permeier, der Societas Regalis Jesu Christi. Mehrmals fordert ihn der Herzog von Oels auf, höhere Dienste des Landes zu übernehmen. Frankkenberg lehnt regelmäßig ab, weil er sich nicht in Sünden verstricken will. Als Schlesien 1634 unter der Pestseuche stöhnt, versorgt er die Kranken und begräbt die Verstorbenen.

Burg Schweinhaus in Schlesien um 1655

Auch auf Schweinhausburg versammeln sich, wie schon vorher die Schwenckfelder, die Anhänger der rosenkreuzerischen Idee. Jakob Böhme ist 1624 für mehrere Wochen hier zu Gast. Im selben Jahr lässt Johann Siegmund von Schweinichen (1590–1664) Böhmes Weg zu Christo auf seine Kosten drukken. Franckenberg hat ihm seine umfangreiche Bibliothek vermacht, heute zum Teil in der Universitätsbibliothek Breslau aufbewahrt. Er hinterlässt sie Angelus Silesius. Auf Schweinichens Grabstein steht: „Im mannlichen Alter hat er alle weltliche Gesellschaften verlassen und in einsamer Betrachtung der Geheimnissen Gottes und der Natur die meiste Zeit seines Lebens zugebracht" – die Grabschrift eines rosenkreuzerischen Suchers.[4]

Niemals erwähnte Böhme in seinen Schriften das Rosenkreuz. Doch Will Erich Peuckert fand es „geradezu bestürzend", wie eng dessen Schriften mit den rosenkreuzerischen Manifesten verwandt zu sein scheinen. Mit seinen engsten Freunden, zu denen der Arzt Balthasar Walter aus Glogau und Abraham von Franckenberg gehörten, beide bekennende Anhänger der rosenkreuzerischen Idee, erwartete Böhme sehnlichst die Generalreformation des Menschen im Menschen. Sein erstes Werk Aurora oder Morgenröte im Anfang, 1612 verfasst, aber erst nach seinem Tode veröffentlicht, versprach ebenso die neue Morgendämmerung der Erkenntnis. Hatte er doch seine eigene Wiedergeburt erlebt und erwartete nun allgemein die Ankunft der „Lilienzeit". All sein Ringen und seine Versuche bemühten sich darum, „solch ein Mensch zu werden, wie ihn die Fama beschrieb. Der wahre Christian Rosencreutz hat fern von Tübingen in einer lausitzischen Stadt gelebt".[5] So bleibt Böhme einer der unsterblichen Meister, die auf dem Weg der Vollkommenheit des Menschen in der Einheit mit dem Göttlichen wiedergeboren und damit legitimiert waren, aus ihrem wahren Selbst heraus zu lehren.

Sie [die Seligen] werden da ein Gott in Gott …
Da fället hin die Andersheit.
(Angelus Silesius)

Als Sohn eines polnischen Landedelmannes in Breslau geboren, studiert Scheffler Medizin, Philosophie und Geschichte. Um 1650 stößt er zum Kreis um Abraham von Franckenberg, dem Führer der Böhmisten. Die spirituellen Erfahrungen dieser Jahre spiegelt seine Schrift Cherubinischer Wandersmann. Das Studium von Mystikern wie Meister Eckhart oder Jakob Böhme sowie der Kirchenväter führt ihn 1653 zur Konversion in die katholische Kirche. 1661 erhält er die Priesterweihe. Von nun an startet er einen dogmatisch-polemischen Kampf gegen die lutherische Kirche, der sein reiches dichterisches Schaffen überdeckt. Verbittert und vereinsamt zieht er sich 1671 in das Kloster St. Matthias in Breslau zurück, wo er auch verstirbt.

Angelus Silesius, Pseudonym für Johannes Scheffler (1624–1677), Der Cherubinische Wandersmann, **Breslau 1675**

Rosenkreuzerischer Mythos als Politikum im europäischen Machtkampf bei Ausbruch des Dreißigjährigen Krieges

Das noch unzerstörte Heidelberger Schloss von Heinrich Hoffmann (1809–1894), Arzt, Zeichner und Autor des STRUWWELPETER

Seit dem Tode König Heinrich IV. von Frankreich (1610) suchen Reformer auf dem Kontinent nach einer neuen Integrationsfigur, um Katholiken und Protestanten zu versöhnen und um ein neues Zeitalter in Europa einzuleiten. Sie finden ihn im Calvinisten Friedrich V. von der Pfalz (1596–1632), ranghöchster Kurfürst im Reich und zugleich Führer der Protestantischen Union. Sein Schloss zu Heidelberg wird zum Symbol der Heimat eines geistigen Aufbruchs.

Friedrich V. von der Pfalz und Elisabeth von England als alchimistisches Königspaar. Kupfer aus Daniel Stolcius von Stolcenberg (vermutlich ein Schüler Michael Maiers): VIRIDARIUM CHYMICUM**, Frankfurt 1624**

Der alchimistische Wolf, der im Feuer des Großen Werks entsteht – der ewige Drang der Natur, in den Urzustand der Formlosigkeit (prima materia) zurückzufallen –, entflieht. Geist und Seele, König und Königin sind endlich in Harmonie vereint, tragen ihre herrschaftlichen Insignien und können nun den königlichen Sohn zeugen, den Horus der Wiedergeburt. Im Hintergrund erinnert die Schlossanlage ein wenig an Heidelberg.

„Am Ende des Werkes wird aus dir der König hervorgehen." (Gerhard Dorn) – Flugblatt von 1619, das Friedrich und Elisabeth als böhmisches Königspaar unter dem Tetragrammaton zeigt.

Voller Hoffnung beginnt der Text! „Wohlauf und lasst uns fröhlich sein, das Morgenrot bricht stark herein …"

1613 heiratet Friedrich V. Elisabeth (1596–1662), Tochter des Königs Jakob I. von England. Ihre stark symbolisierten Hochzeitsfeierlichkeiten in London muten wie eine politische Kundgebung an und stehen unter der Choreographie von Francis Bacon. Anhängern der rosenkreuzerischen Idee dient die Hochzeit als Vorbild einer „Chymischen Hochzeit". Auch in der CHYMISCHEN HOCHZEIT CHRISTIANI ROSENKREUTZ von Johann Valentin Andreae lassen sich solche Bezüge hineinlesen. Als Friedrich 1619 die böhmische Krone annimmt, steigen die Hoffnungen für eine machtpolitische Wende in Europa.

„Ursachen und Ursprung allen Jammers und Elends in Böhmen und Deutschland"

Christian, Berater am Hof in Heidelberg, zieht die Fäden der pfälzischen Politik. An seinen eigenen Hof in Bernburg holt er Paracelsisten und Alchimisten, darunter seinen Leibarzt Oswald Croll, und pflegt Beziehungen zu Julius Sperber und John Dee. Er hat Friedrich dazu geraten, die böhmische Krone anzunehmen, und wirbt dafür im protestantischen Europa. Friedrichs Herrschaft überdauert aber nur den Winter. In der Schlacht am Weißen Berge 1620 unterliegen die Truppen des „Winterkönigs", angeführt von Christian, dem Aufgebot der Katholischen Liga. Friedrich und Elisabeth müssen Hals über Kopf fliehen und leben fortan im holländischen Haag im Exil.

Christian I. von Anhalt-Bernburg (1568–1630), unbekannter Maler, um 1600, Staatliche Schlösser und Gärten Wörlitz

In einem satirischen Flugblatt von 1621 wählt Friedrich V. auf dem Pythagoreischen Ypsilon zwischen dem Weg der Tugend und des Verderbens den schlechteren, der (links) zum Untergang in der Schlacht am Weißen Berg führt. Im Text bringt der anonyme Schreiber Friedrichs Entscheidung mit der „Hohen Societät" der Rosenkreuzer in Verbindung und schmäht: Hätten diese nicht eine „güldene Zeit" der Weltreform versprochen bzw. alle Berge in „lauter Gold" zu verwandeln? Das Pythagoreische Ypsilon mahnt aber auch an den Weg des Vergessens und den der Erinnerung. Will der offensichtlich gelehrte katholische Verfasser des Flugblattes zugleich eine geheime hermetisch-heidnische Tradition des politisch-spirituellen Netzwerkes aufdecken?

Im Jahre 1972 stellte Francis A. Yates in Aufklärung im Zeichen des Rosenkreuzes die These auf, die Rosenkreuzermanuskripte beruhten auf den religiös-philosophischen Diskursen, die unter Friedrich V. am Hofe zu Heidelberg geführt wurden und hätten das „böhmische Abenteuer" Friedrichs ideologisch vorbereitet. Selbst seine Heirat mit Elisabeth und die Annahme der böhmischen Königskrone als Gegengewicht zum „erzkatholischen" Hause Habsburg hätten neben einer politischen Zielsetzung auch eine mystische Komponente gehabt.[1] Zumindest scheint man im katholischen Lager ein solch unheilvolles Netzwerk vermutet zu haben, wie einige satirische Flugblätter beweisen. Sie bringen Friedrich mit dem Rosenkreuzertum in Verbindung und feiern den Sieg des Katholizismus über einen vom Protestantismus getragenen Hermetismus.

Vielleicht war Heidelberg in dieser Zeit tatsächlich so etwas wie das Mekka der religiös-spirituellen Reformer, der mystische „Osten", von dem man das neue Licht erwartete. Schließlich verkörperte schon die Universität der Stadt ein Zentrum fortschrittlich protestantischer Gelehrsamkeit. In den Schriften der Flüchtlinge aus Böhmen und der Auswanderer nach England klingt die ganze Verzweiflung und Untergangsstimmung deutlich an, die mit Friedrichs überhasteter Flucht aus Böhmen im Schicksalsjahr 1619 alle erfasst hatte. Träume von einer besseren Zukunft waren jäh wie eine Seifenblase zerplatzt. Die „verfrühte Aufklärung oder missverstandene Morgendämmerung des Rosenkreuzertums"[2] versank in einem leidvollen Krieg, der kein Ende nehmen wollte.

Jan Ámos Komenský / Comenius (1592–1670)
Apostel des Völkerfriedens

Ältestes Portrait von Comenius, Kupferstich, London 1642

„Wenn es möglich ist, das Licht universeller Weisheit zu entzünden, wird dieses Licht auch fähig sein, seine Strahlen durch die ganze Welt des Intellekts zu ergießen!"

Mit neunzehn Jahren studiert der Sohn eines Müllers aus Mähren ab 1611 in Herborn (Nassau) Theologie und Philosophie. In Heidelberg vollendet er das Studium. Ihn beeindrucken Campanella und Francis Bacon, die „Trompetenstöße" der FAMA erschüttern ihn. Begeistert feiert er 1613 die Hochzeit des Friedrich V. von der Pfalz mit Elisabeth von England in Heidelberg und schwelgt in der Hoffnung auf eine Morgenröte in Europa. 1614 kehrt er nach Mähren zurück, übernimmt als Rektor eine Schule in Prerau und 1618 das Amt des Predigers in Fulnek. Als 1627 alle protestantischen Prediger des Landes verwiesen werden, emigriert er mit zahlreichen Mitgliedern der Mährisch-Böhmischen Brüder-Unität nach Lissa in Polen.

Handzeichnung von Comenius zu DAS LABYRINTH DER WELT UND DAS PARADIES DES HERZENS, **Amsterdam 1631**

In Lissa entsteht Das Labyrinth der Welt, ein Klassiker der tschechischen Literatur. Darin lässt Comenius die Hoffnung auf die Verwirklichung der rosenkreuzerischen Idee noch einmal aufleben. Aber er glaubt nicht mehr an einen geographischen Ort, wo der Mensch die höchsten Ideale verwirklichen kann. Nur im „Paradies des Herzens" fänden wir wahren Frieden und wahres Glück. In Lissa entfaltet er zugleich eine reiche pädagogische Wirksamkeit, seine Lehrbücher erlangen Weltruf. Seine Reformvorschläge darf er 1642–48 auf Einladung des schwedischen Kanzlers Oxenstierna in Elbing umsetzen, 1650–54 auf Einladung des ungarischen Fürsten Georg II. Rákóczi in Sáros Patak.

Betsaal in Kunwald (Böhmen), älteste Versammlungsstätte der „Böhmischen Brüder" von ihrer Gründung 1457 an

Am Giebel der Kelch, ihr Symbol. Sie leben in Gütergemeinschaft, pflegen die christlichen Tugenden, lehnen jede Gewalt ab und suchen mystische Versenkung in der Heiligen Schrift. 1648 wird Comenius zu ihrem letzten Bischof geweiht. In seinem Werk CLAMORES ELIAE (1665–70) beschreibt er die von ihm geleitete Kirche der „Böhmischen Brüder" als erste tatsächlich existierende Rosenkreuzerbruderschaft, sein eigenes „pansophisches" Reformprogramm unverhüllt als Teil der rosenkreuzerischen Generalreformation.

Titelkupfer mit Bild des Comenius aus DIDACTICA OPERA OMNIA**, Amsterdam 1657**

Wahre universelle Weisheit, für ihn gleichgesetzt mit „Pansophie" – „Allweisheit nenne ich die lebendige Anschauung des Universums" – erleuchtet nicht nur den Intellekt, sondern formt das Herz und wandelt den Willen, schreibt Comenius darin.[1]

Comenius arbeitet in Lissa fieberhaft 25 Jahre lang Tag und Nacht an pansophischen Schriften. An einem Tag im Jahre 1656 während des Schwedisch-Polnischen Krieges verliert er zum zweiten Male Hab und Gut, zerstört ein Brand doch erneut seine ganze wertvolle Bibliothek samt all seinen Manuskripten. Noch auf dem Totenbett bedroht er Sohn und Schwiegersohn mit Gottes Gericht, wenn sie sein unvollendetes Werk nicht zu Ende führen würden.[2]

Eingang zum Gottesacker der Böhmischen Brüdergemeinde in Alt-Rixdorf, heute Berlin-Neukölln. Über dem Gatter prangt das Rosenkreuz. Eine Taube hat allerdings zielsicher ihre gänzliche Missachtung hoher Ideale demonstriert.

Das innerhalb kurzer Zeit aufblühende Rosenkreuzertum in Deutschland ist bereits verwelkt, die christliche Fraternitas des Johann Valentin Andreae bereits im Keim gescheitert. Da erhielt Andreae 1628 einen Brief des großen Pädagogen von Weltruf, von Amos Comenius, der bewundernd bat, ihn doch als Schüler oder Sohn seiner Ideen anzunehmen. In weiteren Briefen bedrängte er Andreae, den „Kampfplatz des großen Planes" nicht zu verlassen, ohne vorher Nachfolger herangebildet zu haben. Doch der fühlte sich zu alt, zu abgekämpft, zu desillusioniert und ermunterte den „Sohn", er möge nun den Traum wahr werden lassen. Noch als Greis rühmt sich Comenius, Andreae habe ihm „die Fackel übergeben, auf dass er sie weiter trage".[3]

1641 berief Samuel Hartlib den in ganz Europa gefeierten Pädagogen zur Mitwirkung an der Reform des Erziehungswesens nach London und gab an, dazu vom englischen Parlament autorisiert zu sein. Noch im selben Jahr legte Comenius dem Parlament mit seiner Schrift VIA LUCIS (Der Weg des Lichts) Vorschläge für eine grundlegende Wissenschaftsreform vor, zusammen mit dem Organisationsplan eines Collegium lucis mit Sitz in England. Darunter verstand er eine universale Elite von Forschern, ein Kollegium von Illuminaten. Sie sollten das universale Wissen in Büchern erfassen, in der ganzen Welt Schulen einrichten und eine universale Sprache lehren. Aus diesem Kollegium des Lichts könnte eine *Ecclesia vere catholica philadelphica* hervorgehen, quasi als Hüterin der globalen Kultur und in vollkommener religiöser Toleranz, vergleichbar der früheren Fraternitas Roseae Crucis.[4] Leider vereitelte der englische Bürgerkrieg von 1642 die große Reform, den „Weg des Lichts". Wieder einmal wurden rosenkreuzerische Ideale das Opfer politischer Wirren.

In DE RERUM HUMANARUM EMENDATIONE CONSULTATIO CATHOLICA (1645 begonnen) differenzierte er dieses Kollegium in einer Dreiheit von Weltrat des Lichts, einem interreligiösen Weltrat und so etwas wie ein Weltfriedensgerichtshof. 1956 ehrte ihn die UNESCO als ersten Vorbereiter der UNO-Idee und gab 1957 seine Schriften in einer Auswahl heraus.

Die Vorhänge zur Bühne öffnen sich

John Dee (1527–1608):
„Wer nicht versteht, muss schweigen – oder lernen!"

Kaiser Rudolf II. (1576–1612), Kupferstich von Aegidius Sadeler, 1609

1583 hält Dee sich in Prag auf und versucht vergeblich, Kaiser Rudolf II. über dessen Interesse an Experimenten in praktischer Alchimie als Sponsor für seine vielfältigen Forschungen und Pläne zu gewinnen.

Vermutlich ältestes Portrait Dees in:
THE ELEMENTS OF GEOMETRIE, **London 1570**

Dee, ein walisischer Adeliger, führt seine Ahnen auf Rhodri Mawr (ca. 820–878) zurück, Herrscher von Wales und König der Briten. Ab 1542 studiert er in Cambridge Mathematik und Philosophie, dann in Löwen und Antwerpen. Mit Roger Bacon fühlt er sich wesensverwandt, vor allem durch dessen „scientia experimentalis". Er verschlingt alle Schriften des Hermetismus, der neoplatonischen Renaissance und der Kabbala. Leidenschaftlich wirft er sich neben Astrologie, Magie, Alchimie und paracelsischer Medizin auf fast sämtliche Wissenschaften. Auf seinem Landsitz betreibt er Laboratorien für chemische und mechanische Forschungen. Rasch steigt der umfassend gebildete Humanist zum führenden wissenschaftlichen Gelehrten Englands auf. Der Königin dient er als außenpolitischer Ratgeber und glänzt mit kühnen Vorschlägen zur Stärkung des Imperiums.

Edw: Kelly Prophet or Seer to Dr Dee.

Edward Kelley, alias Talbot (1555–1595), aus dem sechsteiligen Frontispiz zu Méric Causabon: JOHN DEE, A TRUE AND FAITHFUL RELATION OF WHAT PASSED FOR MANY YEARS BETWEEN DR. JOHN DEE … AND SOME SPIRITS …, **London 1659**

Seit 1581 hat Dee mit Hilfe eines Zauberspiegels und mit Assistenz des begabten, aber nicht unbedingt zuverlässigen Mediums Edward Kelley Kontakt mit Engeln und Erzengeln aufgenommen. Er will nicht weniger als göttliche Mysterien von ihnen erfahren. Sie enttäuschen ihn nicht, geben ungehemmt Geheimnisse der Schöpfung preis, weihen ihn in die „henochische Sprache" ein, enthüllen sogar das Ende der Welt und verheißen durch ihn eine „Generalreformation". Zu unkritisch lässt sich der christliche Kabbalist jahrelang von solch zweifelhafter Engelhaftigkeit aus dem Unbewussten „hinters Licht" führen.

John Dee: Monas hieroglyphica, **Antwerpen 1564**

In diesem Werk versucht Dee, den Weg der Schöpfung zu erfassen und – vielleicht fußend auf Llull – in einem ewig gültigen Symbol festzuhalten, einer Drei-Einheit von Kreis, Gerade und Punkt. In 24 Lehrsätzen entschlüsselt er die Zusammensetzung seiner Monas-Hieroglyphe mit den drei grundlegenden Verfahren der Kabbala: Notarikon, Gematria und Temurah. Damit stößt die Monade zum Kern jedes kosmischen Geheimnisses vor. Robert Fludd wird dieses Symbol als Zeichen von „Eingeweihtsein" interpretieren.

Titelkupfer von Dee: General and Rare Memorials …, **London 1577**

Dichter, Philosophen, Mathematiker und Astronomen besuchen neugierig seine Forschungsstätte in Mortlake (Surrey), selbst Königin Elisabeth I. schaut gelegentlich vorbei. Völlig zu Unrecht fühlt sich der moralisch sicherlich völlig Integre von der Öffentlichkeit als gottloser Zauberer gebrandmarkt. 1583 zündet ein von Dees Feinden aufgestachelter Mob Mortlake an. Flammen verzehren die Laboratorien, große Teile seiner etwa 4000 Bücher und Handschriften und damit neben der vatikanischen die wohl größte Bibliothek Europas.[1]

Méric Causabon (1599–1671) veröffentlichte rund 50 Jahre nach Dees Tod Auszüge aus dessen Tagebüchern mit den spiritistischen Protokollen. Seine Auswahl lieferte ein grelles Zerrbild und sollte die Verwerflichkeit und Gefahren eines solch vorwitzigen Eindringens in die geistige Welt beweisen. In seinem Vorwort behauptet Causabon, Dee, Trithemius und Paracelsus seien vom Teufel besessen gewesen – ein Rundumschlag gegen die rosenkreuzerische Idee, so Frances Yates.[2] Dees Ruf war jedenfalls vernichtet und jahrhundertelang der Achtung beraubt, die ihm aufgrund seiner wissenschaftlichen Arbeiten zustehen müsste. Robert Hooke (1635–1703), der bekannte Mathematiker und Mitglied der Royal Society, versuchte, Dee zu rehabilitieren und behauptete, auch die spiritistischen Tagebücher seien „eine geheime Geschichte der Kunst und Natur", die sich auf damals aktuelle Geschehnisse bezogen hätte.[3]

Bereits Charles Naudé hatte 1623 mit seiner Aufsehen erregenden Schrift Instruction à la France sur la vérité de l'histoire des Fréres de la Rose-Croix das Erscheinen der phantomgleichen Rosenkreuzer direkt mit dem legendären John Dee verknüpft. Frances Amalie Yates schrieb Dee in The Rosicrucian Enlightenment (Aufklärung im Zeichen des Rosenkreuzes, 1972) sogar eine zentrale Rolle in der Entwicklung dieser Idee zu. Seinen Aufenthalt in Böhmen und deutschen Landen zwischen 1583 89, darunter am Hof zu Kassel, habe er dazu benutzt, diesen Einfluss auf dem Kontinent aufzubauen und zu einer umfassenden Reform in Europa aufzurufen.[4] Somit sei die rosenkreuzerische Bewegung von England ausgegangen, und die Manifeste spiegelten Dees geistigen Einfluss.[5] Beides wird heutzutage in der Forschung mehrheitlich abgelehnt.[6]

Sicherlich aber muss Dee zu den wichtigen Vordenkern eines rosenkreuzerischen Weltverständnisses gerechnet werden. Seine Monas Hieroglyphe bleibt ein Meilenstein auf dem Weg zu einer abstrakten und mathematischen Annäherung an den Großen Einen und Absolute in allem Sein. Seine magischen Praktiken finden im 19. Jahrhundert Eingang in S. R. i. A. der Orden vom Golden Dawn integriert abgewandelt Dees henochische Magie in seine Lehren.

Francis Bacon (1561–1626):
„Unter dem Schatten Deiner Flügel, JHVH!"

Gorhambury bei St. Albans, Landsitz der Familie Bacon, im 16. Jahrhundert und um 1795, aus Edwin Bormann: Das Shakespeare-Geheimnis, **Leipzig 1894**

In den letzten fünf Jahren seines Lebens nimmt Bacon seine immer nebenher betriebenen philosophischen und literarischen Arbeiten verstärkt auf. Instauratio Magna, sein umfassendes Lebenswerk, bleibt nur Fragment. Darin versucht er sich an einer enzyklopädischen Zusammenfassung allen Wissens und einer neuen Methodik zur Wiederherstellung der seit dem Sündenfall verloren gegangenen Herrschaft des Menschen über die Welt.

Titelkupfer zu Bd. 1 der Gesamtausgabe seiner Schriften von 1626, aus Edwin Bormann: Das Shakespeare-Geheimnis, **Leipzig 1894**

Am 22. Januar 1561 wird Francis in London geboren. Er studiert unter anderem Philosophie und Jurisprudenz in Cambridge. 1582 startet seine beeindruckende, wenn auch reichlich Schatten werfende Karriere, zunächst als Starjurist, dann auch als Politiker. 1607 amtiert er als oberster beratender Anwalt der Krone, 1613 als Generalstaatsanwalt, 1618 rückt er zum Lordkanzler auf: Baron Baco of Verulam. 1621 muss er sich wegen Bestechung verantworten, wird vom Parlament gestürzt und mit gleicher Härte, mit der er gegen andere Personen vorgegangen ist, zu schweren Geld- und Haftstrafen verurteilt, die ihm König Jakob I. aber gnädig erlässt.

Titelkupfer zu Novum organum scientiarum, **1620, Universitätsbibliothek Münster**

Das „Neue Organum" (chirurgisches Instrument), ein Bruchstück dieser Enzyklopädie, betont das induktive, auf Experimenten basierende Vorgehen jeder Wissenschaft. So trägt das Werk wesentlich zur Anerkennung der Naturwissenschaft und zur Emanzipation ihrer Forschung von der argwöhnischen Beaufsichtigung durch die Kirche bei. Im Bild steuert das „Schiff des Lebens" oder der Wissenschaft durch die beiden Säulen der Gegensätzlichkeit – eine in Hermetismus, Alchimie, Kabbala und Rosenkreuzertum bedeutende Symbolik.

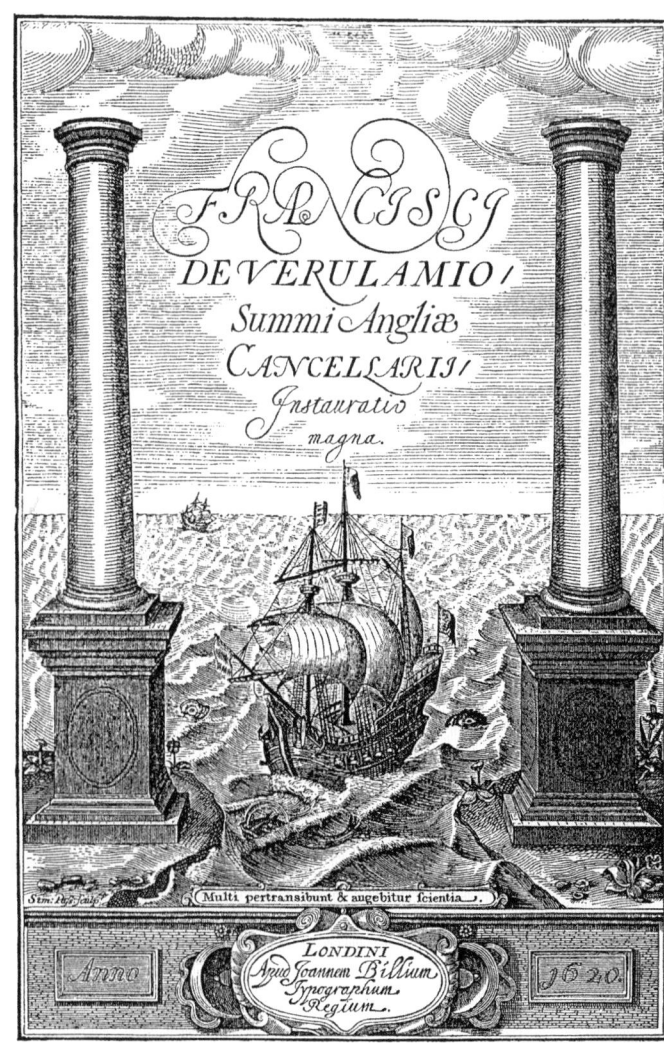

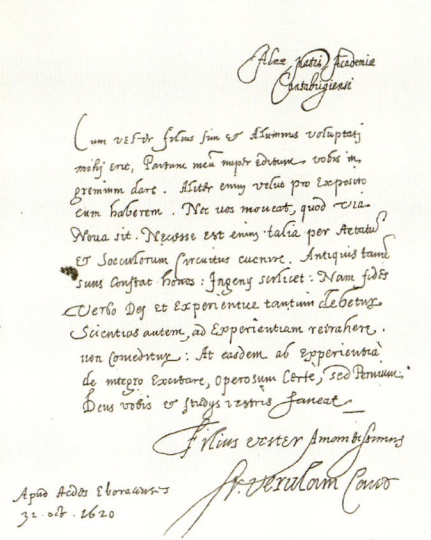

Im Jahre 1627 wurde aus Bacons hinterlassenen Schriften ein unfertiges und undatiertes Werk publiziert. In diesem utopischen Roman New Atlantis herrscht eine ähnliche Atmosphäre wie in Campanellas Sonnenstaat und in Andreaes Christianopolis. Doch praktizieren die Priester keine Astralmagie und ihre wissenschaftlich technischen Einrichtungen „sind mehr der künftigen Royal Society verwandt … Der Magus ist dem Rosenkreuzer gewichen, und der Rosenkreuzer weicht dem Wissenschaftler, wenn auch nur ganz allmählich".[7]

Francis Bacons Grabdenkmahl in der St. Michaels-Kirche bei St. Albans

Francis Bacon als frühen Anhänger der rosenkreuzerischen Idee hinzustellen, bereitet Schwierigkeiten. Für den Spekulationstrieb der Hermetiker findet er nur Hohn. „Magie ist Traum, aber Wissen ist Macht", trompetet er.[8] Von den mathematischen Modellen eines John Dee hält er wenig, Paracelsus lehnt er ab, warnt sogar vor ihm und greift das analoge Modell Mikrokosmos (Mensch)-Makrokosmos an. Und sein Engagement, das die Hochzeit des Pfalzgrafen vom Rhein mit der Tochter von Jakob I., seinem König, auslöst, lässt sich auch mit seinem Karriere-Ehrgeiz erklären.

John Heydorn war einer der ersten, der Bacon als Anhänger der rosenkreuzerischen Idee verdächtigte. Er stempelte dessen „Haus Salomonis" zu einem „Tempel des Rosenkreuzes" und andere folgten ihm darin nach. Im 19. Jahrhundert hatte man Francis Bacon bereits als Autor oder zumindest „graue Eminenz" hinter den Manifesten ausgemacht. Annie Besant, ein führendes Mitglied der Theosophischen Gesellschaft, sah ihn sogar in eine Reinkarnationskette mit Christian Rosencreutz und dem Grafen von St. Germain. So darf es nicht wundern, dass Harvey Spencer-

William Shakespeare, nach Martin Droeshouts Kupferstich in der Dramengesamtausgabe von 1623. Nicht verstummen wollen Literaturhistoriker, die in Francis Bacon den wahren Autor der Werke Shakespeares sehen.

Lewis, Gründer des Ordens von A. M. O. R. C., Lord Baco zu einem Imperator des Ordens vom Rosenkreuz erhob.

Beeinflusst hat Francis Bacon die rosenkreuzerische Idee durch seine Schriften. Ob er noch anderen Zugang suchte oder fand, bleibt bislang pure Spekulation.

Im Mittelpunkt des Idealstaates auf christlich-kabbalistischer Grundlage von New Atlantis steht allerdings das „Haus Salomonis", ein unsichtbares Kollegium gelehrter Männer und Priester. Sie forschen und möchten mit ihren Ergebnissen der ganzen Menschheit helfen. New Atlantis wird denn auch als erster Anstoß und Muster zu fortschrittlichen wissenschaftlichen Akademien angesehen[9], die sich bald in den Soziatäten gründeten. Weitere Ähnlichkeiten mit der Fama lassen sich kaum übersehen. Die Weisen von Atlantis heilen Kranke ohne Bezahlung, tragen keine „besondere Kleidung" und siegeln ihre Schriftstücke mit einem Cherubim, dessen herabhängende Flügel ein Kreuz umgeben: Sub umbra alarum tuarum …[10]

New Atlantis wird Anhänger der rosenkreuzerischen Idee motivieren, sich eine territoriale Nische zu suchen, um mit neuen Philosophieformen sozial zu experimentieren, so auch die Auswanderer nach Philadelphia um William Penn und Johannes Kelpius.

Robert Fludd (1574–1637), „Anwalt" der Rosenkreuzer in England

Geboren 1574 in Milgate Park, Bearstead (Grafschaft Kent), studiert er Medizin in Oxford. Nach Reisen durch Europa eröffnet er 1609 eine Praxis als Arzt nach paracelsischer Methodik in London. Hier stirbt er auch am 8. September 1637, begraben liegt er in Bearstead. Seine Philosophie, stark beeinflusst von John Dee, Nikolaus von Kues und Michael Maier, fußt auf Alchimie und christlicher Kabbala der Schulen Picos und Reuchlins, für ihn „Gewänder eines altes Mysteriums" über die Möglichkeiten der Vervollkommnung des Menschen.

Robert Fludd nach einem Stich des Matthäus Merian aus PHILOSOPHIA SACRA ET VERA CHRISTIANA SEU METEOROLOGICA COSMICA, **Frankfurt 1626**

Eine siebenblättrige Rose als Symbol menschlicher Entfaltung über sieben Verwandlungsstufen (analog den Planetensphären) der Seele. Titelkupfer zu Robert Fludd (unter dem Pseudonym Joachim Frizius): SUMMUM BONUM … **o. O., 1629**

Fludd glaubt als Anhänger der hermetischen Tradition an die Weltseele (anima mundi oder mercurius) – im heutigen Sprachgebrauch würden wir vom kollektiven Unbewussten sprechen – und setzt sie mit Christus gleich. Mercurius oder Christus, das Lebensprinzip der ganzen Welt, stecke in allen Erscheinungen. Deshalb muss es einem Alchimisten auch möglich sein, sie aus den Dingen als Medizin oder als mit dem Ursprung rückverbindendes Elixier herauszuziehen: als das Aurum potabile oder Lapis philosophorum, als den Stein der Weisen oder die durch Läuterung und Erkenntnis des wahren Selbst gewonnene Weisheit.[11]

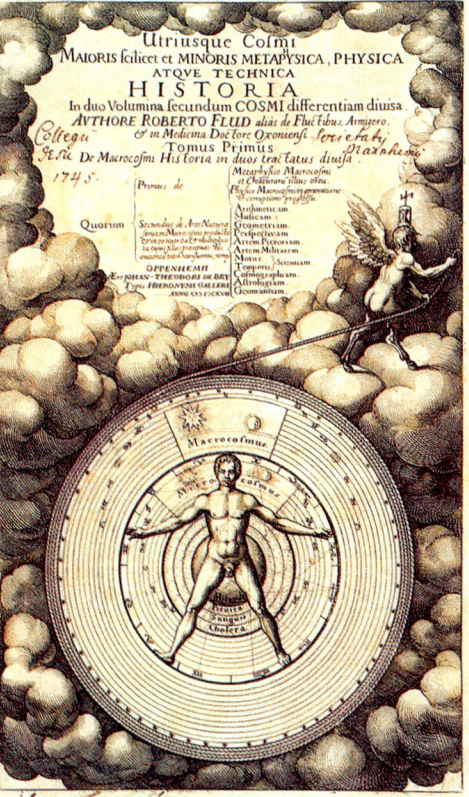

Titelkupfer zu Fludds UTRIUSQUE COSMI MAIORIS SCILICET ET MINORIS METAPHYSICA, PHYSICA ATQUE TECHNICA HISTORICA, **2 Bde., Oppenheim 1617–1621, Universitätsbibliothek Frankfurt a. M.**

Aus der Weltseele kämen die mathematischen Modelle hervor, die wiederum Grundlage und Ausgangspunkt aller Schöpfung bilden. Doch Zahlen als Grundlage dieser Modelle thronen als Urbild, Urideen oder höchste vorstellbare Ordnung über allem Werden. So bemüht sich Fludd in diesem Werk, die harmonischen Übereinstimmungen von Makrokosmos und Mikrokosmos in breitester Fülle vorzustellen. Vorbilder bieten ihm dafür neben kabbalistischen Denkmodellen auch das Werk DE HARMONIA MUNDI des venetischen Franziskaners Francesco Giorgi und der von Marcilio Ficino übersetzte und kommentierte TIMAIOS von Platon.

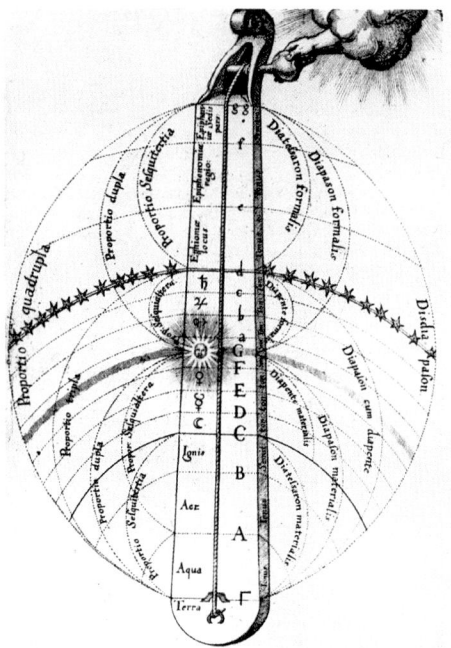

**„Das göttliche Monochord",
Radierung von Matthäus Merian aus Robert Fludd:** UTRIUSQUE COSMI MAIORIS …

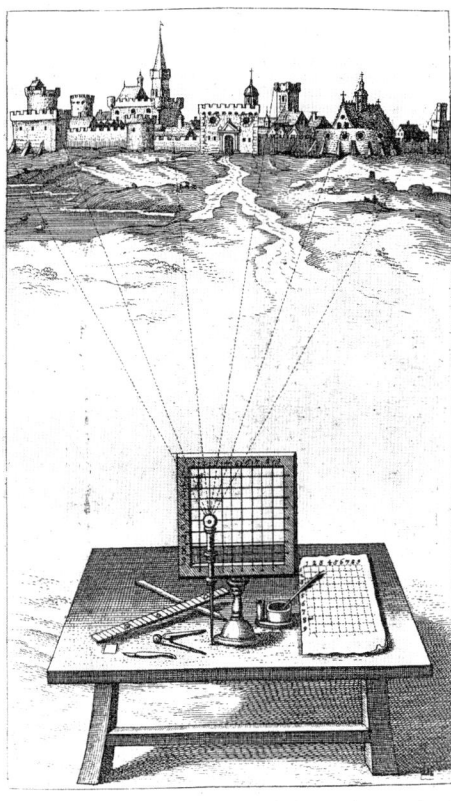

Eine Perspektivengewinnung für Bauzeichner, aus UTRIUSQUE COSMI MAIORIS …

Für Fludd symbolisiert das bereits in der Antike zu musikpädagogischen Zwecken gebrauchte Monochord (= Einseiter) den Ausgangspunkt einer alle Dinge und Erscheinungsformen umfassenden Harmonie des Universums, nämlich: der Große Eine oder der Große Einklang. Dieser vermag durch Änderung der Seitenspannung die Dichte aller Stoffe zwischen dem Bereich der aktiven Urbilder und passiven Manifestationen bestimmen. In der Mitte vermittelt die Sonne (Zentrum der Weltseele, in der Alchimie das „wahre Königreich") zwischen oberem wie unterem Ton und sorgt für Wohlklang und Transformation. Einzelnen Tönen der unterschiedlichen Intervalle auf dem Klangkörper sind Engel, Planeten und Elemente zugeordnet.

Von einem aufgerichteten Okular gehen gedankliche Linien und „Perspektiven" zu einer offensichtlichen Schau einer Stadtsilhouette aus. Wie bei anderen Illustrationen in diesem Buch verweisen auch hier architektonische Ähnlichkeiten auf Gebäude in Heidelberg[12], Ausgangspunkt einer Bewegung, die Pfalzgraf Friedrich V. und Elisabeth von England auf den böhmischen Königsthron hoben. Auf sie richten sich noch die Hoffnungen vieler Reformisten hin zu einem „wahren" äußeren Königreich.

Auch Robert Fludd gehörte zu denen, die das Weltende unaufhaltsam nahen sahen, „wo der Herr alles Fleisch mit prophetischen Geiste erfülle", durch den die verborgensten Geheimnisse Gottes den Guten offenbart würden, wie es der Prophet Joel im Alten Testament verheißen hatte. Voller religiöser Inbrunst und biblischer Prophetenbegeisterung begrüßte er die Rosenkreuzer als die Erleuchteten, die unmittelbar vor dem Weltende kommen.[13] In TRACTATUS APOLOGETICUS INTEGRITATEM SOCIETATIS DE ROSEA CRUCE (Leiden 1617) schilderte er sie als gute Magier, Astrologen, Meister der Mathematik und kabbalistischer Engelanrufung – im Studium der Bruderschaft sei alles sowohl Wissenschaft wie auch „heiliger Dienst".

Schwarmerisch spricht er von ihnen und mit höchster Anerkennung von ihren Manifesten. Er erklärt und deu-

König David kniet vor dem Großen Einen und spricht: In alarum tuarum umbra canam (Psalm 63,7 f.). Jetzt geben die Wolken zumindest den Blick auf das Tetragrammaton frei.

tet sie, stützt sie durch philosophische, historische Begründungen und zeigt sich als ihr treuer Anwalt. Als geheimen und wahren Aufenthaltsort der Rosenkreuzer gibt er an: „In den Häusern Gottes, wo Christus der Eckstein ist, so dass der kein Freund und Kind Gottes ist, der nicht zu dieser Bruderschaft gehört."[14] Seine und Michael Maiers solide Unterstützung verschaffen der Idee jedenfalls eine feste Grundlage. Und mit ihnen verlagert sich der Diskurs mehr nach England. Der Rosenkreuzermythos beginnt „wie eine Bewegung auszusehen, hinter der ein System ernstzunehmender Literatur steht".[15]

Doch auch er erhielt nie eine Antwort und gestand, nie einen der Brüder kennengelernt zu haben. So kann er, wie Michael Maier, zu Recht leugnen, ein Rosenkreuzer zu sein, selbst wenn er alle Kriterien zu erfüllen sucht, die er selbst für solche Weise und Sucher aufstellt.

Träume von Antilia und Macaria, Idealstaaten im rosenkreuzerischen Sinne oder Decknamen für die Arbeit der Fratres R. C.

Seit dem Jahr 1620 hatten verfolgte Anhänger einer „Generalreformation" aus Böhmen, der Pfalz und anderen protestantischen Ländern in London Asyl gesucht und sich in mystischen, philanthropischen Gesellschaften zusammengefunden. Sie standen dabei im regen Verkehr mit den deutschen Sozietäten, besonders mit Johann Valentin Andreae selbst. Mittelpunkt und Motor dieser Bewegung muss Samuel Hartlib (1595–1662) gewesen sein, Sohn eines reichen Danziger Kaufmanns. Einer seiner treuen Freunde war der schottische Theologe und Kämpfer für eine Ökumene, John Dury (1595–1680). Harlibs umfangreichem Briefverkehr nach operierten ihre Mitglieder unter dem Decknamen *Antilia*, *Macaria* und *Nova Atlantis* – vielleicht nur verschiedene Bezeichnungen für ein und dieselbe Idee, nämlich die Anliegen der Bruderschaft R. C.[16]

1641 widmete Hartlib dem Londoner Parlament seine visionären Ideen für einen Idealstaat: A DESCRIPTION OF THE FAMOUS KINGDOM OF MACARIA. Sein „berühmtes Königreich" ähnelte den Vorlagen von Thomas Morus' UTOPIA, Francis Bacons NEW ATLANTIS und Andreaes CHRISTIANOPOLIS. Ihm bedeutete *Macaria* aber mehr als nur Tarnname für die geistige Zielsetzung und Reform einer Modellgemeinschaft oder Bruderschaft, wie er sie um sich geschart hatte. Er versuchte, auch einen abgeschiedenen Ort zu finden, um dieses Utopia zu verwirklichen: *Macaria* oder *Antilia* als geistige Heimat für alle die, die sich nach einem neuen gesellschaftlichen Überbau sehnten, nach neuen erzieherischen Modellen, einer wohltätigen Politik, nach Anwendung von Wissenschaft und Technik im Sinne des praktischen Fortschritts.[17]

Da Hartlibs Gruppe in England ungehindert arbeiten und ihre Vorstellungen vertreten durfte, schrieb er an Amos Comenius und bat seinen alten Studienkollegen aus Heidelberg inständig, auch in dieses „gelobte Land" zu kommen, um an diesem „Großen Werk" mitzuarbeiten. Hier in England sei der Boden vorbereitet. Da das Parlament dieser Einladung generell zugestimmt hatte, wenn es sie auch nicht ausdrücklich förderte, glaubte Comenius im fernen Polen „er sei vom englischen Parlament beauftragt, Bacons New Atlantis zu gründen", und folgte begeistert dem Ruf.[18]

Im Jahre 1650 widmet Thomas Vaughan (1622–1666) den „wiedergeborenen Brüdern des Rosenkreuzes" eine ANTHROPOSOPHIA THEOMAGICA. 1652 veröffentlicht er unter dem Decknamen Eugenius Philaletes eine Übersetzung von FAMA und CONFESSIO: THE FAME AND CONFESSION OF THE FRATERNITY, bei der FAMA hat er die Erstübersetzung durch den Schotten Sir David Lindsay umgearbeitet. Noch gegen Ende seines Lebens sucht Vaughan als „anonymer Liebhaber der Bruderschaft R. C." durch eine Anzeige im POST-MAN Verbindung mit dieser kontaktscheuen Vereinigung.

Elias Ashmole (1617–1692) aus A. E. Waite: THE SECRET TRADITION IN FREEMASONRY, **London 1911**

Geboren am 23. Mai 1617 in Lichfield, studiert der Sohn eines Sattlers in London Jurisprudenz und eröffnet 1638 dort seine erste Praxis. Gemäß seinen Tagebuchaufzeichnungen wird er 1646 zu Warrington in Lancashire in eine Freimaurerlogе aufgenommen. König Karl I. überträgt dem überzeugten Royalisten Steueraufgaben, 1660 amtiert Ashmole als Sekretär bei Hofe. Bis zum Ende seines Lebens sammelt er leidenschaftlich Altertümer, wobei er sich als Hüter der Vergangenheit bewusst in die Fußstapfen seines Helden John Dee stellt. 1682 stiftet er für seine vielfältigen Sammlungen das Ashmolian-Museum von Oxford. Christopher Wren errichtet dazu ein eigenes Gebäude.

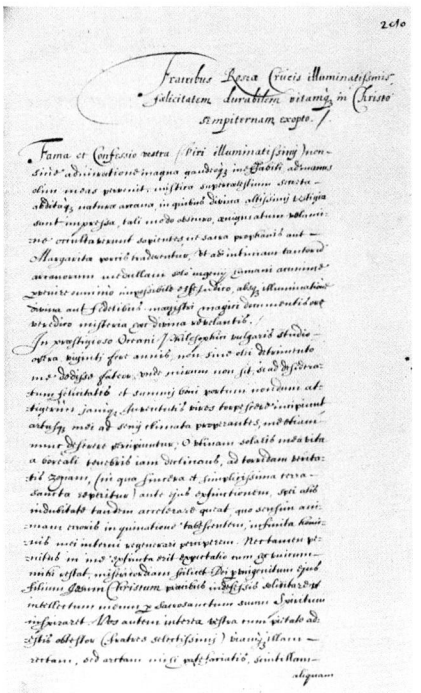

Mit eigener Hand schreibt Ashmole die englischen Übersetzungen der Rosenkreuzer-Manifeste ab und fügt ihnen einen ergebenen Brief in lateinischer Sprache an die „erhabenen Brüder vom Rosenkreuz" bei, in dem er um Aufnahme in ihre Bruderschaft bittet. Auch er erhält nie eine Antwort. Oder handelt es sich bei dieser brieflichen Ansprache eher um eine fromme und „völlig private geistliche Übung"[19], die er an die richtige Adresse richtet, nämlich an den Sitz der erhabenen Ideen in der Hierarchie unserer Seelenidentität?

Aufnahmegesuch Ashmoles in die imaginäre Bruderschaft („Ashmole Papers" im Ashmolian Museum)

Der Kosmos als geometrischer Athanor nach Thomas Nortons Poem Ordinall of Alchemy **(1477). Satan und das Böse als unterstes elementares Feuer sind nur eine der Formen unseres inneren Feuers, dessen oberstes Licht im uneingeschränkten Guten strahlt oder im Summum bonum.** Theatrum Chemicum Britannicum, **London 1652**

Elias Ashmole ist Universalgelehrter in den Sparten Physik, Astrologie, Medizin, Botanik und Geschichte. Der Schüler Robert Fludds gilt zugleich als wesentlichster Repräsentant der Alchimie Englands im 17. Jahrhundert. Sein Werk Theatrum Chemicum Britannicum, eine Zusammenstellung rein englischer alchimistischer Schriften samt Bildern, hebt Thomas Norton (ca. 1433–1513) und John Dee heraus.

Ein Adept der Alchimie weiht seinen Schüler Thomas Norton in die Geheimnisse der Königlichen Kunst ein. Kupferstich von Thomas Vaughan in: Theatrum Chemicum Britannicum

Gleich zu Beginn dieses Buches ruft Ashmole in Erinnerung, dass laut Fama Fr. I. O., ein Gefährte von C. R., sich zu einer Reise nach „Engelland" aufgemacht und den Grafen von Norfolk vom Aussatz kuriert habe. Nach kabbalistischer Deutung von Paul Foster Case vertritt I. O. als einer der engsten Gefährten von „Vatter" R. C. im Kontext natürlicher selbstbewusster Wahrnehmung die heilende Selbsterkenntnis durch Selbstbefragung und korrekter Entscheidung über die notwendigen Wege und Mittel der weiteren Bemühungen.[20]

John Heydon (1629–1667),
Kupferstich von
William Richardson (1842–1877)

Im Jahre 1641 begann der Bürgerkrieg auf der Insel, die Träume von einer rosenkreuzerischen Utopie zerplatzten ein weiteres Mal. Es blieb wiederum nur, sich auf kleine Gruppen zu beschränken, die das Licht der Reformen weiter hüten. Auch Theodore Haak (1605–1690), 1625 aus der Pfalz nach England geflüchtet, stand in enger Verbindung zu Hartlib und Comenius. Haak organisierte ab 1645 wöchentliche Zusammenkünfte unter den namhaftesten Naturforschern. Sie dienten dem Studium der Naturphilosophie, vor allem den experimentellen Wissenschaften. Sie nannten diese Suche und Herstellung von Einheit zwischen Mensch und Natur Theosophie und Königliche Kunst. Zu dieser Gruppe gehörten unter anderem der angesehene Robert Boyle, Dr. John Wilkins, Kaplan des in London im Exil lebenden Sohnes des Winterkönigs, und Robert Moray, Alchimist und Gönner von Thomas Vaughan.[21] Alle diese Gelehrten läuteten als Mitbegründer der Königlichen Akademie der Wissenschaften eine neue Zeit ein. Bis heute existiert und arbeitet die Royal Society als weltweit angesehene Institution.

1646 gründete Elias Ashmole zusammen mit dem Arzt Thomas Wharton, dem Mathematiker William Oughtred, den beiden Geistlichen Dr. John Harwitt und Dr. John Pearson, dem angesehenen Astrologen William Lilly und einigen anderen das „Haus Salomonis": „Sanktuarium für das Suchen nach den tiefsten Mysterien der Natur und dem Geheimnis des menschlichen Glücks." Die Bezeichnung für ihre geheime Gesellschaft entnahmen sie dem utopischen Roman New Atlantis von Sir Francis Bacon, der geistige Inhalt bestand „im Rosenkreuzertum Fluddscher Prägung".[22] Sie mieteten sich bei den Freimaurern in der Mason's Hall ein. So zog der Weisheitsbund zum Werkbund. Ihre „rosenkreuzerische Arbeit symbolisierte das unbewusste Wachsen in der Natur, das vegetative Hinstreben allen Werdens zu größerer Vollkommenheit; die freimaurerische Arbeit, das planvolle Wirken des Menschen, die bewusste sittliche und soziale Schaffenstätigkeit, die ebenfalls Vollkommenheit zum Ziel hat".[23]

Zwischen 1658 und 1664 publiziert John Heydon – Astrologe, Geomant, Alchimist und erklärter „Rosenkreuzer" – in London eine Reihe von Werken, die Auskünfte über R. C. versprechen, unter anderem Voyage to the land of the Rosicrucians. Nach Heydon führt sich diese sagenhafte Bruderschaft auf Moses zurück. Ihre Nachfahren leben in einem unterirdischen englischen Schloss und besitzen das Verjüngungselixier – Nachrichten, die wie geschaffen für eine sensationslüsterne Leserschaft sind. In Holy Guide (1662) versucht Heydon Parallelen zwischen der Fama fraternitatis und New Atlantis von Francis Bacon herauszuarbeiten und drängt ihn damit deutlich in die Ecke der Bruderschaft.[24]

**Robert Boyle
(1627–1691),
Kupferstich von
Suor Isabella
Piccini (1646–1732)**

Boyle, Sohn des Grafen Richard von Cork, ein angesehener Chemiker und der Alchimie nicht ganz abgeneigt, erwähnt in den Jahren 1646–47 in verschiedenen Briefen, namentlich an Hartlib, ein neues „Invisible College" – ein damals gebräuchlicher Begriff für die nicht greifbaren Anhänger der rosenkreuzerischen Idee[25] –, das gleichzeitig ein „Philosophical College" sein soll. Boyle, der als großer Erneuerer der Naturwissenschaften in England gilt, hat dieses Unsichtbare Kollegium vermutlich selbst gestiftet. Oder ist es identisch mit der Sozietät um Samuel Hartlib? Jedenfalls vereinen deren Mitglieder höchste Gelehrsamkeit mit praktischer Nächstenliebe.

Lord Brouncker, erster Präsident der Royal Society (links), und Francis Bacon (rechts) vor der Büste König Karls II., des Schirmherrn der Gesellschaft. Frontispiz zu Thomas Sprat: HISTORY OF THE ROYAL SOCIETY, **London 1667**

Oder meint Robert Boyle mit diesem Unsichtbaren Kollegium den Vorläufer der ehrbaren Royal Society? Als ihr offizielles Gründungsdatum gilt der 28. November 1660, als zwölf Herren sich nach einer Vorlesung von Christopher Wren am Gresham College treffen und den Beschluss dafür fassen: darunter Wren selbst, Robert Boyle, John Wilkins, Sir Robert Moray, Viscount Brouncker. Rasch finden sie Zulauf, und bald kann die Königliche Gesellschaft (der Wissenschaften) von 114 Gründungsmitgliedern sprechen, darunter auch Elias Ashmole. Sie wollen die Forschungen auf dem Gebiet der Naturphilosophie fördern und erfüllen damit partiell die Vorstellungen des Amos Comenius, der sie euphorisch als „Illuminati" würdigt.[26]

Salomon Trismosin: AUREUM VELLUS, **Hamburg 1708**

Ein Pilger erreicht die Flussmündung (Symbol der Integration des Minderen in das Größere) und sieht das Ziel, von der Sonne beschienen, am anderen Ufer. In der Alchimie liegt dort, im goldenen Tal auch der *lapis*, der Stein der Weisen, die menschliche Vollständigkeit – unsere wahre Heimat, unser *Macaria* und *Antilia*.

Isaak Newton, Gemälde von Johann Vanderbank, 1726, Royal Society, London

Unter dem mathematischen Genie Isaak Newton (1643–1727), der zur zweiten Generation der Royal Society gehört, gewinnen die exakten Wissenschaften die Vorherrschaft in dieser Gelehrten Gesellschaft. Doch Newton besitzt neben der FAMA FRATERNITATIS und der CONFESSIO auch Werke zahlreicher Alchimisten, vor allem von Michael Maier. Wie Newtons Nachlass beweist, hat er sie gründlich durchgearbeitet und mit zahlreichen Anmerkungen versehen. Er betrachtet das Universum als „Kryptogramm des Allmächtigen". Zwischen den größten Bewegungen wie die der Himmelskörper und den kleinsten gibt es anziehende und abstoßende Kräfte. Diese Kräfte der Veränderung sucht er bis ins hohe Alter und glaubt sie in der Alchimie als Schlüssel zur Transformation zu finden.[27] Mit Robert Boyle wechselt er Briefe und erklärt, warum die verantwortungsvolle Arbeit am Großen Werk großes Schweigen verlangt.

Eine Rose ist eine Rose ist eine Rose

Gottfried Wilhelm Leibniz, Kupferstich von Martin Bernigeroth (1703) nach einem Gemälde von Andreas Scheits

Seine immense geistige Aufnahmefähigkeit ist so groß, dass er sich schon als Achtjähriger in der väterlichen Bibliothek selbst die lateinische Sprache beibringt. In Leipzig studiert er Philosophie, in Jena Mathematik; er öffnet sich der Pythagoreik, in Altdorf bei Nürnberg promoviert er in Jura. Das Angebot für eine Professur in Altdorf lehnt der Zwanzigjährige ab.

Gottfried Wilhelm Leibniz (1646–1716): „Selbst Gott schuf nicht die beste aller Welten, nur die beste aller möglichen Welten."

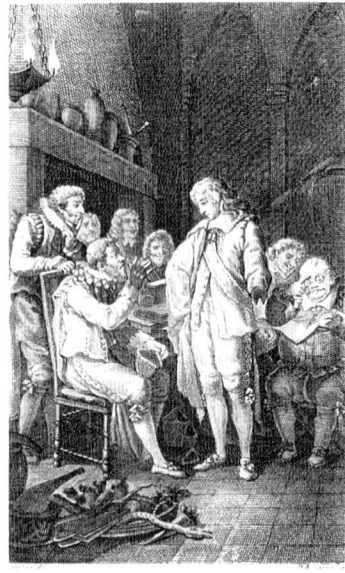

Leibniz als Sekretär einer geheimen alchimistischen Gesellschaft in Nürnberg, Stich aus dem 19. Jahrhundert

Von 1654 bis 1700 arbeitet in Nürnberg eine alchimistisch-rosenkreuzerische Gesellschaft, die offensichtlich dem Orden der Unzertrennlichen angehört.[1] Sie tagt im Laboratorium der städtischen Münze und betreibt chemische Studien. 1667 wird der Student Leibniz für ein Jahr Mitglied und Sekretär dieser Sozietät, protokolliert die vorgenommenen Arbeiten und führt die Korrespondenz mit gleichgesinnten Kreisen in Oberitalien, Deutschland, England und den Niederlanden.[2] Unter den Mitgliedern findet sich auch sein Oheim, Justus Jacobus Leibniz, Pfarrer an St. Sebaldus. Er gehörte früher der Christlichen Gesellschaft an, die Johann Valentin Andreae 1628 in Nürnberg gegründet hat.[3]

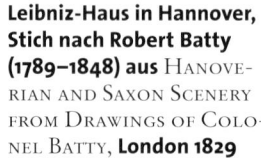

Leibniz-Haus in Hannover, Stich nach Robert Batty (1789–1848) aus Hanoverian and Saxon Scenery from Drawings of Colonel Batty, **London 1829**

Leibniz korrespondiert mit fast allen namhaften Gelehrten seiner Zeit. Nicht zuletzt dadurch gewinnt sein Denken europäische, ja globale Ausrichtung, sucht kultur- und wirtschaftspolitische Brücken zu Nordamerika und China. 1672 reist er nach Paris, um den Sonnenkönig Ludwig XIV. von dessen ehrgeizigen Eroberungsfeldzügen in Ägypten und Europa abzubringen. 1676 beruft der Kurfürst von Hannover den berühmten Diplomaten als Rat an seinen Hof und quartiert ihn in der Schmiedestraße 10 ein. Das schöne Haus mit Renaissancevorbau birgt zugleich die kurfürstliche Bibliothek.

Kurfürstin Sophie von Hannover (1630–1714), Schabkunstblatt von John Smith (1652–1742)

Sophie von Hannover, eine Tochter des Winterkönigs Friedrich und von Elisabeth Stuart, hat immer ein Ohr für die philosophischen Gedanken und wissenschaftlichen Pläne von Leibniz, dem Hauslehrer ihrer Tochter Sophie Charlotte, der späteren Königin in Preußen. Aus ständigen Diskussionen mit beiden entsteht sein philosophisches Hauptwerk THÉODICÉ, das 1710 nach dem Tode von Sophie Charlotte erscheint. Ihr Tod trifft ihn menschlich sehr. Er hat jemanden verloren, von dem er sich auch in kühnsten Gedankenausflügen verstanden fühlte.

Hannover Herrenhausen mit seinen Barockgärten, kolorierter Kupferstich von N. Parr um 1745, Historisches Museum, Hannover

View of the Palace and Gardens belonging to his Britannick Majesty at Herrenhausen near Hanover

Venezianische und mediceische Gärten der Renaissance, vor allem der Formalismus der Villa Carregi in Florenz dienen als Vorbilder für diese Anlagen barocker Schönheitsvorstellung. Leibniz begleitet die Gestaltung und scheint für die mathematischen Grundlagen, die komplexe Zahlenmystik und die Wasserwege in diesem Abbild des Universums verantwortlich. Im oberen Quadrat erinnern die Rundplätze („Monaden") an ein Atommodell. Spielt hier seine Monadenlehre herein? In THÉODICÉ und MONADOLOGIE (1714) definiert er Monaden als „wahre Atome der Natur", lebendiges Zentrum und Einheit einer jeden Substanz. Alle Monaden zusammen bilden nur den Eigenkörper der Zentralmonade und spiegeln in ihrer Unendlichkeit das schöpferische Universum.[4] Nahe der zentralen Halbmonade im Garten thront Sophie. Gerade hat sie in der THÉODICÉ gelesen …

Sein überströmender Geist wandte sich fast allen Wissensgebieten zu. Bis an sein Lebensende plante er auch eine Universalenzyklopädie des Wissens. Unentwegt lieferte er dem Kurfürsten von Hannover Vorschläge zur Besserung der Finanzlage; zur Förderung von Handel und Verkehr durch Ausbau auch von Wasserstraßen; zur Einrichtung von Kassen zur Alterssicherung der Armen und von Arbeitshäusern für Arbeitslose. Für seinen geplanten Orden der Barmherzigkeit (Ordre de la Charité) zitierten die Regeln fast den Text der FAMA.[5] Der Erfinder der Rechenmaschine und Infinitesimalrechnung bemühte sich ebenso rastlos um die Wiederannäherung (Reunion) der verfeindeten Religionen und suchte, wie sein Vordenker Llull, nach einer universalen Wissenschaftssprache als Instrument zur Entdeckung überzeitlicher Wahrheit.[6]

So ähnelt sein Monadenbegriff sehr den Sephiroth des kabbalistischen Lebensbaumes. Überhaupt atmet die THÉODICÉ den Geist der lurianischen Kabbala; es

finden sich aber auch Anregungen von Jakob Böhme, der rosenkreuzerischen Alchimisten Vater und Sohn van Helmont und von Christian Knorr von Rosenroth.[7]

1673 hatte die Royal Society den Universalgelehrten feierlich zu ihrem Mitglied ernannt. Nach ihrem und französischem Vorbild wollte Leibniz weitere Akademien der Wissenschaften etablieren. Im Jahre 1700 war es soweit. Am 11. Juli eröffnete in Berlin die Sozietät der Wissenschaften und wählte ihn zu ihrem ersten Präsidenten.

Schon bald plante der rastlose „Philosoph der Einheit" weitere Akademien in Dresden, Wien und Petersburg, und zwar als Grundlage für ein Kollegium Salomonis, für einen Ordre de la Charité, in den er möglichst alle Bereiche der Gesellschaft in seine Forschungen und Arbeiten einzuschließen gedachte. Er sollte ihre Gründungen nicht mehr erleben.

Der Graf von St. Germain († 1784): „Ich halte die Natur in meinen Händen ...“

Zeitgenössisches Portrait von St. Germain, Stich von Nicolas Thomas. Darunter der Text:

Prometheus gleich raubt er vom Himmelszelt / Die Lebensflamme, die das All erhält.

Natur folgt seinem Wort, von ihm gemeistert; / Ist er nicht Gott, hat ihn ein Gott begeistert.

Er sei Sohn des Königs von Portugal, munkeln Zeitgenossen. Oder ein elsässischer Jude, ein spanischer Jesuit? Oder nur Spross eines Steuereinnehmers zu San Germano in Savoyen? St. Germain selbst lässt mitunter durchblicken, er sei der älteste Sohn des ungarischen Fürsten Franz II. Rákóczy und letzter Überlebender des erlauchten Geschlechts. Giacomo Casanova versichert, es könne sich bei St. Germain nur um den italienischen Geiger Catalani handeln.[8] Um 1750 erobert der vornehme Fremde die höchsten Kreise Europas, wechselt dabei Namen, Titel und biographische Einzelheiten wie andere ihre Perücken.

Schloss Chambord an der Loire
© Thomas Steiner, A-Wieselburg

In Windeseile verbreiten sich Gerüchte, er verdanke seinen „unermesslichen“ Reichtum gelungener alchimistischer Operationen. König Ludwig XV. weist ihm 1731 gönnerhaft Schloss Chambord als Wohnsitz an und lässt ein Laboratorium für ihn einrichten. Jedenfalls besitzt St. Germain ganz offensichtlich ungewöhnliche Kenntnisse über Mineralien und beherrscht wohl die Kunst, Diamanten herzustellen bzw. sie zu reinigen. Oder beruht sein mutmaßlicher Reichtum eher auf seiner Tätigkeit als geschickter Mehrfachagent und Emissär im Auftrag von Frankreich, Preußen, Russland und anderer europäischer Staaten?

Brief an Prinz Friedrich August von Braunschweig aus Gustav Berthold Volz:
DER GRAF VON SAINT-GERMAIN, **Dresden 1923**

Trotz seines Charismas eilt ihm bald ein schlechter Ruf als dubioser Hochstapler voraus. St. Germain sucht Zugang bei den zumeist honorigen und hochadeligen Freimaurern. In einem Schreiben wendet er sich (als „Sieur Welldone“) an Friedrich August von Braunschweig, Großprior der Freimaurer sowie der Gold- und Rosenkreuzer in Preußen. St. Germain behauptet, als Hochgradmaurer initiiert zu sein. Bei seinem Aufenthalt in Leipzig 1777 prüfen ihn die Brüder Freimaurer und Rosenkreuzer. Sie kommen zu dem Urteil: Er ist weder Kabbalist noch Maurer, noch Magus, noch Theosoph – „keiner der Unsrigen!“[9]

Ehemaliger Alchimisten-turm im Schlosspark von Louisenlund

Im Landgrafen Karl von Hessen-Kassel (1744–1836) findet St. Germain seinen letzten Gönner. Beide führen in diesem Turm geheime Experimente durch.

Die Gebäude der Otte'schen Fayencefabrik um 1920 aus Gustav Berthold Volz: DER GRAF VON SAINT-GERMAIN, **Dresden 1923**

Karl von Hessen-Kassel erwirbt die verlassenen Gebäude der Otte'schen Fayencefabrik, kauft Seide, Leinen, Farbstoffe und setzt den Grafen als Direktor ein, der versprochen hatte, hier eine Produktion mit neuen Farbmischungen aufzubauen. Doch in dem feuchten Haus erkrankt St. Germain rasch an Rheumatismus, leidet zunehmend an Depressionen und verstirbt am 27. Februar 1784 an Auszehrung und in Armut. Karl lässt ihn in der St. Nicolai-Kirche von Eckernförde beisetzen. Nach der Sturmflut von 1872, die in der Kirche großen Schaden anrichtet, wird sein Grab im Kirchenboden, wie alle anderen, wohl beseitigt.

Der ungemein Vielseitige brillierte nicht nur als gebildeter Unterhalter, er bezauberte auch als Geiger, Sänger und mit Farben experimentierender Maler. Sein Freund und begeisterter Schüler seiner letzten Jahre, Karl von Hessen, Statthalter in den Herzogtümern Schleswig und Holstein, wollte sich zwar für St. Germains Herkunft auch nicht verbürgen.[10] Er bescheinigte dem Grafen jedoch neben außergewöhnlicher Kreativität profundeste Kenntnisse in Chemie und Metallurgie. Zusammen erarbeiteten sie Verfahren zur Verfeinerung von Farben, zur Verbesserung der Metalle und schufen ein neues Edelmetall, das wie Neuplatina mit den klassischen Edelmetallen konkurrieren sollte. Mit dem Tode Karls im Jahre 1836 kümmerte sich aber niemand mehr um die weitere Forschung, um ihre Münz- und Schmuckproben. Karls Nachlass, einschließlich der Unterlagen über die alchimischen Forschungen in Eckernförde, verstauben im Archiv des dänischen Könighauses.[11]

Manche von St. Germains Anhängern wollten seinen Tod nicht wahrhaben. Gab es nicht Berichte, nach denen sich der stets unbeweibte Adept „alterslos" später noch verschiedenen Personen gezeigt haben soll? Bei der Theosophischen Gesellschaft kursiert St. Germain als unsterblicher Meister des „siebenten Strahls" Rákóczi. Dieser derzeitige globale Zyklus von etwa 2000 Jah-

ren, welcher der Menschheit bald eine neue Sichtweise, weiseres Verstehen und Handeln ermöglicht, sei seiner kosmischen Leitung unterstellt. Annie Besant, Franz Hartmann, Paul Foster Case, Arnold Krumm-Heller, vermutlich auch Rudolf Steiner und manch andere fühlten sich von seiner Führung zu besonderen rosenkreuzerisch geprägten Aufgaben geleitet. Einschlägige Schriften konstruieren Rakoczis Reinkarnationskette, die bereits um 70.000 v. Chr. beginnt, über Atlantis verläuft, um sich schließlich unter anderem als Essener Josef und Vater Jesu zu manifestieren, als Merlin, Roger Bacon, Christian Rosencreutz, Columbus, Paracelsus, Sir Francis Bacon – zuletzt als Graf von St. Germain.[12]

Wie konnte der feinsinnige Weltenbummler tatsächlich zu solcher Unsterblichkeit aufsteigen? Was fasziniert bis heute an ihm? Erfüllte er schon bei Zeitgenossen Vorstellungen von einer höheren Stufe des Menschseins, des lichten Adam Kadmon der Kabbala?

De l'Ami des Humains reconnoiffés les traits ,
Tous fes jours font marqués par de nouveaux bienfaits,
Il prolonge la Vie, il fecourt l'indigence ,
Le plaifir d'être utile eft feul fa récompenfe .

Vermutlich authentisches Portrait von Graf Alessandro Cagliostro, Kupferstich von Charles Guérin, Straßburg 1781. Die Unterschrift lautet:

Ein Menschenfreund zeigt sich in diesem Bild / Mit Wohltun ist sein Tagewerk erfüllt.
Er macht das Leben lang und stillt der Armen Pein / Die Lust am Wohltun ist sein Lohn allein.
Sein wirklicher Name ist Giuseppe Balsamo aus Palermo. Noch in seinem Geburtsjahr verstirbt der Vater, ein jüdischer Händler. Seine Onkel nehmen sich seiner an und lassen ihn in Wissenschaften und Religion unterrichten. Ein Apotheker vermittelt ihm erste Kenntnisse in Chemie und Medizin. Guiseppe nutzt bereits früh sein hervorragendes Zeichentalent zu zahlreichen Fälschungen von Eintrittsbillets bis hin zu Urkunden. Noch als Jugendlicher muss er vor der Polizei wegen betrügerischer „Zauberei" aus seiner Heimatstadt fliehen. Später entwirft er für sich aufgrund solcher „Begabungen" hochstaplerische Patente und militärische Ränge, fälscht ungeniert Wechsel und legt sich einen gräflichen Titel zu.

Seine Vitalität samt exzessiv triebhafter Lebensführung, seine Anziehungskraft auf schöne und reiche Frauen, sein undurchdringliches und geheimnisvolles Gehabe schaffen schon zu Lebzeiten phantastische Legenden und reichlich Stoff für verruchte Geschichten. Tatsächlich weiß er so manche Damen für seine experimentelle Suche nach dem „geheimen Elixier des Lebens" zu schröpfen und verkauft ihnen exklusive alchimistische Kosmetika aus eigener Herstellung. Auf der anderen Seite verehren ihn die Armen als beliebten Arzt, der keinerlei Honorarforderungen stellt und großzügig auch materielle Gaben verteilt.

Cagliostro (1743–1795):
Herr der Geister und Meister des Blendwerks

SERAPHINIA FELICHIANI

Comtesse de Cagliostro

Seraphinia [Lorenza] Felichiani, Gräfin von Cagliostro, anonymer Kupferstich

Nach eigenen Angaben hat er, „der unglückliche Sohn der Natur", seine Jugend in Arabien verlebt. Ein fiktiver Erzieher Althotas (al-Thot = Hermes) habe ihn in die Alchimie eingeweiht, und zusammen hätten sie Ägypten, Syrien, Türkei, Griechenland und Malta bereist, um sich in die Geheimwissenschaften zu vertiefen. 1768 heiratet er in Rom Lorenza Felichiani, deren bestrickende Reize er vielfältig geschäftlich nutzt. Mit ihr pilgert er 1771 nach Santiago de Compostella, muss als Kuppler aber immer wieder das Weite suchen und schifft sich schließlich vorsichtshalber mit Lorenza nach England ein. In London fällt er den Gesetzeshütern auf, als er einen der Liebhaber seiner Frau mehrfach zu erpressen sucht.

Cagliostro mit interessierten Besucherinnen, Kupferstich von Daniel Nikolaus Chodowiecki, in Berlinische Monatsschrift **(1784) zum Thema „Modetorheiten"**

Freimaurerische Satire auf Bruder Balsamo, Kupferstich von J. Gillray, 1786

Sein Abenteuerleben führt ihn durch viele Hauptstädte Europas, wo er auch spiritistische Séancen abhält, darunter 1779 in Mitau (Kurland), Petersburg und 1780 in Warschau. Nach Frankreich zurückgekehrt, installiert er 1784 mit der Lyoner Loge La Sagesse Triomphante seinen Ritus der ägyptischen Hochgradmaurerei, einen direkten Vorläufer des späteren [Memphis-]Misraïm-Ritus, und erklärt sich zum „Groß-Kophta", eine Titulatur, die er eigens für sich kreiert.[13] Organisatorisch gliedert sich der Orden in 90 Grade, nimmt Männer wie Frauen auf. Das Lehrsystem verarbeitet altägyptische, alexandrinisch hellenistische, jüdische, christliche und hermetische Traditionen. Woher aber schöpft er sein Wissen? Tradiert er echte Rituale oder blendet er nur wieder mit seiner vielseitigen Kreativität?

Graf von Cagliostro in transzendenter Schau, Kupferstich mit Schabetechnik von Johann-Elias Haid in Augsburg (1739–1809), nach einer Zeichnung von F. Bartolozzi um 1786

Ob er wirklich 1777 in London als Freimaurer initiiert worden war, wie er behauptete, bleibt bis heute heftig umstritten. Jedenfalls verschaffte ihm dieser Ruf Zutritt zu den höchsten Kreisen und umgab ihn mit einem geheimnisvollen Nimbus, den er durch seine magischen Operationen als kenntnisreicher Alchimist und „Herr der Geister und Dämonen" noch zu verstärken verstand. Auf dem Gipfel seines Ruhmes beherrschte der Halbgott 1785 alle Salons von Paris – samt ihrem Klatsch.

Trotz oder gerade wegen seiner mannigfachen Talente brandmarkten die einen den charismatischen Mystiker, Propheten und Wundertäter als Hochstapler und „famosen Betrüger".[14] Andere erhoben Cagliostro zu einem großzügigen Wohltäter, hohen Adepten, Engel und wahren Rosenkreuzer. Immer wieder werden ihm dabei rosenkreuzerische Lehren in den Mund gelegt, die sich aber nicht nachweisen lassen. Jedenfalls erfasste er am Vorabend der Französischen Revolution instinktsicher die allgemeine Unruhe und Angst, die sich gerne in mystische Vorstellungen flüchtet, und wusste sie zu nutzen. Vielleicht bereicherte er sie sogar mit neuem Wissen. Bis heute umgibt ihn eine geheimnisvolle Aura.

1789 macht er wieder in Rom von sich reden, gibt in der Villa Malta bestaunte Wunder zum Besten und prophezeit den baldigen Sturz der französischen Monarchie. Als offensichtlichen Sympathisanten der Revolutionäre verhaftet ihn die Inquisition und verurteilt ihn als Erzketzer zum Tode. Im April 1791 wandelt Papst Pius VI. das Urteil in eine lebenslange Haft um. Lorenza wird in ein Kloster verbannt. Am 26. August 1795 stirbt Guiseppe Balsamo in Fort San Leo bei Urbino, vermutlich an den Folgen qualvoller Torturen. Als ihn französische Revolutionsheere im Frühjahr 1796 befreien wollen, kommen sie zu spät.

Anton Mesmer (1734–1815):
„Es existiert kein anderes Sakrament als das Sakrament der Natur, die vitalen Energien universaler Lebenskraft.“

Anton Mesmer, Miniatur von Josef Einsle, 1809

Mesmer studiert in Dillingen an der Donau Theologie, in Ingoldstadt kanonisches Recht und Philosophie, in Wien Medizin. Er heiratet die reiche Witwe von Posch, Erbin eines herrschaftlichen Wiener Vorstadtpalais. Hier eröffnet er seine erste Praxis und erzielt über die Landesgrenzen hinaus aufsehenerregende Heilerfolge durch die Verbindung von Magnetismus und Musik. Mit Magnetisieren beschreibt der Arzt die Übertragung des Fluidums der Lebenskraft als Heilenergie. Musiker wie Josef Haydn und Christoph Willibald Gluck sind Gäste der Mesmers. 1768 wird in ihrem Garten das Singspiel BASTIEN UND BASTIENNE des Wunderkindes Wolfgang Amadeus Mozart in Anwesenheit seines Vaters Leopold aufgeführt.

Palais Mesmer in Wien Schwechat, Landstraße 261, heute „Event-Schloss" Rothmühle, Rotmühlstraße, Bezirksmuseum Wien

Dr. phil. et med. Franz Anton Mesmer, gebürtig aus Itznang am Bodensee, entdeckt den „animalischen Magnetismus". Damit beschreibt er die Wirkungen der Lebenskraft, des geheimen innersten Agens des Universums. Textbücher mittelalterlicher Magie erwähnen Magneten stets als Beispiel für die in Aktion befindlichen „okkulten Sympathien". Nach Mesmer fließt Magnetismus als unsere Vitalkraft und Prima materia der Alchimie durch unser Nervensystem, sei Basis unserer Gedankentätigkeit und vermöge Dispositionen auf allen Ebenen des Daseins zu heilen. Für ihn gibt es aber nur *eine* Krankheit, nämlich die Störung der Harmonie der Natur, und nur *eine* Heilung, nämlich die Wiederherstellung der Harmonie der Natur.

Mesmer bei einer Heilbehandlung; aus E. Sibley: A KEY TO MAGIC & THE OCCULT SCIENCES, ca. 1800

1778 eröffnet Mesmer eine noble Praxis in Paris. Gern tritt er in Robe auf, beeindruckt als geheimnisumwitterter Magier und genießt seinen Starruhm. Eine vom König von Frankreich 1784 einberufene medizinische Kommission versagt ihm aber die wissenschaftliche Reputation und beurteilt Effekte und Prozesse seiner Heilungen als reine Imagination. E. T. A. Hoffmann verewigt Mesmer in seiner Novelle DER MAGNETISEUR, in Jacques Offenbachs Oper HOFFMANNS ERZÄHLUNGEN taucht er als Dr. Mirakel auf.

Grab Mesmers auf dem Friedhof zu Meersburg am Bodensee

In Paris gründet Mesmer 1784 die Harmonische Gesellschaft, die ihre Arbeitsweisen und Strukturen offensichtlich der mystischen Freimaurerei entlehnt. Hauptsitz ist zunächst das Hôtel de Bullion, das Mesmer angemietet hat. Der Orden sieht seine Aufgabe darin, unentgeltlich Kranke zu heilen, „der Harmonie der ganzen Natur nachzuforschen und physisch und moralisch auf die Menschheit einzuwirken". Binnen kurzer Zeit entstehen in den großen Städten Frankreichs mehr als 20 Ableger, in ganz Europa sprießen „magnetische Etablissements" aus dem Boden. Die Stürme der Französischen Revolution bereiten ihnen und der Harmonische Gesellschaft allerdings ein jähes Ende. Mesmer selbst entgeht der drohenden Verhaftung nur durch schleunigste Flucht.

Zeitgenössische Darstellung einer Gruppentherapie im „Magnetsalon" des Hôtel de Bullion

1815 verstirbt er in Meersburg am Bodensee. Auf seinem wie ein Dreiecksaltar gestalteten Grabstein prangt auf einer Seite das Strahlen aussendende göttliche Auge in einem Dreieck: für Mesmer Symbol der Urquelle aller magnetischen Heilkräfte.

Veränderte Bewusstseinszustände seiner Patienten, zu seiner Zeit Somnambulismus genannt, spielten für Mesmer noch eine untergeordnete Rolle. Doch schon seine Schüler entwickelten Hypnoseverfahren, die dann Sigmund Freud aufgriff. So bereitete er den großen Entdeckungen der Nachtseite der Natur und dem Vordringen der Psychologie ins Reich des Unbewussten den Boden. Auf dem Höhepunkt seiner Popularität als Modearzt konnte er sich, was die Berühmtheit angeht, mit jedem König oder erfolgreichen Feldherrn messen. Eine erste Bibliographie zum „animalischen Magnetismus" erschien im Jahre 1800 und umfasste bereits über 1000 Veröffentlichungen.

In seiner Dissertation DE INFLUXU PLANETARUM IN CORPUS HUMANUM (Über den Einfluss der Planeten auf den menschlichen Körper) stellte Mesmer die Theorie auf, „dass die Planeten, gleich wie sie wechselweise auf sich wirkten, auch auf die belebte Schöpfung und namentlich auf das vermittelst eines feinen unsichtbaren und immerfort strömenden Fluidums, das alle Körper [als Lebenskraft, inneres Feuer oder Geistkraft] durch-

dringe und durch das ganze Universum verbreitet sei, ihren Einfluss auf das Nervensystem äußerten". Und diese Kräfte müssten physikalisch erforscht werden.[15]

Der neuplatonische Gedanke von planetaren Emanationen, von den Himmelskörpern stammende Partikel- oder Kräfteströme, die als „spiritus mundi" auch in den menschlichen Körper einfließen, findet sich auch in den astromedizinischen Vorstellungen von Paracelsus, Baptist van Helmont, Athanasius Kircher und Robert Fludd. Die Verfasser der FAMA FRATERNITATIS hätten Mesmer schon ob solcher „Väter" und seiner Versuche, Gott auch auf naturwissenschaftliche Füße zu stellen, anerkennend als einen Frater R. C. bezeichnet.

Vielleicht war er zumindest Mitglied in einer Fraternitas. Im Allgemeinen Handbuch der Freimaurerei (AHdF) heißt es, 1786–1792 hätte Franz Anton Mesmer die Leitung der Gold- und Rosenkreuzer in Wien übernommen, in der nun weniger alchimistisch als mesmeristisch gearbeitet worden sei. Mesmer habe den Orden zu einer neuen Blüte geführt, bis er der Sache überdrüssig geworden sei und die Arbeit im Orden einstellte.[16]

Goethe, Herder und Wieland in Weimar, Stadt der Musen: „Unser ganzes Kunststück besteht darin, dass wir unsere Existenz aufgeben, um zu existieren."

Jugendbildnis des Johann Wolfgang von Goethe (1749–1832), Ölgemälde von J. D. Bager, 1773

Geburtshaus Goethes in Frankfurt am Main nach dem Umbau 1755, Zeichnung von Friedrich Wilhelm Delkeskamp

Als der junge Johann Wolfgang 1768 in eine gefährliche physische und seelische Krise gerät, sucht er Hilfe bei dem Frankfurter Paracelsisten Johann Friedrich Metz (1724–1782).[17] Metz, bewandert in der Kabbala und Oetingers Geisteswelt, gehört möglicherweise einem rosenkreuzerischen Zirkel an.[18] Der Arzt heilt ihn mit einem geheimnisvollen Salz. In seiner Autobiographie AUS MEINEM LEBEN. DICHTUNG UND WAHRHEIT berichtet Goethe, sich mit Metz intensiv dem Studium der Werke des Paracelsus, van Helmont und anderer Alchimisten hingegeben zu haben. Auch vertieft er sich in die Werke von Giordano Bruno und Swedenborg.

Der Stimmung und Bilderwelt von Andreas' DIE CHYMISCHE HOCHZEIT … nicht unähnlich, schafft Goethe 1784 eine alchimistische Allegorie, die Fragment blieb: DIE GEHEIMNISSE. Darin wird Bruder Markus von „Unbekannten Oberen" beauftragt, eine Pilgerfahrt zu einem mysteriösen heiligen Ort zu unternehmen. „Er erreicht das Kloster bei sinkender Sonne und erblickt über dem Tor ein geheimnisvolles Bild: „Es steht das Kreuz mit Rosen dicht umschlungen, wer hat dem Kreuze Rosen zugesellt?" In einem Prunksaal sitzt der heilige und weise *Humanus* (Humanitas), umgeben von zwölf Vertretern aller Weltreligionen, unter einem Wappen. Es zeigt das gleiche Motiv wie über dem Eingangstor.

Literaturwissenschaftler entdecken in Goethes DR. FAUST einen Alchimisten und, vor allem im zweiten Teil der Dichtung, vergleichbare Inhalte mit Andreaes DIE CHYMISCHE HOCHZEIT. Für C. G. Jung symbolisiert die offensichtlich inspirierende Schau, im Zauberspiegel reflektiert, auch das Ergebnis der Arbeit unseres Intellekts, mit dessen Einsichten (Spiegelungen) man sich identifiziert – ein unentbehrliches „Navigationsinstrument auf den pfadlosen Meeren" des Unbewussten.[19]

Titelkupfer zur Erstausgabe des FAUST von 1790, gestochen von Heinrich Lips und seitenverkehrt nach Rembrandts „Praktizierender Alchimist" (1651)

Denkmal für Herder vor der Stadtkirche Weimar

Johann Gottfried Herder (1744–1791), Weggefährte Goethes in Weimar, begeistert sich für die Schriften Johann Valentin Andreaes. Als er erfährt, dass sich der Bibliothekar Gotthold Ephraim Lessing in Wolfenbüttel bei Braunschweig intensiv mit dem „älteren Rosenkreuzertum" auseinandergesetzt hat, bittet er diesen, ihm einen tieferen Zugang in Andreaes Werk zu ermöglichen. Herder ist es auch, der dem verblassenden Bild des Comenius als Pädagoge erneut wachsende Anerkennung verschafft.

Christoph Martin Wieland (1733–1813), Gemälde von Carl Jäger um 1870, in Anlehnung an zeitgenössische Bildnisse

Verwundert es da noch, dass der in Weimar lebende Wieland ebenso in den Bann der rosenkreuzerischen Idee gerät? Wieland ist im pietistisch geprägten Klosterinternat in Berge bei Magdeburg aufgewachsen. Er studiert in Erfurt Philosophie, in Tübingen Jura, gibt sich dann aber ganz der Literatur hin. Das Thema rosenkreuzerische Adepten streift er in seinem Roman Don Sylvio von Rosalva, in den Erzählungen Der neue Amadis und Der Derwisch von Brussa. Vielleicht entsteht seine Geheime Geschichte des Philosophen Peregrinus Proteus (1791) unter dem Einfluss Andreaes.[20]

Das Studium der Schriften Spinozas bestärkte Goethe in der Überzeugung, dass sich vom menschlichen Geist nach dem Ableben etwas erhalte, „das ewig ist". Nur einmal, am Tag der Beerdigung seines Freundes Christoph Martin Wieland, am 25. Januar 1813, gab Goethe in einem Gespräch mit Johann Daniel Falk Einblick in seine diesbezügliche Vorstellungswelt. „Niemals und unter keinen Umständen" behandele die Natur „ihre Kapitalien so verschwenderisch", dass sie solch hohe Seelenkräfte wie die von Wieland einfach untergehen lasse. Er, Goethe, glaube an Urbestandteile aller Wesen, die er in Anlehnung an Leibniz als Monaden bezeichnet. Alle Monaden seien von ihrer Natur her so unverwüstlich, so dass sie im Moment der Auflösung ihre Tätigkeit nicht einstellen, sondern weiter fortsetzten. So schieden sie nur aus alten Verhältnissen aus, „um auf der Stelle neue einzugehen". Nun gebe es davon kleine bzw. geringfügige, die sich „höchstens nur zu einem untergeordneten Dienst und Dasein eignen", und große. Letztere setzten ihren Akkumulationsvorgang so lange fort, „bis die große oder kleine Welt, deren geistige Intention in ihnen liegt, auch nach außen leiblich zum Vorschein kommt".

So werde er es als vollkommen angemessen empfinden, „wenn ich einst diesem Wieland als einer Weltmonade, als einem Stern erster Größe, nach Jahrtausenden wieder begegnete und sähe und Zeuge davon wäre, wie er mit seinem lieblichen Lichte alles, was ihm irgendwie nahe käme, erquickte und erheiterte".[21]

Eine zeitweise Mitgliedschaft Goethes und Herders lässt sich für den Illuminatenorden und bei den Freimaurern nachweisen, Wielands nur bei den Freimaurern. Doch für Goethe symbolisierte das Rosenkreuz eine zeitlose Idee der Toleranz. In seinem Altersroman Wilhelm Meisters Wanderjahre hat er diese Idee dichterisch verlebendigt, glaubt Roland Edighoffer.[22] Wieland aber fand es „im Vorbeygehen zu sagen, verdrießlich", dass alle die herrlichen Dinge, welche uns Plotin, Proklos, Agrippa und die ehrwürdige Brüderschaft vom Rosenkreuz als geheime Philosophie verkünden, „allem Ansehen nach bloße Träumereyen sind": nämlich „sich die ganze Natur durch den edelsten Theil derselben, die Geister", unterwerfen zu können.[23]

„Was wir prophezeien ist nicht allgemein, denn wir sind die Brüder vom Rosenkreuz: Wir besitzen das Maurerwort und das Zweite Gesicht …"

Freemason-Hall in London, durchflutet vom Licht der Wahrheit; der zu behauende Stein hängt an einem pyramidalen Gerüst, BOOK OF CONSTITUTIONS, **1784**

Offiziell beginnt die Geschichte mit der Gründung der Großen Loge in London 1717, im Bierhaus „Zur Gans und zum Bratrost". James Anderson veröffentlicht 1723 im Konstitutionsbuch aus alten Archiven die „Alten Pflichten". Die neuen spekulativen oder symbolischen Maurer verstehen sich als Bruderschaft, die ihre Mitglieder über alle weltanschaulichen, politischen, nationalen und sozialen Grenzen hinweg in ständiger Arbeit am „rauen Stein" zu geistiger Vertiefung und ethischer Vervollkommnung erziehen möchte. Menschenliebe, Brüderlichkeit und Wohltätigkeit sollen als äußere Pfeiler den „Tempel der Humanität" stützen. Spirituelle Grenzerfahrungen und mystisches Offenbarungswissen gehören nicht zu den erklärten Zielen.

Legenden verlegen den Ursprung der Freimaurerei bis zum ersten Tempelbau Salomons in Jerusalem zurück. Vielleicht entstand sie aus organisierten Gilden mittelalterlicher Steinmetze. Roland Edighoffer glaubt, dass die Freimaurerei in England aus einer Verbindung von rosenkreuzerischem Gedankengut mit den mittelalterlichen Traditionen der Maurerzünfte erst in den Jahren zwischen 1633 und 1646 hervorging.[1] Tatsächlich schienen im 17. Jahrhundert Personen und Inhalte, vor allem durch die starken alchimistischen Einflüsse, oft austauschbar, wie das in der Überschrift zitierte Gedicht, 1639 in Edinburgh veröffentlicht, demonstriert.[2]

Gemäß eigenen Tagebuchaufzeichnungen wurde Elias Ashmole am 16. Oktober 1646 zu Warrington in Lancashire in eine Maurer-Loge aufgenommen. Am 10. März 1682 nahm er an einer Aufnahmezeremonie in der Londoner Mason's Hall teil. Diese Notiz gilt als frühester Beweis „spekulativer" Maurerei in England[3], der ethischen und religiös-spirituellen Interpretation des Bauens, organisiert als Geheimbund mit Lehren und Ritualen.

Spätestens zum Ende des 18. Jahrhundert aber gingen Freimaurer und Rosenkreuzer getrennte Wege, das Zweite Gesicht (Fähigkeit des Hellsehens) muss verloren gegangen sein.

Der meisterliche Freimaurer hat Sonne, Mond und seine Werkzeuge justiert und sich in den rechten Winkel (griech: gnomon = auch: Kenner, Erkenner, Schattenzeiger) gebracht, englische Illustration von 1754

Ursprünglich gibt es nur zwei Grade, Lehrling und Geselle. Erst 1730 folgt als dritter Grad der Meister. Bis heute basiert die klassische Organisationsform – die Blaue, Symbolische oder Johannis-Freimaurerei – auf diesem Dreigradsystem. 1760 taucht die Legende von Hiram Abiff auf, der Züge des Christian Rosencreutz annehmen kann und dessen verborgenes Grab ebenso wieder gefunden werden muss. Unter dem Patronat Glaube, Hoffnung und Nächstenliebe bilden die freimaurerischen Logen der Spätaufklärung Keimzellen für die Verbreitung von demokratischen und humanitären Ideale. Bis heute stützen ihre verschwiegenen Arbeiten das globale Gerüst der menschlichen Gesellschaft.

Innerhalb der Hochgradsysteme bemühen sich vor allem adelige Maurer, ihren Rittergraden mit Anbindungen an viel ältere Traditionen mehr Glanz und Würde zu verleihen. Erbe des Ordens der Tempelherren (ca. 1118–1312) zu sein, verbreitet auch das 1751 gegründete Hochgradsystem der Strikten Observanz des Barons Gotthelf von Hund und Altengrottkau (1722–1776). Allerdings geht die heutige Forschung in der Regel davon aus, dass die Templer weder eine spirituelle Dimension noch intitiatorische Rituale besaßen, noch ein Geheimwissen, das sie hätten überliefern können.[4] Bezüge zum späteren Rosenkreuzertum und zur Freimaurerei beruhen auf Mutmaßungen und Geschichtsklitterungen des 18. Jahrhunderts.

Seit 1737 haben sich allerdings, von Frankreich ausgehend, Hochgradsysteme (Schottische Maurerei) entwickelt, die einen philosophisch-spirituellen Überbau anbieten. Der 1757 geschaffene Hochgrad des Ritters vom Rosenkreuz bietet aber keinerlei Bezug zu der traditionellen rosenkreuzerischen Idee. 1760 erklärt eine in Straßburg erscheinende Schrift, VON DER FREIMAUREREI UNTER DEN CHRISTEN, das Rosenkreuzertum habe das geistige Erbe der Essener und des Ordens der Templer angetreten.

Jeder äußere Tempel symbolisiert unser inneres Heiligtum. Freimaurertempel in Den Haag, aus Eugen Lehnhoff: DIE FREIMAURER, **Zürich–Leipzig–Wien 1929**

Bezirk der Templer in Paris, eine Stadt innerhalb der Stadt: Hort ungeheurer Schätze und geheimer Weisheit?

Das hohe Haus Sancti Spiritus als unzerstörbarer Tempel der Weisheit; Lithographie, Basel um 1820; Cagliostro soll diesen freimaurerischen Stich verbreitet haben.

Ein Vorläufer der Freimauereridee, aber auch ein Bindeglied zwischen den Manifesten und ersten rosenkreuzerischen Ordensgründungen, könnte der Orden der Unzertrennlichen sein. Laut Ordenslegende soll er von den Grafen von Schlick, Schwarzburg und Reuß im Raum Sachsen, Thüringen, Böhmen gegründet worden sein und seit 1577 bestehen, tatsächlich aber dürfte er erst nach dem Ende des Dreißigjährigen Krieges entstanden sein. Unter seiner Symbolik von Sonne, Mond, Sternen, Göttin Pansophia, Winkelmaß und Zirkel vereinigt er laborierende Alchimisten. Seine fünf Grade errichten zur Begegnung mit dem Höchsten Baumeister einen Tempel der Weisheit. Um 1680 existieren in Halle zwei Logen der Unzertrennlichen: Sincera Confoederatio und Sincera Fraternitas.[5]

Lehrlingsaufnahme in eine englische Loge im 18. Jahrhundert. Weit verbreitete Lithographie aus dem Anfang des 19. Jahrhunderts.

„Glücklicher Bruder, du besitzt bereits alles, was dich zeitlich und ewig beglücken kann!"

Die Wahrhaffte und vollkommene Bereitung Des Philosophischen Steins Der Brüderschafft aus dem Orden Des Gülden-und Rosen-Creutzes, Darinne die Materie zu diesem Geheimniß mit seinem Nahmen genennet, auch Die Bereitung vom Anfang bis zum Ende mit allen Hand-Griffen gezeiget ist, Dabey angehänget die Gesetz oder Regeln, welche die gedachte Brüderschafft unter sich hält; Denen Filiis Doctrinae zum Besten publiciret von SINCERO RENATO, Nebst einem Nutz-bringenden und gewissen PARTICULAR, Welches als ein Vörtrab der nachfolgenden, und von dem Editore selbst gearbeiteten Experimenten, am Ende dieses Tractats zur Probe folget, aus gut-meynendem Hertzen denen armen Suchenden geschencket.

A

Im Jahre 1710 erweckt in Breslau eine wunderliche Schrift die Idee der Rosenkreuzer aus dem Dornröschenschlaf: DIE WAHRHAFFTE UND VOLLKOMMENE BEREITUNG DES PHILOSOPHISCHEN STEINS, DER BRÜDERSCHAFFT AUS DEM ORDEN DES GÜLDEN- UND ROSEN-CREUTZES […] Die angehängten 52 Regeln geben den Anschein, dass der Orden tatsächlich auch besteht. Hinter dem Pseudonym des Autors, Sincerus Renatus, versteckt sich der Alchimist, Böhmist und Pietist Samuel Richter aus Hartmannsdorf in Schlesien († 1722). Er hat in Halle Theologie studiert und gehört vermutlich dem Orden der Unzertrennlichen an.

Geheime Zeichen für die von den Alchimisten im Orden der Gold- und Rosenkreuzer benutzten Präparate, gesammelt von Johann Wilhelm Brenner, um 1748

In seiner Einleitung behauptet Sincerus Renatus, die Schrift liefere „die wahrhafte Praxis" der Bruderschaft des Rosenkreuzes, die „vor etlichen Jahren alle nach Indien gegangen, um daselbst in besserer Ruhe zu leben". Diese „heilige Kongregation" in der alchimistischen Tradition von Hermes Trismegistos und Raimundus Lullus bestehe aus 23 bis 63 Mitgliedern, geleitet von einem Imperator. Ihre Fratres sollen das „alchimische Magisterium" beherrschen, das „Projektionspulver" besitzen und ewiges Schweigen bewahren.[1]

Verstärkt wird dieser Eindruck einer längst bestehenden und im Geheimen operierenden Bruderschaft durch weitere Schriften. So veröffentlicht Ludwig Conrad Orvius 1737 OCCULTA PHILOSOPHIA ODER COELUM SAPIENTUM ET VEXATIO STULTORUM, gedruckt „auf der Insel der Zufriedenheit", analog der antiken Insel der Seligen, worunter die Pythagoreer die harmonische Vereinigung von Sonne und Mond verstanden. Orvius erzählt, Christian Rose habe einen Orden gestiftet, der das Geheimnis des Steins der Weisen bewahre. Die Gesellschaft besitze mittlerweile schon eine Reihe von Palästen, so in Den Haag, Amsterdam, Nürnberg, Hamburg, Erfurt, Danzig, Mantua und Venedig.[2]

Sonne Mond und Rose, Zeichnung aus THESAURUS THESAURORUM A FRATERNITATE ROSAE ET AURAE CRUCIS testamento consignatus […], **um 1730–40 erschienen, mit fiktivem Datum 1580**

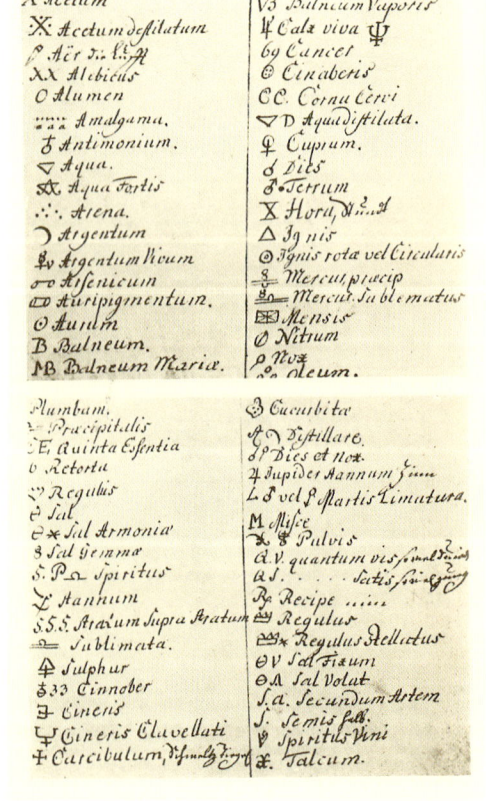

1770 entsteht in Re-
gensburg ein rosen-
kreuzerischer Zir-
kel, der offensicht-
lich in Wien beste-
hende Freimau-
rerlogen okku-
piert. Von Wien
aus gewinnt die
Bewegung Ein-
fluss und schafft
Niederlassungen
in ganz Österreich,
Ungarn, Bayern,
Württemberg, Sach-
sen, Schlesien, Lausitz,
Polen und Russland. So-
gar König Stanislas II. von
Polen (1732–1798) tritt einem
solchen Zirkel bei. Als Führer der Bruderschaft gelten
der Arzt und Kabbalist Schleiß von Löwenfeld aus Sulzbach, Karl Rudolf Ignaz von Keller und der Alchimist
Franz Xaver von Jäger aus Regensburg, der unter seinem
Ordensnamen Ketemia Vere 1779 den COMPASS DER
WEISEN publiziert. Um 1780 ging die Gesamtleitung des
Ordens aber an das Berliner Direktorium über.

1749 verfasst ein Hermann Fictuld[3] AUREUM
VELLUS ODER GOLDENES VLIES DAS IST ERHOFF-
TE ENTDECKUNG WAS DASSELBIGE SEY. Er erwähnt
darin die Societät der Goldenen Rosen-Creutzer,
scheint Mitglied zu sein, wenn nicht gar deren
Gründer und Imperator.[4] Um 1757 tritt in Frank-
furt am Main eine Societas Rosae et Aurae Crucis
an die Öffentlichkeit, die vermutlich 1761 eine
Loge in Prag gründet. 1764 verurteilt die Prager
Obrigkeit deren drei Leiter zu je sechs Jahren Ge-
fängnis und hebt die Loge Zur schwarzen Rose
auf. Ihre 1761 veröffentlichten Mitgliederlisten,
Statuten und Rituale erweisen sich als getreue
Abschrift von Fictulds Werk.

Die Gold- und Rosenkreuzer schienen zu Beginn
aus geheimen alchimistischen Gesellschaften zu
bestehen, die in oder außerhalb von Freimaurerlogen
arbeiteten. Bis in die sechziger Jahre des 18. Jahrhunderts blieben sie allerdings weitgehend ein literarisches
Phänomen. Vielleicht gab es noch keine festen übergrei-
fenden Organisationsstrukturen.

Inhaltlich vereinten sie Evokationsmagie, experimentelle Alchimie mit pietistischem Christentum und
der christlichen Kabbala des Knorr von Rosenroth
(1636–1689). Sie stellten höchste ethische und geistliche
Ansprüche an die Mitbrüder, „Heiden" hatten keinen
Zugang.

Seine starke Ausbreitung erfuhr der Orden zwischen
1767 und 1777 wohl ausschließlich durch weitere Unterwanderung der Freimaurer, vor allem der weit verbreiteten Strikten Observanz. 1792 zählte der Orden

über 320 Fratres, im Wesentlichen aus Bürgertum und
Adel rekrutiert.[5] Seine Zirkel umfassten maximal neun
Mitglieder, die neun Grade erklimmen konnten: Junior,
Theoreticus, Practicus, Philosophus, Minor, Major, Ad-
eptus exemptus, Magister exemptus und Magus. Dieses
System werden einige später gegründete Orden über-
nehmen. Es scheint, als hätten die Magi des neunten
Grades die „heilige Magie" des Abramelin betrieben.[6]

Die goldenen Rosenkreuzer versprachen, in das höchste Geheimnis einzuweihen, nämlich in das vom ewigen
Leben in der Vergöttlichung des Menschen, betonten
die Bedeutung der Offenbarung gegenüber einer alles
rationalistisch vereinnahmenden Vernunft und die Erleuchtung des Einzelnen; aber auch die Bedeutung von
Wundern und Geheimnissen für das christliche Leben.
Bei den Wundern halfen sie mitunter vielleicht etwas
nach …

Fratres der Gold- und Rosenkreuzer alten Systems als Minister in der preußischen Regierung

Rudolf von Bischoffs-werder (1741–1803), Schabkunstblatt nach einem Gemälde von Cunningham

Nach dem Studium der Theologie in Halle heiratet der protestantische Pastor Wöllner 1768 die Gräfin It-zenplitz auf Gut Behnitz bei Berlin. Er verfasst eine Reihe von Schriften zur Bo-denreform und Entlastung der Bauern, zur progressiven Besteuerung des Adels, Auf-hebung von Monopolen und Modernisierung des Steuer-systems. In der Freimaurer-loge Zu den drei Weltkugeln gewinnt er das Vertrauen des preußischen Kronprinzen. Nach dessen Inthronisierung als Friedrich Wilhelm II. steigt Wöllner 1786 zum Ge-heimen Finanz-, Kriegs- und Domänenrat in Preußen auf und erhält den Adelstitel. Mit dem Tod des Königs endet seine Karriere. 1798 trotz ho-her Verdienste um zahlreiche Verwaltungsreformen ohne Pension entlassen, zieht er sich auf sein Gut und Schloss Groß-Rietz zurück, wo er kinderlos stirbt.

Johann Christoph von Wöllner (1732–1800), Gemälde von Christin Bernhard Rode um 1760, Museum Burg Beeskow, Branden-burg

Noch während des Studi-ums in Halle tritt er einer Freimaurerloge bei. Zu-nächst dient er im preußi-schen Regiment und dann als Kammerherr und Stall-meister am Hof des Kur-fürsten von Sachsen. Als Mitglied einer rosenkreu-zerisch geprägten Loge in Dresden gewinnt er auf einem Freimaurerkonvent in Wolfenbüttel 1778 Wöllner für die Ideen R. + C.[7] Nach seiner Rückkehr nach Preußen 1778 steigt Bischoffswerder unter König Friedrich Wilhelm II. bis zum Generalmajor auf.

In der Blauen Gotte, einem damals modernen Element barocker Garten-gestaltung seines Landschlosses Marquardt, soll Rudolf von Bischoffs-werder dem leichtgläubigen Friedrich Wilhelm von Preußen (1744–1797) unter magischen Lichteffekten, Sphärenmusik und anderem „ruchlosen Hokuspokus" die Schatten berühmter Herrscher und Philosophen he-raufbeschworen haben. Marc Aurel, Leibniz und andere mahnen dabei streng die permanenten Amouren des Kronprinzen an und seine Rück-kehr auf den Pfad der Tugend. 1781 wird der Kronprinz unter feierlichem Zeremoniell im Belvedere von Schloss Charlottenburg als Ormesus Mag-nus in den Orden aufgenommen.

Schloss Marquardt bei Potsdam, Brandenburg

Belvedere im Schloss Charlottenburg, Berlin

Im dritten Stock des heutigen Teehauses im Park sollen außerdem in „schummrigen Seancen" weitere Geisterbeschwörungen stattgefunden haben. Doch stammen all diese Gerüchte, die damals schon von der europäischen Presse reißerisch aufgegriffen werden, aus den Sammlungen von höfischem Klatsch durch die Franzosen Graf d'Esterno und Graf Mirabeau: „Erzählungen von Lakaien und Geraune auf den Hintertreppen."[8] Ernst zu nehmende Beobachter und die häufige Zeugin Wilhelmine Enke, langjährige Mätresse des Königs, wissen nichts davon.

Als Ormesus als Friedrich Wilhelm II. den königlichen Thron in Preußen besteigt, ernennt er Bischoffswerder zum Kriegsminister, Wöllner überträgt er das Justiz- und Religionsministerium. Die Ordensbrüder Hermann Daniel Hermes (Theologe) und Johann Gottfried Hillmer (Gymnasiallehrer) ernennt der König als Zensoren zur Überprüfung der Schul- und Universitätslehrer sowie der Pfarramtskandidaten.

Friedrich Wilhelm II., Stich von Jacob Adam nach A. Graff aus Friedrich von Oppeln-Bronikowski: ABENTEURER AM PREUSSISCHEN HOFE 1700–1800, **Leipzig 1927**

Im Jahre 1777 wurde innerhalb der Freimaurerloge Zu den drei Weltkugeln, der ältesten in Berlin, der Orden der Gold- und Rosenkreuzer *alten Systems* eingeführt, vermutlich von Wöllner und Bischoffswerder ins Leben gerufen. Schon bald amtierte der Oberhauptdirektor Wöllner 1781 über 26 Zirkel. Das vermutlich von Wöllner verfasste Konstitutionsbuch von 1778 stützte sich auf die Schriften von Michael Maier, Heinrich Khunrath sowie Georg Welling und ersetzte eine bloß mystisch-religiöse Zielsetzung zugunsten einer praktisch-politischen Wirksamkeit des Ordens.

Nach der phantastischen Entstehungslegende des Instruktionsbuches beginnt die Ordensgeschichte zwar mit Noah. Doch ein ägyptischer Priester aus Alexandrien mit Namen Ormus – vielleicht abgeleitet vom persischen Lichtgott Ormuz –, vom Evangelisten Markus selbst getauft, gründete die Schule der Weisen des Lichts. Jeweils sieben Magier leiteten sie und hüteten alles geheime Wissen. Nach der Niederlage der Kreuzritter in Palästina 1118 zerstreuten sich die weisen Brüder über die ganze Welt. Im Jahre 1196 institutionalisierten drei aus Schottland stammende Templer und Ormusnachfolger den Orden der Bauleute im Osten. Vorübergehend leitete Ramón Llull in seiner Zeit diesen Orden. Die Hochgrade seien den hochadeligen Häusern York und Lancaster vorbehalten gewesen. Beide Familien trugen in ihrem Wappen eine weiße und eine rote Rose. Aus dieser Tradition ging das Symbol des Rosenkreuzes hervor, da dem traditionellen goldenen Kreuz die Rose hinzugefügt wurde.[9] Nachfolger der Bauleute im Osten seien nun die Gold- und Rosenkreuzer. Sie allein hüteten das wahre Licht und das „verlorene Wort" und bildeten damit in der Freimaurerei das Hochgradsystem.

Zu den zahlreichen prominenten Mitgliedern, die der Orden bald gewinnen konnte, gehörten unter anderem auch Anton Mesmer, Friedrich Christoph Oetinger und der Marburger Medizinprofessor Wilhelm Schröder (1733–1778), der durch seinen wissenschaftlichen Ruf für das hohe kulturelle Niveau des Ordens bürgte. Bruder Martin Heinrich Klaproth (1743–1817) übernahm später als Professor den ersten Lehrstuhl für Chemie an der Universität Berlin.

Ferdinand von Braunschweig-Lüneburg (1721–1792) als Rosenkreuzer, vielleicht auch Johann Christoph von Wöllner, Gemälde vermutlich von Anna Rosina de Gasc um 1770, Museum Burg Beeskow, Brandenburg

Ritualführender: „Wer ist gegenwärtig?" Torhüter: „Es sind lauter geheime Freunde und Mitverwandte der wahren Verbrüderung."

Hinter Jachin und Boaz, den beiden Säulen des Salomonischen Tempels in Jerusalem und Symbol der Gegensätze in unserer Welt, wartet eine Pyramide hinter dem Zentraltempel, Ziel des höchsten geistigen Strebens; Freimaurerschurz, Frankreich, 18. Jahrhundert

Auf dem Wilhelmsbader Konvent der deutschen und französischen Freimaurer 1782, der zu einer Neupositionierung führen soll, können sich weder Illuminaten noch Strikte Observanz mit ihren Vorstellungen durchsetzen. Eine Herleitung vom Orden der Templer lehnt die Mehrheit als unbewiesen ab. Ferdinand von Braunschweig-Lüneburg (1721–1792), preußischer Feldmarschall a. D., wird als General-Großmeister für alle freimaurerischen und rosenkreuzerischen Strömungen gewählt. Nach dessen Tod bekleidet Karl von Hessen-Kassel das Amt, Freund und Gönner des Grafen von St. Germain.

In einer weit verbreiteten Schrift ALLERNEUESTE ENTDECKUNG DER VERBORGENSTEN GEHEIMNISSE DER HOHEN STUFE DER FREIMÄUREREI, ODER: DER WAHRE ROSENKREUZER […], Jerusalem (Berlin) 1766, verurteilt der preußische Kriegsrat Karl Friedrich Köppen (1734–1797) die Strikte Observanz als nichtoriginäres Lehrgebäude. Aus Opposition gründet er 1766 mit dem Gold- und Rosenkreuzer Justizrat Johann Wilhelm Bernhard Hymmen (1731–1781) das System der Afrikanischen Bauherren. Sie knüpfen an die ägyptische Maurerei Cagliostros und Pernetys Le Illumininés d'Avignon. Mit dunklen Wortschöpfungen und dramatischen Mysterien versuchen sie vermeintliche ägyptische Initiationen und Lehren zu rekonstruieren. Nach dem Rückzug Köppens löst sich der Orden 1786 wieder auf.

1780/81 bis etwa 1795 arbeitet der von Heinz Heinrich und seinem Bruder Carl von Ekker und Eckhoffen als Ableger der Gold- und Rosenkreuzer in Wien geschaffene Orden der Brüder St. Johannes des Evangelisten aus Asien in Europa. Offensichtlich haben die Gründer Kontakt mit der jüdisch-kabbalistischen Bewegung Sabbatai Zevi (1626–1676). Dann wäre der orientalische Ursprung nicht so weit hergeholt. Jedenfalls nehmen die Asiatischen Brüder gemäß aufklärerischem Toleranzideal Christen wie Juden auf, lehren christliche wie auch jüdische Kabbala und verstehen ihren Orden als Pforte zu neuen zusätzlichen Mysterien.[10]

Moses, in geistiger Nähe zu Hermes Trismegistos, vor dem Berg Ararat mit der Arche – geheimes Wissen aus Afrika und Asien. Heinz Heinrich von Ecker und Eckhoffen: FREYMÄURERISCHE VERSAMMLUNGSREDEN**, Amsterdam 1779**

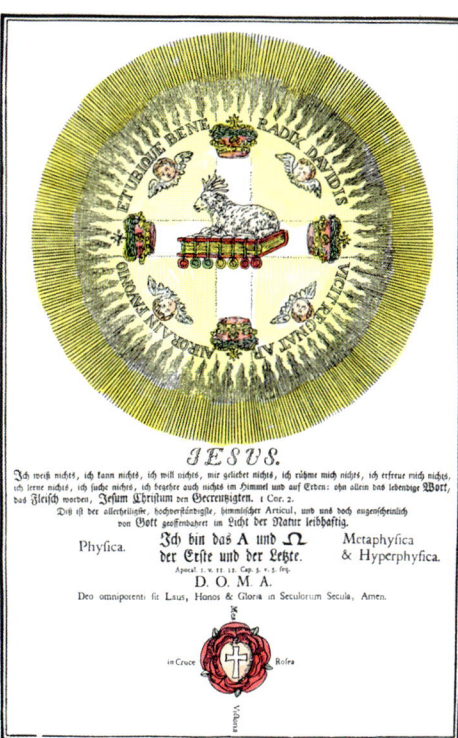

Tafel aus GEHEIME
FIGUREN DER
ROSENKREUZER

Aus der Hamburger Szene der Gold- und Rosenkreuzer erscheinen 1785 anonym: GEHEIME FIGUREN DER ROSENKREUZER AUS DEM 16TEN UND 17TEN JAHRHUNDERT. ERSTES HEFT. AUS EINEM ALTEN MSCPT. ZUM ERSTENMAL ANS LICHT GESTELLT. ALTONA. Ein zweites Heft folgt 1788. Die symbolhaltigen Bildtafeln samt Erläuterungen mit gnostischem, kabbalistischem, alchimistischem und rosenkreuzerischem Gedankengut können teilweise ins 18. Jahrhundert datiert werden, teils sind sie älter. Zahlreiche Übersetzungen und Neuauflagen bis heute deuten auf den Nachhall dieser Schrift, die als Grundlagenwerk oft mit FAMA und CONFESSIO auf eine Stufe gestellt wird.

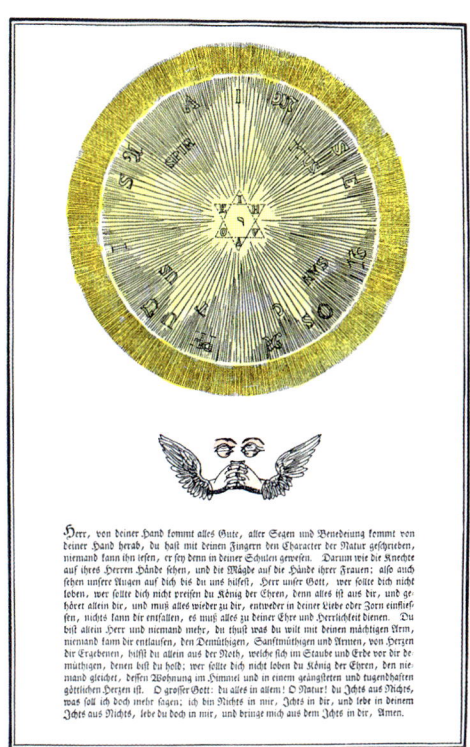

Tafel aus GEHEIME
FIGUREN DER
ROSENKREUZER

„O großer Gott: du alles in allem! O Natur! Du Ichts aus Nichts, was soll ich doch mehr sagen: ich bin Nichts in mir, Ichts in dir, und lebe in deinem Ichts aus Nichts, lebe du doch in mir, und bringe mich aus dem Ichts in dir, Amen." 1930 wird der Schriftsteller Gustav Meyrink, Gründer und Großmeister einer rosenkreuzerischen Loge in München, nach einem Erleuchtungserlebnis mit anderen Worten ausrufen: *Er ist also dann der Adept, und* ich *werde nur insoweit daran teilnehmen, als er sich einmal mit* mir *verschmelzen wird, denn im Grunde ist er ja mein eigenstes ICH. Er wird wachsen, ich aber werde schwinden. … Bisher falsch und die Ursache alles meines Leidens war, dass ich all das nicht klar wusste und glaubte: ich müsste* mich *vervollkommnen, mich und nicht* ihn*!* [11]

Bis heute leidet der Ruf der Gold- und Rosenkreuzer *alten Systems* an der Verurteilung als „vernunftfeindliches antiaufklärerisches Pendant" zum aufklärerischen Illuminatenorden. Schon Zeitgenossen kritisierten auf diese Weise Wöllners berüchtigtes Religionsedikt von 1788. Tatsächlich beschränkte es die Gedankenfreiheit der Geistlichen und sollte jeden Widerspruch aufklärungsfreundlicher Theologen gegen die Bekenntnisse der drei Hauptkonfessionen Katholiken, Protestanten und Reformierte unterdrücken. Ein nachfolgendes Zensuredikt von 1789 unterstellte alle Schriften staatlicher Genehmigungspflicht.

Neuere Forschungen haben das Bild revidiert. Zu viele angesehene Aufklärer waren selbst Mitglied der Gold- und Rosenkreuzer, um sie als antiaufklärerisch abzustempeln. Wöllner und Bischoffswerder wollten in ihrer eher biederen Frömmigkeit nur Ausuferungen ihrer Zeit bekämpfen: Irreligiosität samt einhergehender Sittenlosigkeit und „flache Freigeisterei". Ein direktes politisches Programm vertraten sie dabei nicht.

Als auf dem Großlogen-Konvent von Wilhelmsbad bei Hanau 1782 auch der Versuch scheiterte, die Lehren der Gold- und Rosenkreuzer zur beherrschenden Strömung innerhalb der Freimaurerei zu machen, verordnete die Ordensführung 1787 ein offizielles „Silanum" (von lat.: sileo = schweigen) und stellte die äußere Arbeit ein.

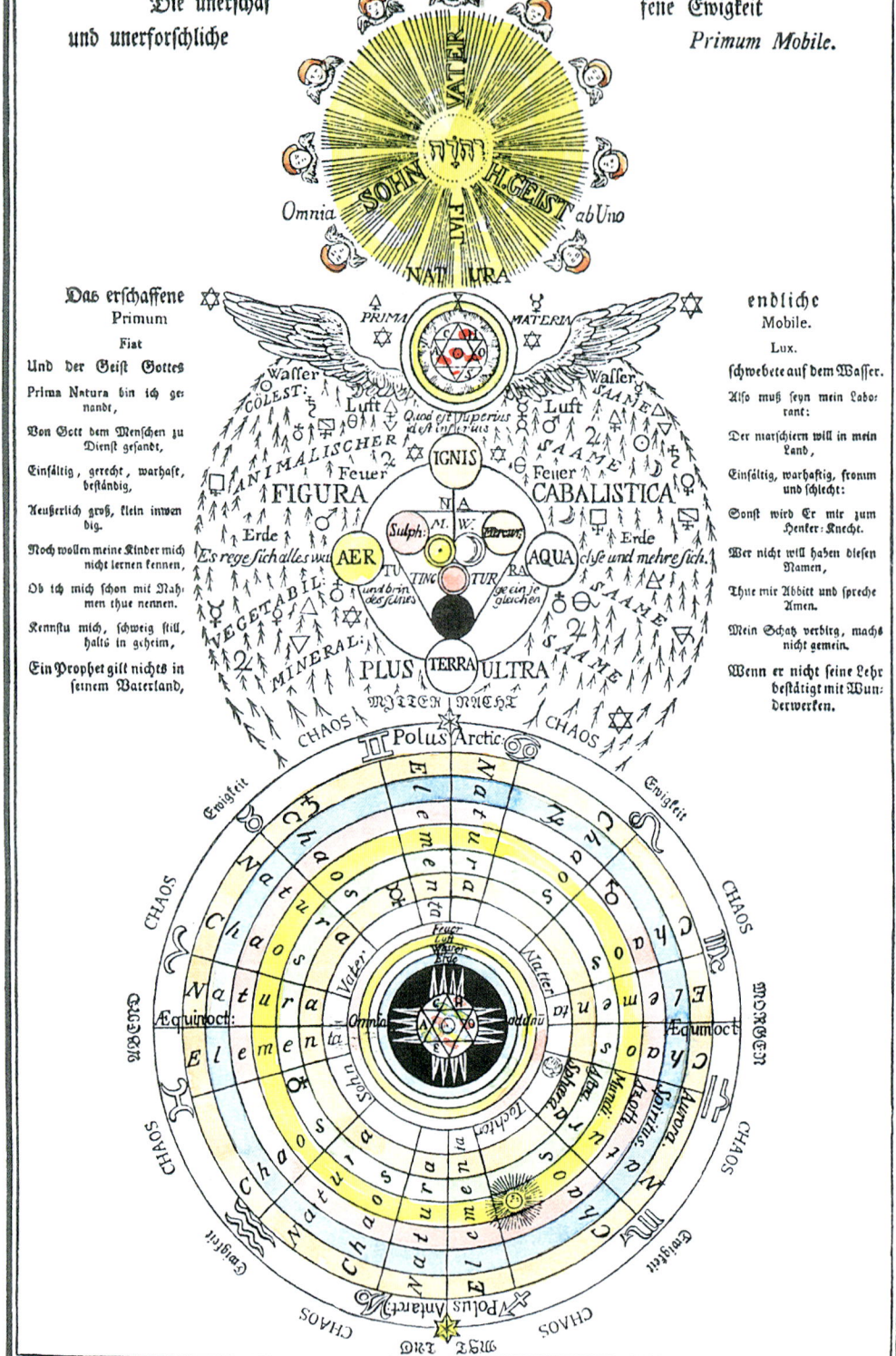

Aus der Latenz der unerschaffenen Ewigkeit, in dessen Zentrum hier das Tetragrammaton, der „geheime Name Gottes", als unendliches Primum mobile die göttliche Dreieinigkeit hervorstrahlen lässt, entsteht die „erste Natur" als endliches Primum mobile. Ihr Ursprung wird gleichgesetzt mit dem Bild aus der Genesis: „Und der Geist Gottes schwebte auf dem Wasser" (der noch formlosen Schöpfung).

In der endlichen Natur lässt der Same aus der alchimistischen Schöpfungstrias Quecksilber, Schwefel und Salz in Verbindung mit den vier Elementen das Rad von sieben Planeten, zwölf Tierkreisbildern und den Umlauf der Sonne hervorgehen. So entsteht aus dem Einen die Vielheit unter Ordnung und Struktur. Dabei drängt immer wieder Chaos als auflösende und zerstörende Macht in die Abläufe. Jakob Böhme sprach vom „elementischen Angstrad". Unsterblichkeit und Freiheit aus dieser Welt der Gegensätzlichkeiten gibt es nur in der direkten Erfahrung der Einheit mit der höchsten Göttlichkeit.

„Omnia ab uno",
Tafel aus Geheime Figuren der Rosenkreuzer,
Altona 1785

„Das offenbarte Geheimnis",
Tafel aus GEHEIME FIGUREN DER ROSENKREUZER,
Altona 1785

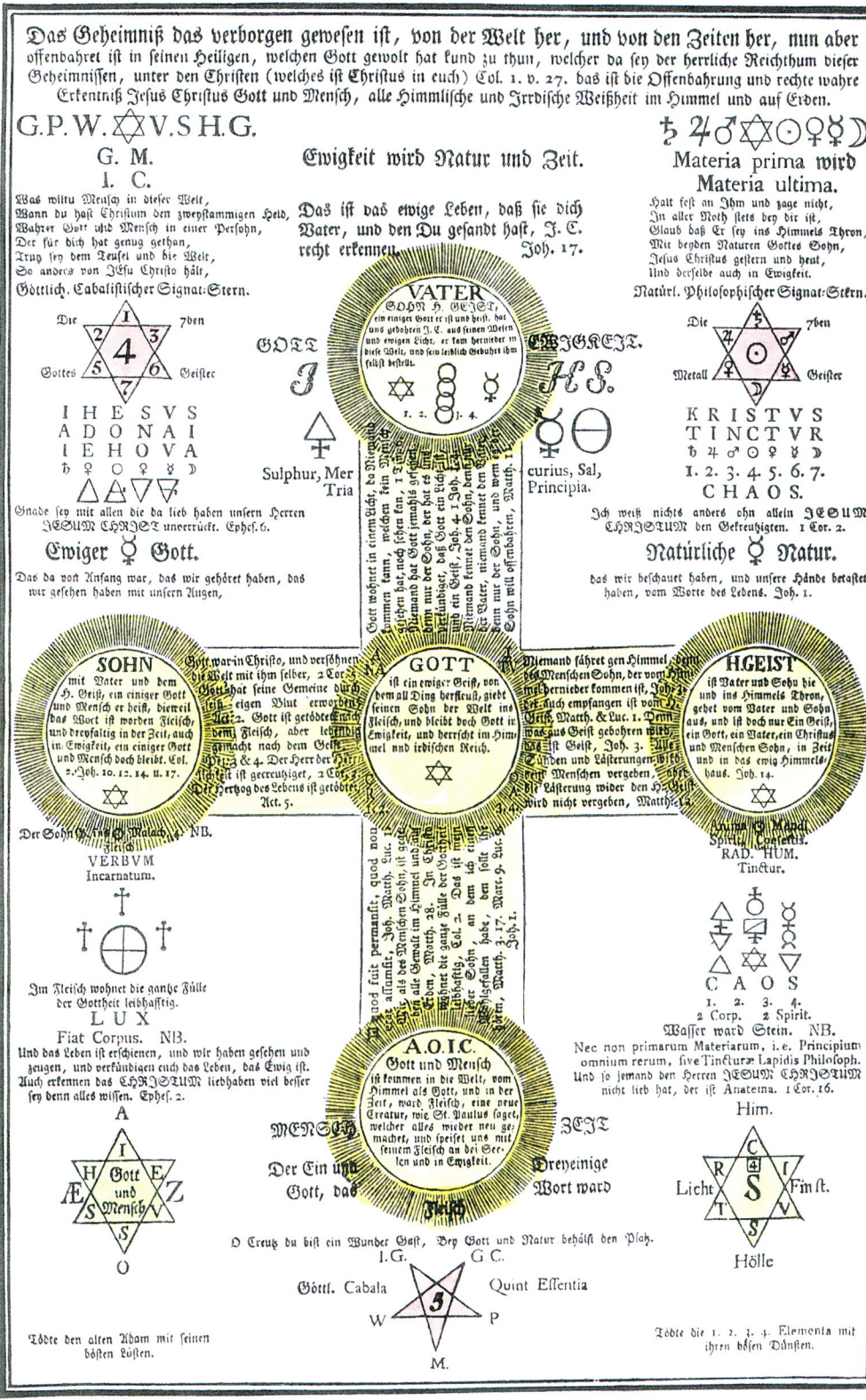

Im gleichschenkligen Kreuz, dessen End-Nimbusse gebildet sind aus Vater, Sohn, Heiliger Geist und Jesus Christus als Gott und Mensch, erstrahlt in der Mitte „Gott als ewiger Geist", Herrscher in der himmlischen Transzendenz wie in der irdischen Sphäre. Er bleibt die Quintessenz und Quelle für alles, was der Vater „aus seinem Wesen" über den Heiligen Geist als Sohn in die irdische Welt schickt. „Der Ein und Dreyeinige Gott, das Wort [= Logos, formgebende Kraft einer schöpferischen Idee] ward Fleisch."

Wenn wir Jesus, der sich mit Christus eins ward, als Vorbild nehmen (Nachfolge Christi), können wir „unsere alte Haut" ablegen und im Christusbewusstsein das Geheimnis des ewigen Lebens finden.

„Tödte den alten Adam mit seinen bösen Lüsten, tödte die 1. 2. 3. 4. Elementia mit ihren bösen Dünsten." Werde zur Fünf, zur Quintessenz! Werde, was du [ohnehin schon längst] bist!

Aufklärer im Kampf für freie und unabhängige Bildung zwischen mutmaßlicher Erleuchtung und mutmaßlicher Weltverschwörung

Adam Weishaupt (1748–1830) aus Eugen Lehnhoff: Politische Geheimbünde, **1931**

ADAMWEISHAVPT.

Weishaupt studiert in seiner Heimatstadt Ingolstadt (Bayern) Geschichte und Staatswissenschaft. Er promoviert zudem 1768 in Philosophie, 1772 in Jura, 1773 in Kirchenrecht. Begeistert von der französischen Aufklärung, gründet er am 1. Mai 1776 mit vier seiner Studenten den Orden der Perfectibilisten, der sich zwei Jahre später in Illuminatenorden umbenennt. Nach dem Vorbild antiker Mysterienschulen soll er sich als eine geheime „Akademie der Weisheit" etablieren, um Staat und Gesellschaft in „gelebter Tugend" und im Sinne von Freiheit, Gleichheit und Brüderlichkeit zu reformieren.

Baron Adolf Franz Friedrich Ludwig von Knigge (1752–1796) aus Eugen Lehnhoff: Politische Geheimbünde, **1931**

Nach unbedeutendem Beginn gewinnen die „Erleuchteten" mit dem Beitritt des weltgewandten Bohemiens Baron von Knigge und seiner geschickten Werbung mehr und mehr Beachtung. Innerhalb kürzester Zeit bitten auffallend viele bürgerliche und adelige Staatsbedienstete um Initiierung, so auch 1783 Johann Wolfgang von Goethe und Johann Gottfried Herder. Meinungsverschiedenheiten zwischen Knigge (Ordensname: Philo) und Weishaupt (Ordensname: Spartakus), unter anderem beim Aufbau mehr oder minder phantastischer Grade der höchsten „Mysterienklasse", zersetzen die bis dahin stabilen Führungsstrukturen.

Ehemalige Illuminatenhöhle im Park von Schloss Aigen, Salzburg, aus Eugen Lehnhoff: Politische Geheimbünde, **1931**

Hier führte der Orden auch Initiationen durch. Im Gegensatz zu ihrer klaren politischen und pädagogischen Ausrichtung bleiben die esoterisch-spirituellen Inhalte samt Strukturen nur ein Flickwerk aus freimaurerischen und rosenkreuzerischen Anleihen.

Schloss Sandersdorf nahe Ingoldstadt im Altmühltal

Zu Zeiten des Freiherrn Thomas de Bassus, einem der Gründerväter der Illuminati, treffen sich die Mitglieder hier zu umfangreichen Schulungen, Studien und – aus Sicht der Obrigkeit – zu höchst verdächtigen, weil undurchschaubaren Aktivitäten. Jeder Schüler soll sich in einem gesteuerten, stufenweisen Selbstbefreiungsprozess von der bestehenden geistigen, geistlichen und absolutistischen Herrschaft emanzipieren.[1]

Deckblatt eines Untersuchungsberichts über die Illuminaten von 1787 aus Eugen Lehnhoff: POLITISCHE GEHEIMBÜNDE, 1931

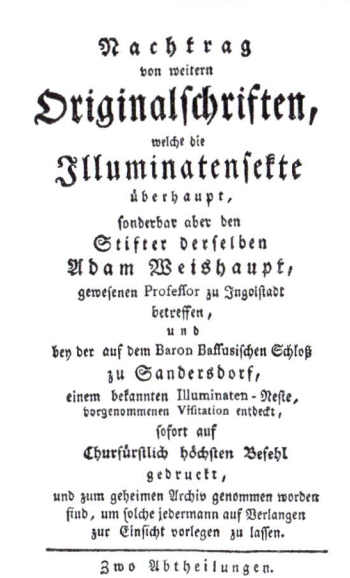

Ein amtlicher Untersuchungsbericht macht auf das Treiben dieser revolutionären „Atheisten" in Schloss Sandersdorf, ihrem Schlupfwinkel, aufmerksam.

Aufgebrachte Gegner warfen den Illuminaten vor, Mitglieder ihres Ordens der Gehirnwäsche zu unterziehen bzw. sie im Falle eines Verrats ihrer minutiös geplanten Weltverschwörung mit Gift zu ermorden. Dabei verstand der Orden sich in erster Linie als Speerspitze gegen Jesuiten und konservativ-klerikale Kreise in Bayern, die dort die öffentliche Meinung und das Unterrichtswesen dominierten. Weishaupt, der nur mit Mühe und gegen den heftigen Widerstand der Jesuiten 1772 seinen Lehrstuhl an der Universität Ingoldstadt (Deckname der Stadt: Eleusis) erhalten hatte, wollte die Jesuiten mit der Gründung eines streng disziplinierten, hervorragend geschulten, aber auch despotisch geführten Geheimordens die Jesuiten auf deren „eigenem Feld" und mit deren eigenen Waffen

schlagen. Das scharfe Schwert des Rationalismus und der Vernunft sollte der Aufklärung den Weg bahnen. Als intellektuelle Elite sollten sich die Mitglieder durch gezielte Unterwanderung der Institutionen nach und nach der Schlüsselpositionen in Staat und Gesellschaft bemächtigen.

Nach kurzer Blüte wurden die Illuminaten Opfer einer uferlosen Hetzkampagne. Zunächst bliesen Freimaurer und die Gold- und Rosenkreuzer gegen sie zum Angriff – machte diese Neugründung doch ständig Anleihen bei ihren Lehren und rekrutierte unverfroren Mitglieder aus ihren Reihen. Klerikale Reformgegner in Bayern, allen voran Jesuiten, Renegaten, beleidigte Nichtaufgenommene und notorische Denunzianten, mischten sich ebenfalls ein und übertrafen einander in

Moderne Verschwörungstheorien in den USA verbreiten seit einigen Jahren, beeinflusst durch phantastische Romane, die durchaus eine Breitenwirkung haben, dass Adam Weishaupt – in ihrer Sicht nur ein Pseudonym für einen hohen Adepten – mitnichten in Gotha verstorben sei. Heimlich habe er sich nach Amerika eingeschifft, kaltblütig George Washington eliminiert und seinen Platz für weitere Operationen eingenommen. Weishaupts Konterfei ziere in Wirklichkeit auch die Ein-Dollar-Note. Schon die Gründung der USA sei nur ein Baustein von bis heute höchst aktiven, ebenso weltumspannenden wie undurchschaubaren Manövern von Rosenkreuzern und Freimaurern, getarnt als bieder-bayrische Illuminaten ... Wer hätte das gedacht!

den absurdesten Beschuldigungen gegen die Illuminaten.

1784 und noch einmal 1785 erließen die Regierungen von Bayern und Österreich ein Verbot des Ordens und konfiszierten dessen Schriften, kamen aber nur einer Selbstauflösung zuvor. Weishaupt, der integere, aber glücklose Aufklärer, fand in Gotha politisches Asyl. Bis zu seinem Tode 1830 weigerte er sich, entsetzt über solch blindwütig-groteske Anklagen, die Ordensarbeit wieder aufzunehmen.

„Der sich vervollkommnende und re- integrierte Mensch kann und soll den herrschaftlichen Thron wieder bestei- gen, der seit seinem Sturz verwaist ist."

Emmanuel Swedenborg (1688–1772), Stich nach einem Gemälde von Per Krafft a. Ä., 1766

In Grenoble geboren, er- lernt Pasqually den Beruf eines Stellmachers und tritt 1754 den Freimaurern bei. 1760 gründet er in Bordeaux als Hochgrad- system seiner Loge den Temple des Elus-Cohen (oder Coën), den er zu ei- nem Orden ausbaut. Auf- grund von Differenzen mit einigen Weggefährten wandert er 1772 auf die Antilleninsel St. Domin- go aus, wo er in Port- au-Prince auch verstirbt. Ohne klassische Bildung, dafür stark von der Bibel, der Gnosis, Katharer- lehren und der christli- chen Kabbala des Knorr von Rosenroth inspiriert,[1] hat er sich zum unver- gleichlichen Experimen- tator mit den „verbor- gensten Geheimnissen der Natur" entwickelt.

Jacques de Livron Joachin de la Tour de la Case, genannt Don Martinéz de Pasqually (1727– 1774), karikaturhaftes Portrait, 1911 von Arthur Edward Waite veröffentlicht

Pasquallys einziges Werk, TRAITÉ DE LA RÉINTÉGRATION DES ETRES [...], er- klärt die Folgen des Sündenfalls und die Möglichkeiten des Menschen, den ihm angestammten Thron wieder einzunehmen. Stark beeinflusst vom schwedischen Seher Swedenborg schickt Pasqually 1773 von St. Domingo aus für den höchsten Grad Réau-Croix ein „Ge- neralverzeichnis". Detailliert hat er dar- in Name, Rang, Cha- rakter von wesenhaf- ten Kräften zwischen Mensch und höchstem vorstellbaren Göttlichen aufgelistet, zugeordnet Zahlen, Formeln und heili- ge Zeichen. Gerade die Fähigkeit, Wesenhaftes mit dem adäquaten Namen auszusprechen und in magi- schen „Operationen" zu beschwören, bedeutet für ihn höchste Arbeit mit dem schöpferischen WORT. Noch 1774 entwirft er ein spezielles Ritual zur In- itiierung von Frauen.[2]

Swedenborgs Haus und Garten in Stockholms Horns- gatan, rekonstruiert nach Beschreibungen

Als Sohn des lutherischen Bischofs Jesper Swedborg, 1719 zu Swedenborg geadelt, studiert Emmanuel Philosophie, Physik und Mathematik an der Universität Upp- sala. Wissenschaftliche Veröffentlichun- gen legt er in Astronomie, Mechanik, Chemie, Anatomie, Metallurgie und Bergwerkswesen vor. Ab 1719 ist er ständiges Mit- glied im Schwedischen Reichstag, ab 1734 Ehrenmitglied der Kaiserlichen Akademie der Wissenschaften zu St. Petersburg. Nach zwei Christusvisionen 1745 erlebt er seine „Um- kehr" und innere Berufung. Für immer legt er alle wissenschaftlichen Arbeiten beiseite, um sich fortan nur noch der Bibelauslegung, der Engel- und Geisterwelt zu widmen, als „Wanderer zwischen Himmel und Hölle".

Balzac, ein Freund von Pasqually und Mitglied der Elus-
Cohen, deutet in seinem Werk
LOUIS LAMBERT (1832) über-
natürliche Wesen wie Engel
aus den Lehren Swedenborgs
als gesteigerte Gefühle und
Bedürfnisse des Menschen. In
uns gebe es zwei Naturen, eine
innere und äußere. Der Engel
sei das Individuum, bei dem
das „innere" über das „äußere
Wesen" triumphiert. Will ein
Mensch „seiner Berufung als
Engel gehorchen", so müsse
er bemüht sein, diese auserwählte Natur in sich zu näh-
ren. Damit siege die Seele über
die Materie und versuche, sich
von ihr loszulösen. Swedenborgs hellsehender Geist habe
die unzähligen Erscheinungen aufgezeichnet, durch die
sich solche Engel inmitten der
Menschen offenbaren.[3]

Honoré de Balzac (1799–1850),
Zeichnung von J. Boulanger, 1845

Louis Claude de St. Martin
(1743–1803), der
„unbekannte Philosoph"

Er entstammt einer adeligen Familie
in Amboise, studiert Rechtswissen-
schaft, schlägt dann aber eine militärische Laufbahn ein. Ein Freund im
Offizierszirkel macht ihn mit Pasqually bekannt, als dessen Sekretär
er von 1768–1771 arbeitet. Im Ordre
des Elus-Cohen initiiert ihn 1772 sein
Mentor persönlich in den letzten Grad
des Réau-Croix, abgekürzt S.∴I.∴ (Su-
périor Inconnu = Unbekannter Oberer). Sein Hauptwerk, IRRTÜMER UND
WAHRHEIT (ERREURS ET DE LA VÉRI-
TÉ), schreibt St. Martin 1775 als Gast
im Hause von Willermoz in Lyon. Bei
Straßburger Böhmisten lernt er die
Schriften des Görlitzer Mystikers kennen. Er übersetzt sie ins Französische,
löst eine Böhme-Renaissance aus und
spricht von ihm als seinem zweiten
großen Meister, den er für das größte
Licht nach dem Auftauchen von Jesus
Christus hält.[4]

Pasqually geheimnisumwitterter Ordre des Chevaliers Maçons Elus-Cohen de l'Univers (Ritter der
auserwählten Priester-Maurer des Universums) gilt als
Beginn der okkultistischen Freimaurerei. Ihre Arbeit für
eine Wiedervereinigung mit dem Göttlichen verlangt genau festgelegte, sich endlos wiederholende, aufreibende
Verfahren, um mit höheren Wesenheiten direkten Kontakt aufzunehmen. Im Grad Réau-Croix sollen die Evo-
kationen die höchsten Entitäten erreichen, vergleichbar
den Sephiroth des kabbalistischen Lebensbaumes, und
darüber die Äonen der Gnosis, die Mütter der Ideen im
Schoß der Gottheit.[5]

St. Martin entwickelte nach dem Niedergang des
Elus-Cohen, der mit dem Tode Pasquallys einsetzte,
seine eigene Theosophie, ein verinnerlichtes überkon-
fessionelles Christentum, durchsetzt von christlicher
Kabbala, Paracelsismus und Rosenkreuzertum. Dabei
löste er sich ganz von den „magischen Schlacken" seines Lehrers, die ihm zu viele Gefahren aufwarfen. Für
ihn personifizierte der Mensch das „Sehnen der inneren
Gottheit", das uns unweigerlich mit unserem göttlichen
Ursprung wieder eins werden (Reintegration) lässt. So
schuf er keinen Orden, sondern führte offensichtlich
nur Initiationen für Einzelne durch, die seinem Weg

folgen wollten. „Die einzige Einweihung, die ich pre-
dige und von ganzer Seele suche, ist die, durch die wir
in das Herz Gottes eintreten können und durch die das
Herz Gottes in uns eintritt, um eine unauflösliche Ehe
einzugehen, die uns zum Freund, zum Bruder und zum
Gemahl unseres Göttlichen Wiederherstellers macht. Es
gibt keine anderen Mittel, um zu dieser heiligen Einweihung zu gelangen, als mehr und mehr in die Tiefen unseres Wesens hinab zu steigen und nicht aufzugeben, bis
wir die lebende, belebende Wurzel gefunden haben."[6]

Jean-Baptiste Willermoz (1730–1824), zeitgenössisches Gemälde

Der Sohn eines jüdischen Tuchwarenhändlers aus Lyon steigt in die beruflichen Fußstapfen des Vaters, tritt 1750 den Freimaurern bei und beschäftigt sich privat mit Alchimie und Kabbala. 1766 begegnet er Pasqually in Paris und tritt den Elus-Cohens bei. Ohne die theurgischen Praktiken integriert er dieses System in einen neuen Orden innerhalb des Hochgradsystem der französischen Strikten Observanz: Chevaliers Bienfaisants de la Cité Sainte, die Wohltätigen Ritter der Heiligen Stadt Jerusalem. Das Lehrsystem der C. B. C. S. in sieben Grade beruht auf Pasqually, St. Martin und der alchimistischen Rosenkreuzertradition in der deutschen Freimaurerei. Bis zu Pasquallys Tod hält er mit seinem Meister brieflichen Kontakt.

In La Coruña in Spanien geboren, studiert Papus in Paris Medizin und promoviert 1894. Schon früh beschäftigt er sich mit den Lehren Pasquallys, St. Martins und als Schüler von Éliphas Lévi mit der Kabbala. In seinem Werk TRAITÉ ÉLÉMENTAIRE DE SCIENCES OCCULTES (1888) versucht er die abendländische Tradition des Okkultismus als universitäre Fachdisziplin zu etablieren. De Guaitas Ordre Kabbalistique de la Rose + Croix hatte er immer mehr zu einem inneren Zirkel der Martinisten umfunktioniert. Als er 1891 vom Militärdienst nach Paris zurückkehrt, schafft er einen neuen Supréme Conseil des Martinistes, für Papus die Geburtsstunde des eigentlichen Ordre Martiniste.

Dr. Encausse in der Librairie du merveilleux, Treffpunkt der Pariser Okkultisten, Tempel des Ordre Kabbalistique de la Rose + Croix und des Ordre Martiniste. Aus Dr. Philippe Encausse: PAPUS, SA VIE – SON ŒUVRE [...], **Paris 1932**

Dr. Gérard Analect Vincent Encausse (1865–1916), zusammen mit Marc Haven, Philippe, Sédir und Rosabis. Aus Dr. Philippe Encausse: PAPUS, SA VIE – SON ŒUVRE [...], **Paris 1932**

Dr. Encausses „jüngerer Martinismus" versteht sich als Erbe der Lehren von Pasqually und St. Martins, blüht stark auf und zählt 1898 142 Logen in zahlreichen Staaten Europas (bis nach Russland hinein), Nordafrikas, Südamerikas sowie in den USA. Um das System wieder stärker an die Freimaurerei anzudocken, sucht Papus Verbindung zum System des Swedenborg-Ritus und zu Memphis-Misraïm. Mit Ausbruch des Ersten Weltkriegs wird er als hochrangiger Militärarzt eingezogen und verstirbt an TBC.

In den Jahren nach Papus Tod verselbständigen sich die martinistischen Logen zunehmend, obwohl es mehrere Ansätze gab, sich unter einem Dachverband wieder zu einen. Bis heute arbeiten verschiedene martinistische Systeme in Frankreich, Belgien, Deutschland und USA; darunter als größte der Ordre Martiniste-Martinezista, der Ordre Martiniste des Elus-Cohen (unter der Leitung von Philipp Encausse, dem Sohn Papus', und Robert Amberlain) und der erst 1931 von Augustin Chaboseau und anderen mit Harvey Spencer Lewis gegründete Ordre Martiniste Traditionel. Sie alle behaupten, eine direkte Nachfolge von Pasqually oder St. Martin angetreten zu haben. Auf jeden Fall lassen sich alle auf Papus zurückführen, und es vereint sie ein mystisch-christlicher Weg in Theorie und Praxis zur Reintegration mit dem Göttlichen.

Die rosenkreuzerische Idee zwischen christlicher Mystik, magischer Kunst und universitärem Studienbereich

1623 lösten zwei Plakatankündigungen in Paris, die Brüder vom Rosenkreuz seien nun aus Deutschland nach Frankreich gekommen, nicht nur Neugierde aus. So manchen stürzte die Nachricht in irrationale Ängste. Verlautbarten die Fratres doch in ihrer zweiten Bekanntmachung: „Wir, die Abgesandten vom Großen Kollegium der Brüder vom Rosenkreuz, tun allen kund, die unserer Gesellschaft und Kongregation beitreten wollen, dass wir sie in der vollständigen Kenntnis der Allerhöchsten, in dessen Namen wir uns heute versammeln, belehren, und wir werden sie gleich uns zu sichtbaren Unsichtbaren und unsichtbaren Sichtbaren machen, und sie werden in alle fremde Länder verbracht werden, in die ihr Wunsch sie hinträgt. Um aber zur Kenntnis dieser Wunder zu gelangen, lassen wir den Leser wissen, dass wir seine Gedanken kennen, und dass, falls er den Wunsch haben sollte, uns lediglich aus Neugierde kennen zu lernen, er nie mit uns in Verbindung treten wird ...“[1]

Adrien Baillet, der erste Biograph von Descartes (1681), beschrieb die Gerüchteküche jener Zeit als Hysterie: „Man nannte sie, die Rosenkreuzer in Paris, die Unsichtbaren, und es wurde behauptet, dass von den 36 Deputierten, die ihr Leiter über ganz Europa ausgesandt hatte, sechs im Februar nach Frankreich gekommen waren und im Marais in Paris wohnten; sie konnten aber nicht mit anderen Menschen Kontakt aufnehmen oder Verbindung annehmen, die von anderen ausging, außer durch Gedanken, die vom Willen getragen wurden, das heißt, auf eine Weise, die den Sinnen nicht wahrnehmbar war.“[2]

Pierre de la Ramée (1515–1572), Boissard, Jean-Jacques/Bry, Theodor de: BIBLIOTHECA CHALCOGRAPHICA, HOC EST VIRTUTE ET ERUDITIONE CLARORUM VIRORUM IMAGINES, **Heidelberg 1652–1669, Universitätsbibliothek Mannheim**

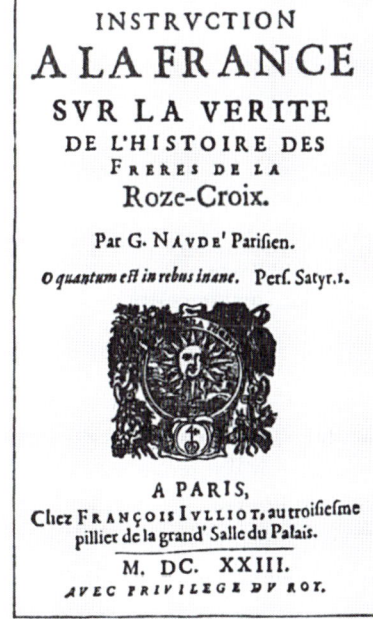

Ramée, lateinisiert Petrus Ramus, studiert in Paris Rhetorik und Philosophie. Begeistert hört er 1550 die Vorlesungen von John Dee über Euklid und sucht Kontakt zu ihm. 1568–70 reist er durch die reformierten Provinzen Deutschlands, tritt selber zum Calvinismus über, lebt und lehrt er vorübergehend in Heidelberg. Am erlauchten Collège de France, dessen zweiter Dekan er wird, doziert er über Mathematik, Logik und eigene Methodenlehre. In der Bartholomäusnacht fällt der Humanist, Wegbereiter der frühneuzeitlichen Enzyklopädie und Vorläufer rosenkreuzerischen Denkens dem Wüten der entfesselten Katholiken zum Opfer.

1623 legt der Historiker und Bibliothekar, Gabriel Naudé (1600–1653), in INSTRUCTION À LA FRANCE SUR LA VÉRITÉ DE L'HISTOIRE DES FRÈRES DE LA ROZE CROIX (Paris) eine verblüffende Kenntnis über die rosenkreuzerische Anhängerschaft an den Tag. Er gibt sich objektiv, hält die Fraternität für eine Fiktion, den Inhalt ihrer Schriften für eine Chimäre und warnt, auf solchen „Wahn“ hereinzufallen. In einer zweiten Schrift verteidigt er aber alle die, die er in der ersten als Anhänger bezeichnet hat. Weniger gut informiert behauptet 1692 Daniel Huet, Bischof von Avranche, Descartes habe das Rosenkreuzertum in Frankreich eingeführt und sei einer der Hüter des Ordens. Der Philosoph sei auch nicht gestorben, sondern werde fünfhundert Jahre weiterleben und in dieser Zeit die Bruderschaft von Lappland aus leiten.[3]

Descartes (1590–1650), Gemälde von Frans Hals um 1640, Louvre in Paris

Descartes, Schüler von Ramus, entstammt einer adeligen Familie und studiert in Poitiers Jura. Im Laboratorium seines Freundes Cornelius van Hogelande experimentiert er alchimistisch, verschlingt die Werke von Roger Bacon, Ramón Llull und Agrippa von Nettesheim. 1619 versucht er in Frankfurt am Main vergeblich mit einer echten Loge der Rosenkreuzer Kontakt zu finden. Um in ein anderes Mekka, nach Prag, zu kommen, verdingt er sich ausgerechnet im Heer des Herzogs von Bayern, das in der Schlacht am Weißen Berge den Winterkönig vertreibt. Wieder in Süddeutschland, überfallen Descartes am Martinsabend 1619 drei visionäre Träume, die seinen spezifischen Weg als Philosophen und Mathematiker bestimmen werden.

1620 befreundet Descartes sich in Ulm mit dem Mathematiker, Ingenieur, Alchimisten und Kabbalisten Johann Faulhaber. Als einer der ersten hat dieser nach dem Auftauchen der Manifeste den Brüdern des Rosenkreuzes 1615 ein Werk gewidmet. Solchen, die es zu wissen glauben, gilt Faulhaber selbst als geheimes Mitglied der Fratres. Descartes' Kontakte müssen sich herumgesprochen haben. Bei seiner Rückkehr nach Paris wird er vielfach verdächtigt, der Unsichtbaren Bruderschaft anzugehören. Heftig dementiert er und demonstriert allen öffentlich mit seiner Anwesenheit, dass er als Sichtbarer wohl kaum ein Rosenkreuzer sein könne.[4]

Johann Faulhaber (1580–1635), Boissard, Jean-Jacques/Bry, Theodor de: Bibliotheca chalcographica […], **Heidelberg, 1652–1669, Universitätsbibliothek Mannheim**

Prinzessin Elisabeth, intellektuell brillierende Tochter des Winterkönigs, spielt für Descartes die gleiche Musenrolle wie Sophie Charlotte, Enkelin des Winterkönigs, für Leibniz. Descartes widmet Elisabeth seine Principia philosophiae, Amsterdam 1644. Doch statt nach dem Westfälischen Frieden auf Einladung mit der Familie der Winterkönigin nach Heidelberg zu ziehen, folgt er 1649 dem Ruf der Königin Christina von Schweden an den Stockholmer Hof. Hier stirbt Descartes nach fünf Monaten an einer Lungenentzündung.

Descartes bei Königin Christina von Schweden, Gemälde von Pierre-Louis Dumesnil, Ausschnitt, Schloss Versailles

Das Bild der rosenkreuzerischen Gegner spiegelt der Jesuit François Garasse. Er schrieb 1623 in La DOCTRINE CURIEUSE DES BEAUX ESPRITS DE CE TEMPS, die Rosenkreuzer seien eine deutsche Geheimsekte und Michael Maier ihr Sekretär.

Aus der Türkei, also aus heidnischen Quellen, hätte der Autor der FAMA sein Wissen geschöpft. Rosenkreuzer, obwohl sie sich ein frommes Mäntelchen umhängen würden, hielt er für Trinker – weil in vielen deutschen Gasthäusern Rosen als Zeichen für Verschwiegenheit hingen – und bösartige Zauberer. Sie gefährdeten Religion und Staat und verdienten es allesamt, gerädert und gehängt zu werden.[5]

Daher arbeiteten die Anhänger der rosenkreuzerischen Idee sehr verdeckt, vorwiegend im Hochgradsystem der Freimaurer. Neben Paris lag der Schwerpunkt von offensichtlich nur lose oder gar nicht miteinander verbundenen lokalen Zirkeln im Süden Frankreichs, vor allem in den einstigen Hochburgen der Katharer oder Albigenser, Toulouse und Avignon.

So gründete um 1770 der ehemalige Benediktinermönch, Mystiker und Alchimist Dom Antoine Joseph Pernety (1716–1801) innerhalb der Maurerei von Avignon ein Hochgrad-Lehrgebäude aus hermetischen, gnostischen, alchimistischen und rosenkreuzerischen Elementen, vereint mit katholischem Marienkult: Le Illuminés d'Avignon. Er stand in enger persönlicher Beziehung zu Swedenborg, verehrte Pasqually, St. Martin und den Kabbalisten Knorr von Rosenroth. Pernety, Kirchenhistoriker, Mathematiker und Botaniker, nahm 1763/64 an einer Expedition nach Melanesien teil. Aus Furcht vor klerikaler Verfolgung wich er 1768–83 nach Berlin aus, wo er wohl Verbindung mit den Gold- und Rosenkreuzern hielt. Er arbeitete als Bibliothekar von König Friedrich II. und wurde als hochgeachteter Gelehrter Mitglied der Preußischen Akademie der Wissenschaften. Mit dem Tode Pernetys lösten sich seine Anhänger in Frankreich, Preußen und Polen organisatorisch auf.[6] Doch scheinen einzelne, sogenannte freie Adepten initiatorisch tätig geblieben zu sein.

Chateau la Tour Vaucros aus dem 11. Jahrhundert, nahe Avignon
© Chateau la Tour Vaucros

Marquis Verney de Vaucroze, Schüler von Dom Pernetty, hat auf Wunsch seines Meisters auf seinem Gut, dem heutigen Chateau la Tour Vaucros, eine Kapelle und ein alchimistisches Laboratorium errichtet. Hier, wo laut Sage die Templer ihren Schatz vergraben hätten, treffen sich die Illuminaten von Avignon zur praktischen, mystischen und philosophischen Arbeit.

Antoine Fabre d'Olivet (1768–1825)

Der Sohn eines hugenottischen Kaufmanns studiert Medizin, arbeitet zeitweilig im Kriegsministerium und macht sich als Dichter und Dramatiker einen Namen. Seine Frau Marie Varin dient ihm als visionär begabtes Medium bei seinen hypnotischen Experimenten und mesmerischen Séancen. Mithilfe ihrer zweckdienlich gesteuerten Visionen schafft er eine phantastische Lehre, basierend auf vermeintlichen ägyptischen Mysterien und der Pythagoreik. Letztere will er unbedingt wiederbeleben, besonders ihre Wissenschaft der heiligen Zahlen. Seine Vorstellungen einer traditionellen universellen Religion, Ethik und Philosophie fasst er in seinem Werk THEODOXIÉ UNIVERSELLE zusammen.

Joseph Alexandre Saint-Yves d'Alveydre (1842–1909)

Obwohl d'Alveydre anfangs Schifffahrtsmedizin studiert, widmet er sich unter dem Einfluss von Fabre d'Olivet mehr der Philosophie und Mystik sowie dem Okkultismus. 1877 heiratet er die reiche Komtesse Marie Keller, geborene von Riznitsch. Sie ermöglicht ihm das Leben eines Grand Signeurs, und 1880 ernennt ihn der Papst zum römischen Marquis. In seinem Hauptwerk L'Archéomètre, Berlin 1903, stellt d'Alveydre sein Konzept der Synarchie vor, einem antiken Triumvirat nachempfunden. Erziehung und Religion entsprechen dem menschlichen Kopf, die Legislative der Brust, die Exekutive dem Unterleib. Unter L'Archéomètre versteht er als „Urmaß des Lebensprinzips" einen Schlüssel zur Erkenntnis aller alten hermeneutischen Wissenschaften. Das synarchische Konzept als Ideal der Dreigliederung von Seele und Welt findet großes Echo unter den Martinisten.

De Guaita, aus altem lombardischen Adel stammend, sieht sich als geistiger Nachfolger von Eliphas Lévi und Saint-Yves d'Alveydre. In Toulouse scheint er von Firmin Boissin rosenkreuzerisch initiiert worden zu sein.[7] Zusammen mit Joseph Péladan gründet de Guaita 1884 einen hermetischen Zirkel auf Grundlage der Lehren von St. Martin. Dies gilt als Beginn des jüngeren Martinistenordens. Aus diesem Kreis, zu dem auch Augustin Chaboseau, Papus, Marc Haven und Yvon Le Loup (Sédir) gehören, entsteht 1888 in Paris der Ordre Kabbalistique de la Rose + Croix. Seine drei Grade sind aber allein Martinisten des höchsten Grades S∴I∴ vorbehalten. Der Orden versteht sich als Hochschule der hermetischen Wissenschaften, erteilt Diplome und akademische Titel.

Marquis Marie Victor Stanislas de Guaita (1861–1897)

Der satanische Bock, auch Ausdruck unserer falschen Vorstellungen von der Welt und dem Geheimnis der Schattenkräfte, gezeichnet von Eliphas Lévi

Als okkulter Schriftsteller beschäftigt sich Guaita ausgiebig mit dem Phänomen des Bösen. In seinen Essais de sciences maudites rechtfertigt er Schwarze Magie und erklärt den Sinn des Bösen mit dem Gesetz der Gegensätzlichkeit in der Welt. Zusammen mit seinem Sekretär Oswald Wirth entwirft er ein Tarot auf Basis seiner Lehre. Mit Guaitas Tod erlischt der Orden, was sein Nachfolger François-Charles Barlet nicht aufhalten kann.

Joseph Aimé Péladan (1858–1918) im exzentrischen Look eines assyrischen Priesters, Catalogue du Salon de la Rose + Croix, **Paris 1892**

Allein im elterlichen Hause schulisch ausgebildet, genießt Péladan als konservativer Journalist, erfolgreicher Literat und Dramaturg früh Kultstatus. Im Streit mit Papus, dem er vorwirft, Okkultismus mit Esoterik zu verwechseln, verlässt er 1890 den Ordre Kabbalistique und gründet 1892 den Ordre de la Rose Croix Catholique oder Ordre de la Rose Croix du Temple et du Graal. Dessen Lehre vereinigt Katholizismus und Rosenkreuzertum mit vermeintlicher Templertradition. Als Großmeister Sâr Mérodack Péladan fühlt er sich nicht nur als Imperator aller Rosenkreuzer.[8] Schon 1890 hat er im Namen der Rosenkreuzer übermütig verlangt, die Öffentlichkeit und der Kardinalerzbischof von Paris sollten sich ihm unterwerfen. Zugleich bemüht er sich um eine Anbindung an die Kirche und fordert Papst und Kurie auf, der esoterischen Tradition in der Kirche den ihr gebührenden Stellenwert zurückzugeben.

Plakat für den Salon de la Rose + Croix von Carlos Schwabe, 1892

Péladan hebt den Aspekt rosenkreuzerischer Arbeit hervor, in der Kunst eine der höchsten göttlichen Emanationen zu manifestieren: Schönheit. Spirituell ausgerichtete „Magie der Kunst" soll das Große Werk der Vervollkommnung des Menschen begünstigen und die zunehmende Dekadenz des Fin de siècle aufhalten. Seit 1892 organisiert er in Paris die originellen Salons de la Rose + Croix mit erfolgreichen Kunstausstellungen. Künstler wie Gustave Moreau, Felicien Rops und Georges Rouault stellen dort aus. Bei manchen Veranstaltungen bricht der Stadtverkehr ob des Massenandranges zusammen. Eric Satie (1866–1925) komponiert für Pèladans rosenkreuzerisches Orchester drei „Sonnières de la Rose Croix".

Péladan selbst, erklärter Wagneranhänger, verfasst esoterische Dramen wie zum Beispiel Le Mystère des Rose + Croix und vermag die Pariser Comédie Française zu bewegen, eine Reihe mystischer Theater aufzuführen. Nach der letzten und erfolgreichsten Ausstellung kündigt Péladan 1897 an, seinen Orden zu deaktivieren. 1908 zeichnet ihn die Académie française mit dem Prix Charles Blanc für sein Lebenswerk aus.

Péladan als Schauspieler, Catalogue du Salon de la Rose + Croix, **Paris 1892**

Der studierte Archäologe und Orientalist Dantinne versteht sich als Schüler und Nachfolger von Péladan. Gut 300 Werke zu Archäologie, Geschichte, Philosophie, Folklore, Kunstkritik, Literatur und Poesie entstammen seiner Feder. Nach dem Ersten Weltkrieg nimmt er 1919 die Arbeiten R + C und der Martinisten wieder auf. In Belgien gründet er 1923 den Ordre de la Rose-Croix universitaire, 1927 zusammen mit Jean Mallinger (1904–1982) den Ordre hermétite tétramégiste et mystique (O∴H∴T∴M∴), später in Pythagoreischer Orden umbenannt. Vor seinem Tod initiiert Dantinne als seinen Nachfolger für den Ordo Aureae et Rosae Crucis (O. A. R. C.) und den pythagoreischen Weg Martin Erler (* 1920), international angesehener Spezialist für Symbolik und Ritualistik sowie Ururgroßenkel von Christoph Martin Wieland.

Émile Dantinne, mystischer Name Sâr Hieronymus (1884–1969), Archiv A. M. O. R. C.

Zuflucht und Beginn eines New Atlantis

Während der Aufbruchsstimmung, die mit der für die protestantische Welt hoffnungsvollen Hochzeit von Friedrich V. von der Pfalz und Elisabeth von England einsetzte, hat die Universität Altdorf als Zentrum der Anhänger eines neuen Europas eine wichtige Rolle gespielt. Nach dem Debakel des Winterkönigs suchen die Anhänger einer Generalreformation nun Trost in der Verinnerlichung. Zu dem Kreis, der hier sich mit christlicher Mystik, Alchimie, Kabbala und der rosenkreuzerischen Idee beschäftigt, gehört auch Johannes Kelp.

Altdorf aus Matthäus Merian: Topographia Franconiae, **Frankfurt a. M. 1648–1656**

Für den Herbst 1694 berechnete der Theologe, Mathematiker, Astronom, christliche Kabbalist und Böhmist Johann Jacob Zimmermann (1642–1693) aus dem württembergischen Vaihingen den Untergang der alten Welt. An der Universität Altdorf bei Nürnberg gruppierten sich Anhänger seiner Lehren, darunter der Student Johannes Kelpius. Sie planten eine Flucht vor der drohenden Apokalypse.

Weitere deutsche Pietisten, die ebenfalls den Lehren von Jakob Böhme anhingen, schlossen sich ihnen an. Im „neuen Land" Amerika wollten sie einen Neuanfang starten, ganz unter dem Einfluss des Werkes New Atlantis von Francis Bacon. „Auf jungfräulicher Erde" sollte in dieser mutmaßlichen Endzeit das Himmlische Jerusalem vorbereitet werden. Mit im Gepäck trug Kelpius aber auch die Werke des Johann Arnd(t), den pietistische Kreise Württembergs mitunter als Inkarnation des Propheten Elias verehrten.[1]

Nach biblischer Prophezeiung erscheint Elias vor der Wiederkehr Christi, jüdische Lehren erwarten ihn selbst als Messias.

William Penn (1644–1718), Vater der Quäker, versprach Zimmermann und seinen Freunden 2.400 Aker Land in Pennsylvanien und als weiteres Geschenk 130 Pfund Sterling für die Überfahrt nach Nordamerika.[2] Von Rotterdam reisten die Auswanderer zunächst nach London. Hier nahmen sie mit englischen Böhmisten unter der Leitung des Theologen und Mediziners John Pordage (1607–1681) und Jane Leade (1623–1704) Verbindung auf und wurden von diesen Glaubensfreunden finanziell und materiell großzügig ausgestattet.

Mit dem Tode Zimmermanns schon bei den Vorbereitungen zur Überfahrt hatte Kelpius die Leitung der etwa vierzigköpfigen Gruppe übernommen. An Bord der „Sarah Maria" erreichten sie am 23. Juni 1694 die Stadt Philadelphia an der amerikanischen Ostküste, von Penn und seinen Glaubensbrüder erst 1681 als Zentrum für religiöse Toleranz aus dem Boden gestampft. Nahe dem heutigen Vorort Germantown, in der Bucht von Wissahickon, bauten die Emigranten auf einem Hügel eine Siedlungs- und Lebensgemeinschaft nach dem Vorbild der apostolischen Frühkirche auf.

Magister der Freien Künste Johannes Kelp, latinisiert Kelpius (1673–1708), geboren in Halwegen, Transsylvanien, auf einem Gemälde von Dr. Christopher Witt, Collection Historical Society of Pennsylvania

In Wissahickon suchen die Brüder und Schwestern Friede und Brüderlichkeit, leben zölibatär in spartanischen Eremitenzellen, gehen ihren Berufen nach und treffen sich zu gemeinsamen Ritualen und religiös-mystischer Arbeit. Kinder der Umgebung unterrichten sie kostenlos. Ein Chapter of Perfection unter der Führung von Kelpius leitet die spirituellen Belange der Gemeinde, betreibt das astronomische Observatorium und das alchimistische Versuchslabor.[3]

„Höhle des Kelpius" im Fairmount Park, Philadelphia

Woman-in-the-Wildernis (Frau in der Wildnis) taufen die Pietisten ihre Siedlung – die vor dem Großen Tier aus der Johannesapokalypse flüchtende Wahrheit. Inmitten der Siedlung flattert an einer hohen Stange ihr Symbol: die pythagoreische Rota, das Kreuz im Kreis.[4] Von den Bauten blieb nur ein würfelförmiger, in einen Hügel hineingebauter Raum erhalten, von Kelpius selbst geschaffen und exakt nach den vier Himmelsrichtungen ausgepeilt. Hierhin habe er sich zur mystischen Versenkung zurückgezogen.

Die deutschen Pietisten von Wissahickon scheinen sich auch mit Magie zu beschäftigen, fertigen Talismane und Pantakel. So gelten die sogenannten „hexmeisters" im östlichen Pennsylvanien als ihre geistigen Nachkommen.[5] Doch Kelpius ist auch Autor der frommen Studie A SHORT, EASY AND COMPREHENSIVE METHOD OF PRAYER (Eine kurze, leichte und verständliche Methode des Gebets), erste Druckfassung Philadelphia 1761. Man pflegt zudem Dichtungen mystisch inspirierter Hymnen, eine Tradition, die später im Kloster Ephrata fortgeführt wird.

Cover des Hymnenbuches von Kelpius in der englischen Übersetzung, Philadelphia 1765, Archiv A. M. O. R. C.

Julius Friedrich Sachse (1842–1919), Archiv A. M. O. R. C.

Er steht im Ruf, Nachkomme einer Familie aus der Kelpius-Gemeinde zu sein. Intensiv beschäftigt sich der Bibliothekar des Freimaurertempels von Philadelphia mit der Geschichte der europäischen Emigranten und publiziert seine Funde ihrer Schriften in: THE GERMAN PIETISTS OF PROVINCIAL PENNSYLVANIA 1694–1708 (1895), THE GERMAN SECTARIENS OF PENNSYLVANIA 1708–1742 (1899) und DAS KLOSTER IN EPHRATA. Die erste Schrift enthält auch die Übersetzung des bis dahin verschollen geglaubten Tagebuches von Magister Kelpius, den Sachse zum Vater der amerikanischen Rosenkreuzer kürt. Arthur Edward Waite wirft dem verdienten Historiker allerdings Romantizismus vor bzw. das Prädikat „rosenkreuzerisch" allzu leichtfertig zu verwenden.[6]

Johann Conrad Beissel (1691–1768) als Scherenschnitt, Stadtarchiv Eberbach/Neckar

Aus Eberbach am Neckar in der Pfalz stammend, schließt er sich in Heidelberg den Pietisten an und wandert 1720 nach Amerika aus. Hier arbeitet er zunächst als reisender Bäcker und schließt sich dann den Wiedertäufern der Tunker an. Als er zu Pfingsten 1727 auf einem ersten Treffen aller Brüderkirchen das Liebesmahl feiert, geschehen seltsame Dinge: „Bei demselben haben sich ganz ungemeine Kräfte aus der Ewigkeit herausgelassen, dergleichen man weder zuvor noch hernach wahrgenommen ... Denn da ließen sich die Kräfte der neuen Welt abermals stromweise heraus, der Gesang war pfingstmäßig und himmlisch."[7] Von nun an scharen sich Anhänger um den „Erwecker" Beissel, der die Wiedertäufer des Siebenten Tages oder Neutunker gründet.

Ephratas größte Wirkung geht vermutlich durch den Buchdruck seiner Brüder aus, berühmt wegen der aufwendigen und kunstvollen Kalligraphie. Sie publizieren vor allem die Werke von Kelpius und Beissel, aber auch mystische Schriften anderer Brüder, in der Regel von Peter Müller ins Englische übersetzt und redigiert. 1768 ernennt die angesehene American Philosophical Society Johann Peter Müller zu ihrem Mitglied. Doch schon unter seinen Nachfolgern setzt der Niedergang des Konvents ein.

Johann Peter Müller (1709–1796) als Peregrinus, als Wanderer auf der Suche nach dem Höheren Selbst, im groben Pilgergewand, Wandgemälde aus Kloster Ephrata

Etwa zwölf Jahre blühte die Gemeinschaft. Da sich aber weder der Weltuntergang einstellen wollte, noch der Anbruch einer neuen Zeit sichtbar wurde, löste sie sich langsam in wachsender Unzufriedenheit auf. Einige gaben das mönchische Leben auf, um zu heiraten. Als Kelpius während des Unterrichts im Garten an einem Tuberkuloseanfall verstarb, übernahm Johann Gottfried Seelig aus dem westfälischen Lemgo die Leitung der Gemeinschaft, konnte aber keine spirituelle Führung ausfüllen, was auch für dessen Nachfolger Conrad Matthei gilt. Die Siedlung zerfiel. Spätestens seit Georg Lippards Roman The Monks of the Wissahikkon umwebt den „Kelpius-Orden" eine geheimnisvolle Aura des *Wunder*baren.

Um 1720 ließen sich in Ephrata, fünfzig Meilen weiter westlich, weitere deutsche Pietisten nieder, Mitglieder der Kirche der Brüder, die zu den protestantischen Baptisten gehören. Aus diesem Kreis heraus gründete der charismatische Mystiker Conrad Beissel mit Gleich-

gesinnten 1732–35 das Kloster Ephrata. Angeregt durch die Lebensgemeinschaft von Wissahickon sollte es Heimat eines Ordens der Einsamen Brüder und Schwestern werden und der stillen Sucher nach dem Inneren Selbst dienen. Sie lebten in zölibatärer Gemeinschaft. Gottesdienste und Meditationen bestimmten ihr Leben neben der Arbeit für die Gemeinschaft, aber auch mystische Praktiken und alchimistische Versuche. Nach Beissels Tod 1768 übernahm der aus dem pfälzischen Wolfstein-Zweikirchen stammende reformierte Theologe Peter Müller die Leitung des Ordens, der in seiner Blütezeit gut 300 Mitglieder zählte. Ihnen hatten sich auch die meisten noch Verbliebenen der Kelpius-Gemeinde angeschlossen.

Wie schon Julius Friedrich Sachse verehren auch die heutigen rosenkreuzerischen Orden in den USA die deutschen Pietisten unter Kelpius und Conrad Beissel als ihre Urväter. Wenn es in der Anfangszeit beider Gemeinschaften tatsächlich eine mehr oder minder ausgeprägte Affinität zur rosenkreuzerischen Idee gegeben haben mochte, so verflüchtigte sie sich rasch nach dem Tod der Protagonisten.

Erstes Versammlungs-haus von Kloster Ephrata mit Sälen für die Agape (Liebesmahl) und Zellen für Einsame Brüder. Die obere Etage dient als Wohnung für die Jungfrauen.

Thomas Mann beschreibt das Kloster mit seinen unschein-bar grauen Blockhütten in seinem Roman DOCTOR FAUSTUS **(1947). Heute ist es als Museum zugänglich.**

Organisiert in einer Bruderschaft und Schwesternschaft, später auch in einer Gemeinschaft für Ehepaa-re, bemüht man sich um Demut, Keuschheit, Mäßigkeit, Tapferkeit und Nächstenliebe. Sie schlafen in den Kleidern auf harten Holzbän-ken. Als Kopfkissen dient ein Klotz oder ein Bündel Stroh. Der Geist soll den Körper beherrschen und alle fleischlichen Gelüste abtöten. Wie in der christlichen Urgemeinde lehnen sie persönliches Eigentum ab.

Auf dem romantischen Friedhof bleibt das Grab des Conrad Beissel bis heute Ziel vieler Wallfahrer, Stadtarchiv Eberbach/Neckar

Auf seinem Grabstein steht: „Hier ruht ein Schössling der Gottesliebe, Friedsam, ein Einsamer Bruder, nach-mals aber geworden ein Anführer, Aufseher und Lehrer der Einsiedler und Christengemeinde in und um Ephra-ta, eine Ausgeburt der Liebe Gottes."

Nach alter Tradition hü-ten Colomben das schöp-ferische Feuer. Unsichtbar glüht es im Zentrum je-der Seele. Lange kann es scheinbar untätig schwe-len. Plötzlich aber flackert es wieder auf ...

Colomben-artige Kleidung der Einsamen Schwestern, Wandgemälde aus Kloster Ephrata

Die Begegnung mit dem „heiligen Sexus"

George Lippard (1822–1854), Daguerreotype um 1850, Archiv F. R. C.

Vielleicht blühen in den USA seit dem 17. Jahrhundert rosenkreuzerische Ideen im Geheimen weiter, und George Lippard greift sie nur wieder auf. Im ländlichen Pennsylvania aufgewachsen, macht er sich als Journalist und sozialreformerischer Bestsellerautor einen Namen. Er glaubt, die Rosenkreuzer hätten von alters her als geheime Bruderschaft unter den verschiedensten Namen gewirkt, Pythagoreer, Essener, Alchimisten, Paracelsisten usw., und die Gleichheit aller Menschen postuliert. So fordert er ein neues Weltparlament, das diese Forderungen endlich erfüllt und alle Rassenschranken und soziale Ungleichheiten überwindet. 1850 gründet er zur Durchsetzung dieser sozialen Ideen die Geheimgesellschaft Brotherhood of the Union.

Paschal Beverly Randolph (1825–1875), Archiv F. R. C.

Randolph, ein in New York geborener Mulatte mit mäßiger Schulbildung, arbeitet als Schiffsjunge, später als Friseur, zugleich als bekanntes spiritistisches Medium. 1861–62 bereist er Europa, soll dabei auch in die S. R. i. A. initiiert worden sein, besucht in Paris Eliphas Lévi und wohl auch Papus. Um 1861 gründet er die vermutlich älteste rosenkreuzerische Loge in den USA. Sie steht Männern wie Frauen offen. Aus ihrem Kern entsteht 1874 The Triplicate Order Rosicrucia, Pythianae, and Eulis. Zu deren Programm gehören streng regulierte sexualmagische Praktiken zur Stärkung und Erhaltung der Lebensenergie. Mithilfe von Drogen sucht man erweiterte Bewusstseinszustände.[1] Seine Arbeit wird durch den Temple of the Rosy Cross unter Dr. Edward Brown (1868–1922) aus Boston weitergeführt.

Emblem der Hermetic Brotherhood of Luxor

Ob Randolph aber das Werk MAGIA SEXUALIS, DIE SEXUALMAGISCHEN LEHREN DER BRUDERSCHAFT VON EULIS tatsächlich zugeschrieben werden kann, bleibt umstritten. Maria de Naglowska, eine russische Emigrantin und Anhängerin Randolphs, veröffentlicht es 1931 in französischer Sprache. Ebenso fraglich bleibt, ob er die Hermetic Brotherhood of Luxor ins Leben gerufen hat. Nicht einmal seine Mitgliedschaft kann bislang zweifelsfrei nachgewiesen werden. Dieser okkulte Initiatenorden tritt erst 1884 an die Öffentlichkeit und soll nach anderen Mutmaßungen in London um 1870 von Max Theon (Pseudonym des Polen Louis-Maximilian Bimstein, 1848–1927) gegründet worden sein. Randolphs Schriften und Lehren samt „leidenschaftlicher" Alchimie seines geheiligten Sexus bilden aber die inhaltliche Ausrichtung des Ordens.

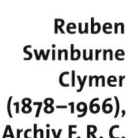

**Beverly Hall in Quakertown,
Pennsylvania, Archiv F. R. C.**

Nach Reuben Clymers Tod tritt sein Sohn Emerson die Nachfolge als Oberhaupt der F. R. C. an. Heute leitet Gerald E. Poesnecker das Organisationsgeflecht. Im eindrucksvollen Park von Beverly Hall befindet sich der Hauptsitz. Unter dem Dach der F. R. C. operieren stufenartig Illuminati, Rose Cross Order und als höchste The Priesthood of Æth mit ihren Zweigen Order of the Magi, Sons of Isis and Osiris und Fraternity of the Masters sowie zahlreiche „Subordinate" wie die Militia Crucifera Evangelica, die Knights of Chivalry (Order of the Holy Grail), die Priests and Princes of the Order of Melchizedek und andere.

**Reuben
Swinburne
Clymer
(1878–1966),
Archiv F. R. C.**

Clymer, geboren in Quakertown, Pennsylvania, studiert Medizin in Chicago. Er sieht sich als geistiger Nachfolger von Randolph. Um 1902 gründet er in Quakertown die Fraternitas Rosae Crucis (F. R. C.), vielleicht auch nur als Dachverband der zahleichen von ihm geschaffenen Organisationen und der von Randolph gegründeten Gemeinschaften. 1904 leitet Clymer die „Internationale Akademie der Naturwissenschaften und geheiligten Wissenschaften", die medizinische Kurse auf dem Korrespondenzweg anbietet.[2] Im Laufe seines Lebens erklärt er sich zum Leiter verschiedener „universeller" Räte und Bruderschaften.

Randolph bezeichnete sich selbst als wahrer Rosenkreuzer, erklärte aber, keinerlei Kontakte mit rosenkreuzerischen Adepten gehabt zu haben und weder von solchen belehrt noch initiiert worden zu sein. Er habe Wissen, Vorstellungen und seine Originalität vielmehr aus geistigen Visionen und persönlichen Erfahrungen gezogen, auch seine „rosenkreuzerischen Erfahrungen über Sex".[3] Clymer hielt Randolph für den einzig autorisierten Repräsentanten des alten Rosenkreuzertums in Amerika, übernahm aber nicht dessen sexualenergetische Lehren.

In phantasievollen Schriften vermittelte Clymer den Lesern, dass der geheime Orden der Fraternitas R. C. seit der Renaissance ununterbrochen gewirkt und ihre irdischen Arbeiten in verschiedenen Ländern aus der Transzendenz heraus geleitet habe. Dabei gliederte Cly-

mer ungeniert alle bedeutenden Personen europäischer Esoterik in diese Fraternitas ein, aber auch der amerikanischen Geschichte, so Abraham Lincoln, Benjamin Franklin und George Lippard. Eine initiatorische Sukzession in den USA ließ er mit Randolph beginnen, der auf einer Reise durch Deutschland und Frankreich eingeweiht worden und schließlich zum „Supreme Grand Master of the Supreme Mother Lodge" aufgestiegen wäre.[4] Für die wissenschaftliche Forschung bleibt Clymers zweckdienliche Legendenbildung nicht nachvollziehbar.

Ihren Studierenden verspricht die F. R. C. das Große Werk der Illumination, nämlich das Erkennen des eigenen Zentrums in der Seele, im inneren Feuer. In gewonnener Einheit mit dieser Göttlichkeit lässt sich jede Angst überwinden, selbst die vor dem Tod. Stattdessen öffnet sich ein höherer Kontakt zu den himmlischen Hierarchien – der oder die Studierende ist ein echter Frater/Soror R. C. geworden.

„Das Geheimnis der rosenkreuzerischen Idee ist das Lebendigmachen aller Dinge, mit denen wir zu tun haben."

Im Jahre 1909 hat Lewis in der New Yorker Methodistenkirche ein psychisches Erlebnis, das ihn auf die Suche nach der Tradition R. + C. schickt. Er reist nach Paris zu einem alten Antiquar, der ihm weiterhilft. Über ein offensichtlich streng geheimes System passiert er diverse Kontaktstellen, bis er in Toulouse endlich letzte Mitglieder eines rosenkreuzerischen Ordens findet, der als Vorläufer von Guaitas Ordre Kabbalistique de la Rose-Croix und Péladans Bruderschaft gelten könnte. Nach seinem eigenen und stark symbolhaften Bericht erfährt Lewis in einem alten Schloss auf einem Hügel nahe Toulouse seine mysterienreiche Initiation und erhält den Auftrag, die ältere Tradition R. + C. in den USA wieder aufleben zu lassen. Im Juni 1915 kann Lewis in New York die Konstituierung von A. M. O. R. C. bekannt geben.

Harvey Spencer Lewis (1883–1939), Archiv A. M. O. R. C.

In New Jersey geboren, arbeitet der Sohn einer Methodistenfamilie nach dem College in New York als Büroangestellter. Leidenschaftlich interessiert er sich für Physik, Elektrizität und Chemie, zeigt erstaunliche Talente in Malerei und Klavierspiel, liebt die Fotographie und vermag sogar selbst eine Kamera zu konstruieren. Als Präsident des 1904 gegründeten Institute for Psychic Research versucht er dem Phänomen des Mediumismus näher zu kommen. Großen Einfluss auf ihn nehmen die Lehren und Praktiken geistigen Heilens der New-Thought-Bewegung. Ihr wichtigster Repräsentant, William Walker Atkinson (1862–1932), gilt als mutmaßlicher Autor des weit verbreiteten anonymen Werkes KYBALION. EINE STUDIE ÜBER DIE HERMETISCHE PHILOSOPHIE DES ALTEN ÄGYPTEN UND GRIECHENLAND.

Erster Tempel von A. M. O. R. C. in New Yorks 7ᵗʰ Avenue, Archiv A. M. O. R. C.

Anlage in San José, Archiv A. M. O. R. C.

Seit 1927 residiert A. M. O. R. C. in San José, Kalifornien. Zu der reizvollen ägyptisierten Anlage im Rosicrucian Park gehören eine bedeutende Sammlung ägyptischer Altertümer, ein Rosenkreuzer-Museum und eine Bibliothek. Lewis sieht seinen Orden nicht direkt in der Tradition des deutschen Rosenkreuzertums im 17. Jahrhundert. Zeit- und raumübergreifend sucht er den Ursprung in Ägypten. In den Privatgemächern von Pharao Thutmosis III. (reg. um 1479–1425 v. Chr.) hätte das erste Rosenkreuzerkonzil stattgefunden, an einem Donnerstag im Jahre 1489, mit ausgewählten Familienmitgliedern und Vertretern der Priesterschaft. Pharao Echnaton (reg. um 1350–1334 v. Chr.) habe dann die Türen der Mysterienschule international geöffnet.[1]

Harvey Spencer Lewis deponiert eine Schriftrolle mit den Grundsätzen des Ordens für die Nachwelt in den Klauen der Sphinx, San José, Juli 1934 (Archiv A. M. O. R. C.)

Moderner Tempel des Ordens, Archiv A. M. O. R. C.

In San José tagt bis heute eine Akademie, Internationaler Rat für Rosenkreuzer-Forschung (IRCU), die neben esoterischen Traditionen in den Bereichen Astronomie, Ökologie, Ägyptologie, Informatik, Medizin, Musik, Psychologie und Physik forscht, ein Laboratorium und ein Planetarium unterhält. Lewis, ein schöpferisches Organisationstalent, das noch in New York eine der ersten privaten Rundfunkstationen mit Programmen zu Kultur und Philosophie ins Leben gerufen hat[2], verleiht der rosenkreuzerischen Idee eine vorher nie gekannte Dimension. Sein Werk reflektiert von den USA aus bald selbst wieder in die Alte Welt. Mit seinem Tod übernimmt sein Sohn Ralph Max Lewis (1904–1987) das Amt des Imperators.

Nach dem Zweiten Weltkrieg breitet sich der Orden sprunghaft aus, arbeitet heute in fast neunzig Staaten auf allen Kontinenten und dürfte die größte Organisation sein, die sich rosenkreuzerisch nennt. Von den Gold- und Rosenkreuzern wird das neunstufige Gradmodell übernommen. Darüber erklettert der Studierende weitere Hochgrade, bis er in den obersten Lehrbereich gelangt. Sogenannte Collegia halten die „geheime Von-Mund-zu-Ohr-Tradition" aufrecht. Zum Ordenssystem gehört ein Unterstützungsdienst für Mitglieder und Nichtmitglieder, das Konzil der geistigen Hilfe (KGH). Auch A. M. O. R. C. erklärt, unter der Führung Unsichtbarer Meister zu stehen, und versteht sich als „sichtbarer Teil" der unsichtbaren Großen Weißen Loge, „der größten und ältesten Fraternität der Welt".[3]

Banner des A. M. O. R. C., von „Brother" und Legat Nicolas Roerich (1874–1947) eigens für den Orden kreiert

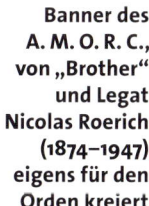 

Wie bereits bei S. R. i. A. praktiziert, erhält der oder die Studierende Lehrbriefe per Post, besucht auf freiwilliger Basis eine Städtegruppe und erhält die Initiationen dezentral. Das System von A. M. O. R. C. basiert auf den drei Säulen Wissenschaft, Kunst und Mystik oder Lehre, Ritualistik und Meditation. Es gibt keinerlei Dogma. Immer wieder aktualisiert, bleiben die Lehren weitgehend offen und gelten in Teilen nur als Grundlage für Reflexion und Meditation. Jeder Suchende soll sich vorurteilsfrei eine eigene Meinung bilden, A. M. O. R. C. will ihm nur das Werkzeug dazu liefern. Dabei verspricht der Orden, einen Weg der Erkenntnis zu tradieren, der über spirituelle Entfaltung zur Meisterung des inneren und äußeren Lebens führt. Voraussetzung dafür sei ein Leben in Übereinstimmung mit den kosmischen Gesetzen und der wachsende Kontakt mit dem „Gott unseres Herzens", vergleichbar dem Höheren Selbst.

Seit 1990 suchen in den USA eine Reihe kleiner Abspaltungen von A.M.O.R.C. einen eigenständigen Weg.

Qualen und Wirren
auf dem Weg der Seele zu Reifung und
Vervollkommnung

Robert Wentworth Little (1840–1878), Metropolitan College, **18. Januar 1910**

William Wynn Westcott (1848–1925) als Großmeister des Golden Dawn, Metropolitan College, **9. Januar 1908**

Zwischen 1860 und 1865 begründen in London mehrere rosenkreuzerisch-theosophisch orientierte Freimaurer unter der Federführung von Robert Wentworth Little die noch bestehende Societas Rosicruciana in *Anglia* (S. R. i. A.). Little behauptet, von einer schottischen Rosenkreuzergruppe initiiert worden zu sein und Originaldokumente der Rosenkreuzer gefunden zu haben.[1] Bis zu seinem Tod bleibt er der „Most Worthy Supremus Magus". Zunächst eine reine Studiengruppe mit Hinwendung zu spiritistischen Seancen, entwickelt sich nach und nach ein rituelles System. Inhaltlich bearbeitet man anfangs vor allem die Lehren von John Dee, Robert Fludd und die magischen Rituale von Elias Ashmole.

Die ersten Mitglieder der Societas Rosicruciana in Anglia, photographiert auf einem Ausflug um 1890. Im Vordergrund sitzend Dr. Wynn Wescott, Archiv S. R. i. A.

Little hat vermutlich in der Bibliothek der Londoner Freemason's Hall Unterlagen der Gold- und Rosenkreuzer gefunden. Er übernimmt deren neun Grade, behält aber die Aufnahme in seine Sozietät nur Meistern der christlichen Freimaurerei vor und legt Wert auf deren unbescholtenen Charakter.

Westcott, Doktor der Medizin und amtlicher Leichenbeschauer, führt das Doppelleben eines nüchternen Gerichtsmediziners und schwärmerischen Hochgradmaurers. Zeitweise sucht er klösterliche Zurückgezogenheit, um sich ganz der Hermetik, Kabbala und dem Rosenkreuzertum hinzugeben. Er glaubt an die Existenz hoher unsichtbarer Meister, denen er inbrünstig dienen möchte. 1880 tritt er der Theosophischen Gesellschaft bei, um die gleiche Zeit auch der S. R. i. A. Schon 1882 steigt er zu deren Generalsekretär auf, 1892–1925 zum „Supremus Magus". Noch in dieser Zeit gründet er 1888 den Hermetic Order of the Golden Dawn, um eine rosenkreuzerische Gemeinschaft zu schaffen, die sich weitgehend von der Freimaurerei löst. Ab 1918 verbringt er seinen Lebensabend in Südafrika, wo er sich wieder rein freimaurerischen Tätigkeiten widmet.[2]

Gruppenbild in Manchester, Archiv S. R. i. A.

Sylvester Clark Gould (1840–1909) gründet 1907 S. R. i. A. als von der englischen Mutterorganisation und von ihrem Ableger in den USA losgelöste und eigenständige Societas Rosicruciana in America, um ebenfalls einen Initiatenorden zu schaffen, der auch Nichtfreimaurern offen steht. Frauen finden aber weiterhin keinen Zugang, was sich erst 1916 ändert.

Ableger der S. R. i. A. entstanden in Schottland, USA, Kanada, Frankreich und Australien. Ihre Metropolitan Colleges verzeichneten unter ihren Mitgliedern so prominente Persönlichkeiten wie MacGregor Mathers, Francis George Irvin, Hargrave Jennings, Arthur Edvard Waite, John Yarker, Dr. Franz Hartmann, Theodor Reuss, William Carpenter, das bekannteste spiritistische Medium Reverend Stainton Moses und Frederick Hockley, der in der Tradition von John Dee Kristallsehen praktizierte. Auf dem Lehrplan stehen bis heute kabbalistischer Lebensbaum, hebräisches Alphabet, Astrologie, Theosophie, Alchemie und rosenkreuzerische Magie, die „geheimwissenschaftliche Forschung" des unbekannten Teils der Natur. 1902 versuchten Theodor Reuss, von Westcott legitimiert, und Leopold Engel den Orden auch in Deutschland zu installieren. 1906 erklärte die Zentrale in England den deutschen Zweig aber schon für erloschen, vermutlich, weil Reuss das Berliner Kollegium bereits zu einem Zentrum seines neuen Ordens O. T. O. umfunktioniert hatte.

Im Rahmen seine Bemühungen um Autorisierungen durch eine authentische Tradition erwähnte William Wynn Westcott in History of the Societas Rosicruciana in Anglia zwischen 1830 und 1850 englische Rosenkreuzer-Gesellschaft unter Dr. Falk oder Falcon. Sie kann bislang nicht nachgewiesen werden. So bleibt S. R. i. A. die erste sich offen als rosenkreuzerisch bezeichnende Gesellschaft in England.

Dr. George Winslow Plummer (1876–1944), Archiv S. R. i. A.

Nach Goulds Tod im Jahre 1909 übernimmt Dr. George Winslow Plummer die Leitung. 1934 erhält er die Weihe zum Bischof der Orthodoxen Kirche in Amerika. Plummer schafft ein System von Fernkursbelehrungen zu esoterisch-rosenkreuzerischen Themen, die via Post an die Mitglieder versendet werden. Mit Absolvierung des Grundkurses kann sich jedes Mitglied einer Ortsloge (College) anschließen. Initiationen finden nur in einem Tempel dieser Colleges statt. Diese sich als äußerst erfolgreich erweisende Form moderner Schulung übernehmen viele andere Orden. Nach Plummers Tode 1944 – er amtiert als „Imperator" – überträgt die Societas Rosicruciana in America seiner Witwe Gladis die Leitung, nach deren Tod 1989 ihrer Schwester Lucia Grosch.

INRI-Logo von S. R. i. A.

Edward George Bulwer-Lytton, 1st Baron Lytton (1803–1873), Ehrenmitglied der S. R. i. A., aus Portrait gallery of eminent man and women of Europe and America ... With Biographies. **By Evert A. Duyckinck, New York, 1873**

Illustration von Mhoti Rhom aus Zanoni: Roman eines Rosenkreuzers, **Leipzig 1925**

Geboren als Edward Bulwer, studiert er in Cambridge und gelangt schon als junger Mann zu schriftstellerischem Ruhm, der ihm 1866 den Aufstieg in den Adel einbringt. Er wird Abgeordneter im Unterhaus, von 1858–1859 britischer Kolonialminister. Am 18. Januar 1873 verstirbt Lord Bulwer-Lytton in Torquai (England).

Bulwer-Lyttons Zanoni – zuerst 1842 veröffentlicht – zählt zu den klassischen Rosenkreuzerromanen. Der Titelheld und sein spiritueller Lehrer Mejnour stellen sich als letzte übrig gebliebene Mitglieder des uralten Ordens der Rosenkreuzer vor, die mittels eines wundersamen Elixiers ihr Leben um Jahrhunderte verlängern konnten. Im Gegensatz zu seinem in weltabgewandten Kategorien denkenden Lehrer benützt Zanoni seine Macht und seinen Reichtum dazu, der Menschheit Gutes zu tun, bis er selbst ins Straucheln gerät. Aus Liebe zu einer schönen Sängerin verfällt er wieder Zwängen des irdischen Daseins und muss auf seinen Rang in der kosmischen Hierarchie und auf den Kontakt zu der göttlichen Emanation Adon-Ai verzichten. Mejnour und Zanoni spiegeln auch die unterschiedlichen Intentionen von Weltengeist und Weltenseele.

Eliphas Lévi, Pseudonym des Alphonse Louis Constant (1810–1875), Jugendbildnis 1836

Der Schuhmachersohn und ehemalige Diakon der Priesternachwuchsschule von Saint-Sulpice in Paris führt zunächst als politisch linksorientierter Bohemien, sozialistischer Schriftsteller und Komponist revolutionärer Lieder ein unstetes Leben, das ihn sogar zweimal ins Gefängnis bringt. In der Gefängnisbibliothek studiert er Swedenborg. Er versucht sich als Kirchenmaler, Buchillustrator und Erzieher. Das Scheitern seiner Ehe mit der jungen Marie-Noémi Cadiot, die später unter dem Pseudonym Claude Vignon als Literatin und Bildhauerin Karriere macht, führt den Weltverbesserer zur Esoterik.

Marie-Noémi Cadiot als Madame Constant

Das magische Schwert aus Eliphas Lévi: The magical ritual of the sanctum regnum: interpreted by the tarot trumps**, übersetzt und herausgegeben von William Wynn Westcott, London 1896**

1861 wird Lévi als Freimaurer in die Pariser Loge La Rose du Perfait Silence aufgenommen. Ob er Hochgradsystemen oder anderen Geheimgesellschaften angehört, bleibt umstritten, ebenso seine Mitgliedschaft bei der S. R. i. A. Er beeinflusst die S. R. i. A. aber, ebenso den Golden Dawn sowie die Theosophische Gesellschaft und gilt als geistiger Wegbereiter des Martinismus. Äußerst produktiv als Schriftsteller, verfasst er über 200 Werke, darunter 1856 Dogma und Ritual der Hohen Magie, 1860 Die Geschichte der Magie. Arthur Edward Waite, der Lewis Hauptwerke übersetzt, honoriert dessen unvergleichlich brillante Gedankengänge, rügt allerdings im Vorwort zu Geschichte der Magie Lévis zahllose historische Ungenauigkeiten und platte Verallgemeinerungen. Mircea Eliade hält Lévis Bücher nur „für eine Sammlung von anmaßendem Ramsch“.[3]

Lévi habe als Erster die Großen Arkana (Trümpfe) des Tarots mit der Kabbala in Verbindung gebracht. Zu Schlüssel 7, dem „Wagen des Hermes“, gehört die Herstellung und Weihung eines Schwerts. Es dient der Kontrolle von guten oder bösen Mächten bei magischen Operationen. Gershom Scholem, der wohl anerkannteste Kabbala-Spezialist, hält nicht viel von dem phantasiebegabten Lévi und stuft dessen Arbeiten als „imaginationsreiche Scharlatanerien“ ein.[4] Ganz anders sieht es Paul Foster Case, der Lévi zu einem der höchsten Adepten und Eingeweihten erhebt. Gustav Meyrink erklärt 1921, Lévi sei einer „der ganz wenigen, dessen Einweihung von oben kam“.[5]

Seit Beginn bemühte sich die S. R. i. A. um Ehrenmitglieder. Dazu gehörte seit 1872 Kenneth Robert Henderson Mackenzie (1833–1886), Mitbegründer und prägender Wegbereiter des Ordens. 1861 besuchte er Eliphas Lévi und, vielleicht von diesem beeinflusst, beschäftigte sich als einer der Ersten in England mit der Auslegung des Tarot. Mackenzie selbst gab an, von rosenkreuzerischen „Eingeweihten“ aus Deutschland in die „wahren“ Lehren der Brüder R. C. eingeführt worden zu sein.[6]

Bulwer-Lytton hatte Eliphas Lévi zweimal in London getroffen, und sie hielten miteinander Kontakt. Aufgrund seiner offensichtlichen Kenntnisse verschiedener Geheimlehren, die Bulwer-Lytton zumindest in seinen Romanen andeutet – vor allem in Vril oder eine Menschheit der Zukunft und Zanoni –, wollten sich verschiedene Organisationen mit seinem Namen schmücken. Historisch bleibt aber weder eine Mitgliedschaft bei den Freimaurern noch bei einer rosenkreuzerischen Gesellschaft nachweisbar.[7] Westcott erwähnte allerdings 1916 in Data of the History of

the Rosicrucians, Bulwer-Lytton sei mit der ältesten Rosenkreuzerloge zu Frankfurt am Main, der Karlsloge des aufgehenden Lichtes, in Kontakt getreten. 1814 von einem Daniel von Meyer gegründet, schloss sie bereits 1850 ihre Pforten.[8] Edward Bulwer-Lytton könnte in ihr initiiert und zu seinem Rosenkreuzerroman Zanoni inspiriert worden sein. Mit der angetragenen Ehrenmitgliedschaft der S. R. i. A. scheint Bulwer-Lytton einverstanden gewesen zu sein. Jedenfalls widersprach er nicht, oder er hielt es nicht für notwendig, darauf zu antworten. In einem Brief an Hargrave Jennings erklärte er sich überzeugt, dass die wahre Bruderschaft der Rosenkreuzer noch immer existiere: „… allerdings unter einem anderen Namen und so verborgen, dass niemand sie erkennen könne, der nicht selbst dazu gehöre“.[9]

„Theosophie ist das innerliche geistige Leben, das höhere Selbstbewusstsein in uns."

Helena Petrowna Blavatsky (1831–1891) um 1875 aus Hans Freimark: Helena Petrowna Blavatsky. Eine Studie, **Leipzig 1909**

Aus der Ukraine gebürtig, entflieht sie mit 17 Jahren ihrer Heimat, kurz nach der Hochzeit mit einem sechzigjährigen russischen General, und beginnt ein unstetes und abenteuerliches Reiseleben. Ab 1874 hält sie sich in den USA auf und macht als Medium mit außergewöhnlichen paranormalen Fähigkeiten in der spiritistischen Szene von sich reden. In New York begegnet sie dem damals als Reporter arbeitenden Henry Steel Olcott, der diese Begabung erkennt, sich zu ihrem Manager macht und den Miracle Club gründet, der der Erforschung „paranormaler Phänomene" dienen sollte, aber nur kurzzeitig existierte.

Henry Steel Olcott (1832–1907) aus Hans Freimark: Helena Petrowna Blavatsky. Eine Studie, **Leipzig 1909**

Im „magischen Jahr" 1875 heben Olcott und Blavatsky am 17. November zusammen mit William Quan Judge in New York die Theosophische Gesellschaft (TG) aus der Taufe. Bei der Namenswahl steht auch Rosenkreuzerische Gesellschaft zur Debatte. Diese universale Bruderschaft soll sich dem Studium okkultistischer Phänomene und der Entwicklung „latenter göttlicher Kräfte im Menschen" widmen. 1879 siedeln sie nach Indien über, konvertieren zum Buddhismus und errichten mit ihren zahlreichen Anhängern das Hauptquartier der Gesellschaft in Adyar.

El Morya und Kut Humi, von Hermann Schmiechen, einem Berliner Künstler, nach einem Gespräch mit Frau Blavatsky aus innerer Eingebung gemalt (um 1894)

Spätestens seit der intensiven Beschäftigung mit Buddhismus und Hinduismus behauptet die stark sensitive Helena Blavatsky, mündliche und briefliche Belehrung aus der oberen esoterischen Hierarchie im Geistigen zu erhalten. Durch solchen Kontakt mit angeblich transzendenten Meistern aus Tibet entsteht auch ihr einflussreiches Hauptwerk Die Geheimlehre (1888). Zu den bedeutendsten Mahatmas oder Meistern, die sich bald darauf auch anderen mitteilsam aufdrängen, gehören Kut Humi und El Morya. Doch werden die „Meisterbriefe" schon bald als Fälschungen Blavatskys entlarvt. Der Skandal führte zur Spaltung der TG.

Geboren in Donauwörth (Bayern), studiert Hartmann in München Medizin und Pharmakologie. Als Schiffsarzt reist er in die USA. 1881 tritt er der Freimaurerloge Georgetown bei, 1883 der Theosphischen Gesellschaft (TG). Noch im gleichen Jahr übersiedelt er nach Adyar und konvertiert zum Buddhismus. Nach den Skandalen um die „Meisterbriefe" verlässt er 1895 mit Helena Blavatsky Adyar. Auf dem Nationalkonvent der TG Europa 1896 in Berlin wird Hartmann zum Präsidenten gewählt. 1897 gründet er die Internationale Theosophische Verbrüderung als unabhängige Gesellschaft, die noch heute in Leipzig besteht. Im schweizerischen Askona versucht er, mit Frau Blavatsky und Alfredo Pioda ein theosophisch-rosenkreuzerisches Laienkloster FRATERNITAS aufzubauen. 1896 existiert dafür sogar eine Aktiengesellschaft. Aus dem nicht realisierten Projekt entwickelt sich später die Künstlerkolonie Monte Verita, auf dem „Berg der Wahrheit".[1]

Franz Hartmann (1838–1912), Foto um 1900

Annie Besant (1847–1933) aus Hans Freimark: HELENA PETROWNA BLAVATSKY. EINE STUDIE, **Leipzig 1909**

In London geboren, studiert sie dort Biologie und erhält als erste Frau in diesem Fachbereich den Bachelor of Science. Im roten Rock engagiert sich die streitbare Kämpferin in der linksradikalen, anarchistischen, gewerkschaftlichen und frauenemanzipatorischen Bewegung. 1889 liest sie Blavatskys Geheimlehre, wird begeistert Mitglied der Theosophischen Gesellschaft und verlässt die politische Bühne. Stattdessen gründet sie die erste Londoner gemischtgeschlechtliche Freimaurerloge Le Droit Humain. 1893 übersiedelt sie nach Indien und übernimmt nach dem Tode Olcotts auf Lebenszeit das Präsidentenamt in Adyar. Auch sie verfügt über hellseherische Fähigkeiten, erklärt, in Kontakt mit Meistern zu stehen und veröffentlicht 1912 THE MASTERS. Im selben Jahr gründen sie und andere den Order of the Temple of the Rosy Cross, der kurz nach dem Ersten Weltkrieg aufgelöst wird.

Im freimaurerischen System der Strikten Observanz munkelte man von „Unbekannten Oberen", die fern der geschäftigen Welt und doch mitten unter uns lebten. Im Orden der Gold- und Rosenkreuzer erklärten sich die wenigen „Magier" des neunten Grades selbst zu Oberen Unbekannten. Aus diesem Orden kam auch die Nachricht, die unsichtbare Bruderschaft der Rosenkreuzer sei „vor etlichen Jahren" nach Indien gegangen. Zogen die Mitglieder der Theosophischen Gesellschaft auch deswegen so leichten Herzens nach Adyar?

Helena Blavatsky und mit ihr bald das gesamte Führungsgremium der TG fanden und suchten Kontakt zu „nichtinkarnierten" Adepten. Aus einem unsichtbaren Kollegium solcher Mahatmas, „aufgestiegener Meister" und ehemaligen Religionsgründern, vergleichbar einer obersten Weltregierung und universellen Schaltzentrale, kämen nach Meinung der TG die Impulse für neue schöpferische Ideen.

Eines hätte ihnen bei sorgfältiger Überprüfung auffallen müssen: die Botschaften und Weisheiten dieser Mahatmas ließen oft jene absolute Wahrheit vermissen, die eben jenseits aller Gegensätzlichkeiten in der Einheit des Überbewussten liegt. Gustav Meyrink zitierte Helena Blavatsky, leider aber ohne eine Quelle zu nennen: „Es ist furchtbar, dass mir zuweilen ein Mahatma erscheint, den ich für einen wahren Meister halte, während ich später zu meinem Entsetzen erkennen muss, dass es ein Dämon war, der sich unter seiner Maske verbarg."[2]

„Das Geistige im Menschenwesen muss zum Geistigen im Weltall führen."

Krishnamurti bei der rituellen Auflösung des Order of the Star, 1919

Parallel zur TG hat Annie Besant den Ordre of the Star of the East gegründet. Dessen Aufgabe bestand vor allem darin, einen südindischen Knaben namens Juddu Nariahna (1895–1986) unter dem Namen Krishnamurti als Reinkarnation Christi und Buddhas zum künftigen Weltheiland und Weltenprediger aufzubauen. Ihr Mitarbeiter Charles Webster Leadbeater (1847–1934) konstruiert Juddus Reinkarnationen bis zum Jahre 21000 v. Chr. zurück.[1] Dieser Plan spaltet die Adyar-Theosophie erneut. Rudolf Steiner führt ihre deutsche Sektion fast geschlossen in seine 1913 geschaffene Anthroposophische Gesellschaft über. Juddu Krishnamurti trennt sich später von der Theosophie und löst den Sternorden auf. Bald lehrt er seine eigene Philosophie über „die Wahrheit an sich" und über die Einheit mit dem Göttlichen.

In Kraljević (Kroatien) geboren, studiert der Sohn eines Bahnbeamten in Wien Medizin, Biologie, Physik, Chemie und Philosophie. Bereits früh gewinnt der Hochsensible Erfahrungen aus geistiger Schau. 1902 tritt er der TG bei. Noch im selben Jahr ernennt Annie Besant ihn zum Generalsekretär der deutschen Sektion. Für Steiner bedeutet Theosophie vor allem eine Methode zur Erlangung übersinnlicher Erkenntnisse. Nach Gründung der Anthroposophischen Gesellschaft beginnt er eine ausgedehnte Vortragstätigkeit in ganz Europa. Über 6.000 dieser Vorträge liegen in Buchform vor und umfassen politisch-soziale, pädagogische, wirtschaftliche, kulturelle und künstlerische Themen.

Dr. Rudolf Steiner, 1901 an der Arbeiterbildungsschule in Berlin, Rudolf-Steiner-Archiv, Dornach

Goetheanum I, Rudolf-Steiner-Archiv, Dornach

1913 beginnen nach seinen Plänen in Dornach (Schweiz) die Bauarbeiten für das Goetheanum als zukünftigem geistigen Zentrum der Anthroposophie. Zugleich will er mit dem Bau anthroposophische Kunst demonstrieren, die er als „ersten Schritt auf dem Weg" ansieht, „den Geist in die Sinnenwelt zu tragen". Leider fällt der prächtig ausgestaltete und wertvolle Holzbau in der Silvesternacht 1922/23 einem Brand zum Opfer. An gleicher Stelle erhebt sich das ebenfalls nach Plänen Steiners 1925–1928 errichtete zweite Goetheanum.

Steiner spricht auf dem Münchener Kongress der TG von 1907, Rudolf-Steiner-Archiv, Dornach

Je mehr sich die TG zu Hinduismus und Buddhismus hinwendet, desto mehr scheint für ihn die abendländische rosenkreuzerische Idee als Alternative an Bedeutung zu gewinnen. Den Kongress der TG in München 1907 gestaltet er ganz zu einem rosenkreuzerischen Konvent.[2] Ab August 1910 startet im Schauspielhaus München vor den Mitgliedern der TG die Trilogie von Steiners Theaterstück DIE PFORTE DER EINWEIHUNG. EIN ROSEN-KREUZERMYSTERIUM.

Gotthold Ephraim Lessing (1729–1781), Kopie nach dem Gemälde von Anton Graff (1770), Lessing-Museum, Kamenz

Während Leibniz sich noch vergeblich um die rosenkreuzerische Weisheit bemüht habe, findet Steiner diese bei Goethe und Lessing „wie Blitzlichter" aufleuchten.[3] Gerade in Lessing wirkte die Wesenheit Christian Rosencreutz' hinein, wie es besonders in der Schrift DIE ERZIEHUNG DES MENSCHENGESCHLECHTS deutlich wird. Vergleichbar sei dieser Einfluss mit dem auf Johann Valentin Andreae, der dadurch DIE CHYMISCHE HOCHZEIT verfassen konnte.[4]

Die rosenkreuzerische Idee blieb für Steiner unlösbar mit einem sich jeder neuen Zeit und veränderten Seelenstruktur anpassendem „esoterischen Christentum" verbunden. Seit dem 16. Jahrhundert eignete sie sich besonders als westlicher Einweihungsweg, weil getreu der FAMA und ihren praktischen Ausgestaltern wie zum Beispiel Comenius die Gegensätze von Religion und Naturerkenntnis, von Christentum und modernster Wissenschaft zugunsten eines harmonischen Ineinanderwirkens aufgehoben würden.

Wahres Rosenkreuzertum sei der Welt allerdings unbekannt, weil es sich laut Steiner als verborgene geistige Strömung betätige. Christian Rosencreutz hätte sich tatsächlich im Jahre 1459 anlässlich seiner „Chymischen Hochzeit" einer kleinen Gruppe von zwölf europäischen Weisen und Eingeweihten als „Dreizehntes" und damit deren Quintessenz offenbart,[5] wie es Goethes Fragment DIE GEHEIMNISSE vorstellte. Seither leite und belehre der nun zum Adept Aufgestiegene durch Imaginationen. Seit dem 15. Jahrhundert bleibe sein Bewusstsein durch alle Reinkarnationen erhalten, wie auch sein „Ätherleib[Lebensorganismus]-Rest innerhalb der Geist-Atmosphäre der Erde". Auch in ihn, so ließ Steiner durchblicken, legte Christian Rosencreutz einen mächtigen „Willensimpuls" hinein.[6]

Steiner deutete diesen Prototyp des Geistesmenschen, ähnlich dem kabbalistischen Adam Kadmon, als die vollkommene Form unserer noch zu realisierenden Vergöttlichung. Ausgehend vom Erbauer des Salomonischen Tempels, Hiram Abiff, schaute er eine Reinkarnationskette von Christian Rosencreutz, die im 18. Jahrhundert den Grafen von Saint-Germain einschloss. Auch „gegenwärtig" sei er wiederverkörpert.[7] Dachte Steiner dabei an sich selbst? Zumindest einige seiner Weggefährten wollten in ihm die aktuelle Wiederverkörperung des Christian Rosencreutz sehen. Für Dr. Felkin vom Golden-Dawn-Ableger Stella Matutina, William Wynn Westcott und anfangs für Max Heindel repräsentierte Steiner in seiner ganzen Persönlichkeit das „ältere Rosenkreuzertum".

Max Heindel (1865–1919) und die Rosicrucian Fellowship (Rosenkreuzer-Gemeinschaft)

„Ein urteilsfähiger Verstand – ein fühlendes Herz – ein gesunder Körper."

Max Heindel, Zeichnung, Archiv Ger Westerburg, NL-Laag-Soeren

Carl Louis Fredrik Graßhoff, im dänischen Århus geboren, erlernt den Beruf des Schiffsmaschinisten, zieht 1896 in die USA und nimmt den Namen Max Heindel an. Vorübergehend tritt er den Quäkern bei, 1903 der Theosophischen Gesellschaft. Auf Anraten von Alma von Brandis, „Geheimschülerin" Rudolf Steiners, reist er 1907 nach Berlin und nimmt von November bis März 1908 an dessen internen Geheimschulungen teil, die in dieser Zeit auch die rosenkreuzerische Idee behandeln. Im Sommer 1908 kehrt er in die USA zurück.

Max Heindel und Augusta Foss (1865–1949), Archiv Ger Westerburg, NL-Laag-Soeren

In dritter Ehe heiratet Heindel 1910 die Astrologin Augusta Foss, die er in der TG kennengelernt hat. Gemeinsam gründen sie 1911 in Seattle The Rosicrucian Fellowship und kaufen noch im selben Jahr das Gelände für das zukünftige Hauptquartier im kalifornischen Oceanside. Hier entstehen rund um den „Mount Ecclesia" eine Reihe von Gebäuden. Nach dem Tode ihres Mannes übernimmt sie die Leitung und baut das Werk tatkräftig aus. Heute steht an der Spitze der in Nord- und Südamerika sowie in vielen Staaten Europas operierenden Fellowship ein Gremium von sieben Direktoren mit einem Präsidenten. Zeitweise gehört diesem Gremium auch der Philosoph, Mystiker und Hochgradfreimaurer Manly Palmer Hall (1901–1990) an.[1]

Errichtung des Kreuzes 1911, Archiv Ger Westerburg, NL-Laag-Soeren

Im Jahre 1911 errichtet Heindel im Kreis von neun Mitgliedern ein Kreuz mit den Buchstaben C. R. C. An der gleichen Stelle entsteht 1920 ein rosenkreuzerischer Tempel. Er dient seitdem als Zentrum des internationalen Heilungsdienstes. Denn getreu den Regeln der FAMA widmet sich die Fellowship der geistigen Heilung von Kranken. Zu diesem Zweck werden auch spezielle Sanatorien gegründet. „Unsichtbare Helfer" heißen Gruppen von je 12 Mitgliedern und einem Leiter, die ihre gesammelten positiven Ausstrahlungen „im Auftrag der Älteren Brüder" und über sie als eine Art Verteilerzentrum Kranken und Notleidenden senden.

Da geistige Güter nie verkauft werden sollten, erhebt die Rosencrucian Fellowship keine festen Mitgliedsbeiträge, sondern basiert auf Spenden. Ihre Zeitschrift und alle Werke Heindels darf sich jeder kostenlos aus dem Internet herunterladen. Außer diesen Schriften gibt es keine Studienangebote und somit auch keine geheimen internen Lehren.

Der Tempel der Heilung auf dem Mount Ecclesia, Archiv RF Geprägt von der Theosophie und den Lehren Steiners, versteht Heindel unter Ältere Brüder Mahatmas oder aufgestiegene Meister, welche die geistige Entwicklung der Menschheit inspirierend lenken. Nur diese Mitglieder des geheimen Unsichtbaren Ordens seien getreu der Idee die wahren und einzigen Rosenkreuzer. Aber auch dieser wahre Orden, von Christian Rosencreutz 1313 gegründet, spiele nur das Bindeglied zu den Hierophanten der größeren Mysterien, deren Aufgabengebiet jenseits aller Erdenentwicklung liege.[2]

Inneres des Heilungstempels, Archiv RF

Weite Teile der Lehren Heindels erinnern stark an Rudolf Steiner. Heindel selbst erklärte denn auch vor seiner Abreise Rudolf Steiner, „er wolle nun auf Grund dessen, was er gelernt hatte, ein Buch schreiben"[3] und widmete dem Lehrer die Erstauflage. Als Steiner das Werk aber öffentlich als Plagiat verunglimpfte, entfiel die Widmung in weiteren Auflagen. Stand Heindel nun als Plagiator unter öffentlichem Druck? In der Geschichte der Rosicrucian Fellowship aus der Feder von Augusta Foss-Heindel las sich der Sachverhalt nun so: Während des Aufenthaltes in Deutschland – Max Heindel war gerade in niedergedrückter Stimmung, enttäuscht über die Lehren Steiners – habe ihn plötzlich ein Älterer Bruder des Rosenkreuzerordens besucht, den er kannte. Dieser bot an, ihm all die sehnlichst gewünschten Lehren zu vermitteln, die er bei Steiner vermisst hätte. Seit geraumer Zeit stünde Heindel bereits unter Beobachtung der Brüder, weil ein ursprünglich ausgesuchter Kandidat, nämlich Rudolf Steiner, die dazu notwendigen Prüfungen nicht bestanden hätte, versicherte der Besucher. Im April und Mai 1908 soll Heindel gut einen Monat in einem geheimen Tempel der Rosenkreuzer nahe Berlin verbracht haben, in direkter Verbindung mit den Älte-

ren Brüdern. Sie, also nicht Steiner, übermittelten ihm dort den größten Teil der Lehren.

Zurück in den USA, machte er sich mit großer Schaffenskraft und enormen Tatendrang an sein Werk. 1909 veröffentlichte er in Chicago: THE ROSICRUCIAN COSMO-CONCEPTION (Die Weltanschauung der Rosenkreuzer)[4], eine Abhandlung über die vergangene Entwicklung, gegenwärtige Zusammensetzung und künftige Entfaltung der Menschheit.

Der Einweihungsweg der Fellowship vollzieht sich in sieben Stufen: Vorbereitungs-Stufe, Schüler-Stufe, Prüfungs-Stufe, Jüngerschafts-Stufe, Stufe der Laienbrüder oder Laienschwestern, Stufe der Adeptschaft und Stufe der Älteren Brüder. Leider kann die Gemeinschaft den Sucher nur bis zur Stufe der Laien führen, die als Schwester oder Bruder dann allerdings ganz im Dienst der Älteren Brüder stehen.

Soweit hatte es Max Heindel nach seinen eigenen Angaben auch nur gebracht. Aber die Laien „haben teil an der geistigen Arbeit im Tempel der Brüder vom Rosenkreuz, von denen sie die Methode gelernt haben, wie man den physischen Körper nach Willkür verlassen und wieder betreten kann".[5]

„Nur eine Generalreformation des Menschen und im Menschen gemäß der FAMA und CONFESSIO kann und wird auch zu einer Veränderung der Gesellschaft führen!"

Jan van Rijkenborgh (1896–1968), Archiv ISdGR

Als Jan Leene in Haarlem geboren und Miterbe des elterlichen Textilgroßhandels, interessiert er sich bereits früh für theologische Fragen. Mit seinem Bruder Zwier Willem (1892–1938) schließt er sich 1924 der Rozekruizers Genootschap an, der niederländischen Sektion der Rosicrucian Fellowship Max Heindels, und übernimmt 1929 deren Führung. Als sich für ihn diese Bruderschaft zu sehr dem Yoga und dem Okkulten zuwendet, macht er sich 1935 mit seinen Anhängern selbständig. Er gründet 1936 den Orden der Manichäer, der 1941 in Jakob-Böhme-Gesellschaft umbenannt wird und 1946 in Lectorium Rosicrucianum. Unter dem Pseudonym Jan van Rijckenborgh hält er Tausende Vorträge, verfasst etwa 40 Schriften, die die Grundlage seiner neuen Organisation bilden, übersetzt und kommentiert die Rosenkreuzermanifeste und proklamiert ein neues Zeitalter.

Dr. Arnold Hendrik de Hartog (1896–1938)

Einen großen Einfluss auf den jungen Jan Leene hat der Theologe Professor Dr. A. H. de Hartog genommen. De Hartog tritt für einen vernunftgemäßen Glauben ein, der sich an der Realität misst. Realität besitze aber auch die Wirklichkeit hinter der Sinnenwelt. Dort liege der Urgrund – und hinter allem Seienden; auch hinter allem, was menschlicher Geist beinhaltet, walte eine Urkraft. Der feurige Redner stützt sich auf Jakob Böhme, fühlt sich den mittelalterlichen Gottesfreunden verbunden und gehört zu den Gründern der Internationalen Schule für Philosophie.[1]

Catharose de Petri (1902–1990) Archiv ISdGR

Henriette Stok-Huyser, geboren in Rotterdam, begegnet 1930 Jan Leene und wird seine engste Mitarbeiterin. Sie harmonieren so sehr, dass sie einige Werke gemeinsam verfassen. Als Zwier Willem verstirbt, steigt sie in die Leitung des Ordens im Hauptsitz Haarlem auf und amtiert nach dem Tode von Henk Leene als Großmeisterin einer mittlerweile neben Europa auf dem gesamten amerikanischen Kontinent und in Australien aktiven Organisation. Das Lectorium sieht sich in der langen Tradition von Teilen der gnostischen Strömung und als geistiger Erbe der provenzalischen Katharer.

Gnosis ist Gotteserfahrung, ist „Kraft, Strahlung, Licht … eine unserer gegenwärtigen gefallenen Natur völlig fremde Wirksamkeit".[2] Zwischen dieser Gnosis als „allgemeine[r] Ausstrahlung des unbeweglichen Königreiches" und dem Schüler vermittelt die Geistesschule, da wegen des erheblichen Schwingungsunterschieds eine direkte individuelle Begegnung kaum möglich sei. Ein beschirmendes und stimulierendes Gruppenfeld als „Haus Sancti Spiritus" erleichtere allerdings, die „gnostische Strahlung" zu verdichten. Wichtig sind deshalb die regelmäßigen Wochenendkonferenzen mit Vorträgen und „Diensten in der Stille" an den einzelnen Standorten des Ordens.

Eingang zur Internationalen Schule in Bad Münder, Archiv ISdGR

Zentrum der Internationalen Schule in Calw, Württemberg, Archiv ISdGR

Wie in Andreaes CHYMISCHE HOCHZEIT verschleiert beschrieben, verlangt der Weg der Transfiguration die siebenfache vollständige Erneuerung des Menschen bzw. die Wiedergeburt auf Basis der Preisgabe seines äußeren Selbst als bestimmendes Subjekt. Diesen planmäßigen Untergang der Ichbezogenheit bezeichnete Jan van Rijckenborgh als „Endura", ein Begriff aus der Sprache der Katharer. Dazu muss jeder den leuchtenden Geistfunken finden, seinen „Adel". Es bedeutet nichts anderes, als Selbsterkenntnis zu erlangen, Erkenntnis vom wahren Selbst, das im Herzen liegt, verhüllt wie eine Rosenknospe. Dann kann „der vollständige Mikrokosmos" auferstehen und erlöst in seine göttliche Heimat zurückkehren.[3]

In seiner Auslegung der FAMA erläutert Rijckenborgh diese alchimistische Verklärung des Menschen anhand des Rosenkreuz-Symbols. „Sie müssen dann den Kreuzweg gehen, den Pfad von Golgatha, den Weg selbstaufopfernden Liebesdienstes, damit an dem Punkt, wo die horizontale und die vertikale Linie sich schneiden, das geistige Herz sich zu einer weißen Rose entfaltet. Erst wenn Sie diese weiße Rose empfangen haben, hören Sie

Die Arbeit der Geistesschule richtet sich auf die Befreiung des in uns verborgenen „Geistfunkenatoms" aus dem Gefängnis der Stofflichkeit. Sie bietet dazu ihren Schülern einen mehrstufigen Transfigurationsweg zur Umwandlung in einen „neuen göttlichen Menschen" an. Erst der auf diese Weise Verklärte oder Lichtmensch hat sich vom Rad der aufeinanderfolgenden Geburten und Tode befreit und seinen Mikrokosmos selbst erlöst.

die magische Musik aus dem Wald des Erreichens, die Chöre des unsichtbaren Gebäudes."[4]

Im Jahre 1969 trennte sich Jan Leenes Sohn Henk mit wenigen Getreuen vom Lectorium und gründete die Gemeinschaft R + C mit vorübergehendem Sitz in Kassel (Hessen). 1972 tauften sie sich um in Esoterische Gemeinschaft Sivas, da sie in Sivas bei Grenoble eine spirituelle Wohn- und Lebensgemeinschaft aufbauen wollten. Reste der sich rasch wiederauflösenden Gruppe fanden Heimat in der [Esoterischen] Gemeinschaft der Rosenkreuzer Sivas in Siegen (Nordrhein-Westfalen).[5]

Magier der Goldenen Morgenröte

Zu den phantastischen Gründungslegenden in der Geschichte der rosenkreuzerischen Idee gehört auch die des Ordens der Goldenen Morgenröte (Dämmerung). Reverend Adolph Alexander Woodford (1821–1887), Freimaurer und Privatgelehrter, habe in einem Antiquariat das CYPHER MANUSCRIPT (Chiffren-Manuskript) entdeckt; eine Rosenkreuzerhandschrift, die aus dem 17. Jahrhundert stammen und zuvor Eliphas Lévi gehört haben soll. In Geheimschrift abgefasst, enthält sie fünf skizzenhafte Entwürfe mystischer Rituale als Basis eines Gradsystems. Woodford beauftragt William Wynn Westcott mit seiner Entschlüsselung, der an einen Code nach Technikvorlagen des Abtes Trithemius glaubt.

Brief des Fräulein Sprengel vom 26. November 1887 an Westcott (Ordensname: S. A., Sapere Aude), nach dem Original einer Privatsammlung

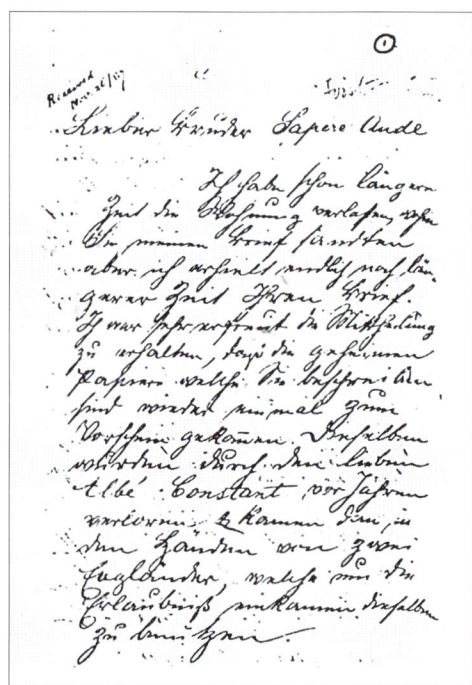

Hermetisches Kreuz des „Inneren Ordens", das jedes Mitglied selbst anfertigen muss: als Symbol seines umfassenden geistigen Strebens, das zugleich als magischer Talisman dient.

Das CYPHER MANUSCRIPT enthält die Adresse eines Fräulein Sprengel aus Deutschland. Mit ihr, Leiterin und hohe Initiierte des historisch nicht greifbaren deutschen Rosenkreuzertempels „Licht, Leben, Liebe" in Nürnberg, nehmen Westcott, Mathers und Woodman Kontakt auf. Fräulein Sprengel (Ordensname: S. D. A., Sapiens Dominabitur Astris, Der Weise wird von den Sternen geleitet) legitimiert sie – im Auftrag „Unbekannter Oberer" – zur Gründung eines Ordens unter dem Namen Hermetic Order of the Golden Dawn. Stilistische, inhaltliche und graphologische Untersuchungen von 1972 entlarven diese in schlechtem Deutsch abgefassten Dokumente allerdings als Fälschungen, vermutlich aus der Feder Westcotts.[1] 1891 erklärt Westcott, das Fräulein Sprengel sei leider verstorben. Von nun an wendet sich das Dreigestirn direkt an die „Unbekannten Oberen".

Robert Woodman (1828–1891), METROPOLITAN COLLEGE, **14. January, 1909**

Mathers stammt aus ärmlichen Verhältnissen und arbeitet zunächst als Handelsgehilfe. 1877 tritt er einer Freimaurerloge bei, 1885 dem Golden Dawn. Mitgerissen von der damaligen Kelten-Euphorie, nennt er sich MacGregor Mathers, Comte de Glenstrae, und beansprucht aufgrund vorgeblich königlicher Abkunft Autorität und Führung im Orden. Als Großmeister begründet er 1882 über dem „äußeren Orden" – weitgehend eine Schöpfung Westcotts – den „Inneren" nach dem Vorbild des damals angeblich noch existierenden Ordo Rosae Rubae et Aurae Crucis; schließlich einen dritten Orden, Astrum Argenteum, den er jenseits irdischer Sphären ansiedelt. Lehren und Rituale der höheren Orden will er auf „astralem Wege" von den Unbekannten Oberen und „nichtinkarnierten Inspiratoren" erhalten haben, mit denen er regelmäßig Kontakt aufnimmt. Um 1892 zieht er nach Paris und begründet dort den Golden-Dawn-Ableger Ahathoor Tempel Nr. VII.

Samuel Liddell Mathers (1854–1918), Foto von 1889

Neben Westcott gehören zu den Gründungsmitgliedern der exzentrische Privatgelehrte MacGregor Mathers und der Arzt William Robert Woodman. Die Gründung erfolgt am 1. März 1888 mit der Eröffnung des Londoner Tempels Isis-Urania. Bald arbeiten Logen in Schottland, USA und Neuseeland. Sie rekrutieren ihre Mitglieder zunächst weitgehend aus der Bewegung der Freimaurer, der sie alle drei angehören. Doch hinter der Gründung steht u. a. ihre Überzeugung von der Notwendigkeit, eine Organisation zu schaffen, die auch Nichtfreimaurern offensteht und sich für das weibliche Geschlecht öffnen muss.

Grab von Bram Stoker (1847–1912) und Sohn, Golders Green Cemetery, London

Bald gehören Akademiker und viele Künstler dem Orden an, darunter unter anderem Bram Stoker, der Autor von DRACULA, der Kriminalautor Sax Rohmer, Sir Gérard Kelly, Präsident der Royal Academy, Constance Merz, die Gattin von Oscar Wilde, der Homöopath Dr. Edward Berridge, der Dichter Arthur Machen und der Astronom David Peck Todd.

Der Golden Dawn verstand sich als legitimer Nachfolger der Fraternitas R. C. Immer wieder suchte seine Führung nach vielleicht noch bestehenden diesseitigen Spuren in Deutschland und dem Unsichtbaren Kollegium in der geistigen Sphäre, um diesem hohen Anspruch sichere Authentizität zu verschaffen. Im Mittelpunkt der Initiation zum „Inneren Orden" stand die Auffindung der siebeneckigen Grabkammer von R. C., die Suche nach dem Höheren und Höchsten Selbst im Menschen, nach den intelligenten Kräften hinter der Natur. Jeder Myste hatte die Elemente zu studieren, das hebräische Alphabet, den kabbalistischen Lebensbaum, Tarot, Astrologie, Planeten und Alchimie. Man pflegte die Tradition der Magie, vertiefte sich in das Werk des Agrippa von Nettesheim und ins ABRAMELIN. Mathers selbst übersetzte dieses Abraham von Worms aus dem 15. Jahrhundert zugeschriebene „Buch der heiligen Magie" 1889 ins Englische.

Erst nach bestandener Prüfung des Wissensstoffs öffnete sich das Tor zum nächsthöheren Grad und irgendwann zum „Inneren Orden". Der dritte und eigentliche Orden (lat. ordo = Ordnung) sollte als Schnittstelle und Kontaktbereich für die höchsten vorstellbaren geistigen Ebenen und deren Wesenheiten dienen. Gruppen unter der Führung von Mathers und von Florence Farr arbeiteten spiritistisch und mediumistisch, um auf diesem Wege Zugang zu diesen Welten zu finden.

William Butler Yeats (1865–1939), Foto von Alvin Langdon Coburn, 1909

Der irische Literaturnobelpreisträger von 1923 tritt 1887 der Theosophischen Gesellschaft bei, 1887 dem Golden Dawn, dessen Führung er nach dem Ausschluss von Mathers und Crowley übernimmt (Innerer Ordensname: D. E. D. I., Daemon Est Deus Inversus). Um die Ziele des Ordens praxisnah zu realisieren, beschwört er 1896 mit einigen Mitgliedern den Merkurialgeist Taphthartbareth.[2] 1901 tritt Yeats als Imperator zurück und gründet mit anderen im Londoner Amoun-Tempel den Outer Order from Golden Dawn to Stella Matutina (kurz: Stella Matutina = Morgenstern). Robert William Felkin schließt 1919 diesen Orden und führt seine Anhänger in die Anthroposophische Gesellschaft Steiners. In Rudolf Steiner glaubt Felkin die verlorene Bindung zu den geheimen Meistern der Rosenkreuzer wiedergefunden zu haben, und Steiner scheint diese Rolle zu akzeptieren.[3]

Arthur Edward Waite (1857–1942) als Imperator von The Fellowship of the Rosy-Cross, Frontispiz zu Waite: NEW ENCYCLOPAEDIA OF FREEMANSONRY, **London 1921**

Waite arbeitet nach dem College in London als Büroangestellter, vorübergehend als Heilpraktiker. Als einer der produktivsten esoterischen Autoren seiner Zeit und Herausgeber des Magazins THE UNKNOWN WORLD lebt er bereits früh von der Schriftstellerei. Er fertigt das wohl gebräuchlichste Tarot-System; sein Buch über den Tarot bleibt ein Standardwerk. Zunächst Freimaurer und Mitglied der Theosophischen Gesellschaft, findet er 1891 Aufnahme im Golden Dawn. Er lehnt allerdings Mathers' dritten Orden und die Existenz von geheimen Meistern als Illusionen ab. Bei Auflösung des Ordens sammelt er seine Anhänger im Independent and Rectifide Rite of the Golden Dawn, verwirft alle magischen Inhalte und wendet sich christlicher Mystik zu. Nach neuen Unstimmigkeiten gründet er 1914/15 The Fellowship of the Rosy-Cross, die er bis zu seinem Lebensende leitet.

Paul Forster Case (1884–1954) und Ann Davies, Archiv B. O. T. A.

Bereits mit drei Jahren erhält der begabte Knabe aus Fairport (New York) Klavier- und Orgelunterricht. Um 1918 tritt Case dem von Mathers neu geschaffenen Orden Alpha et Omega bei und erhält 1920 die Initiation in den „Inneren Orden". Nach dem Tode von Michael Whitty tritt er 1923 dessen Nachfolge als Prolokutor für Nordamerika und Kanada an. Überzeugt davon, dass die henochische Magie nicht der wahren und aufbauenden Mystik zuzurechnen sei, gründet er im selben Jahr die School of Ageless Wisdom (Schule Zeitloser Weisheit). Aus ihr geht 1929 der Orden B. O. T. A. (Builders of the Adytum) hervor, der sich vorrangig mit Tarot und der Kabbala beschäftigt, darüber hinaus mit „esoterischer Astrologie", geistiger Alchimie und heiliger Geometrie. Case gibt seine erfolgreiche Dirigentenkarriere auf, um sich nur noch diesem Werk zu widmen.[4] Er schafft ein eigenes Tarot mit 78 Karten, das aber einem älteren Original entstammen soll. Nach seinem Tod übernimmt Dr. Ann Davis (1912–1975) die Nachfolge.

Eduard Alexander (keltisiert: Aleister) Crowley (1875–1947) im Mystengewand des Golden Dawn

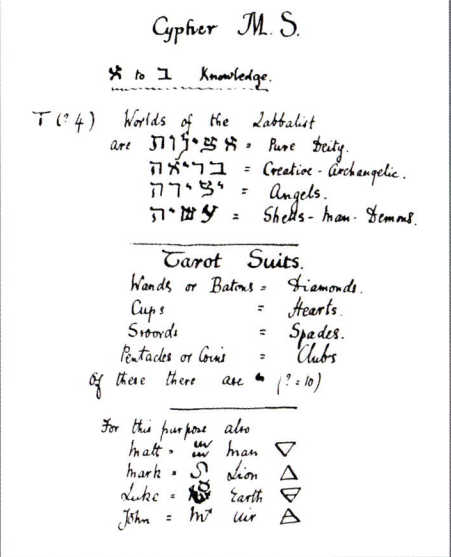

Eine Seite aus dem berühmten Cypher Manuscript, **nach dem Original einer Privatsammlung**

An der schillernden Person „Meister Therion" oder, wie er sich gern nennt, „Das Große Tier 666 aus dem Abyssos", scheiden sich die Geister: lasterhaft unsteter Exzentriker oder „Ipsissimus" einer neuen, von allen Einschränkungen befreiten Religion? Als Sohn einer gutbürgerlichen pietistischen Familie geboren, belegt er nach einem medizinischen Vorstudium in Cambridge Philosophie, Psychologie, Wirtschaftswissenschaften und Philologie. 1898 findet er zum Golden Dawn, erstaunt alle aufgrund seiner magischen Fähigkeiten und erschreckt wegen seines lasziven Lebenswandels in einer in dieser Hinsicht konservativen Zeit. Mit Auflösung des Ordens gründet er um 1905 den Astrum Argenteum, eine Gemeinschaft, die sich vor allem wegen befremdlichen sexualmagischen Riten ins Gerede bringt. Eine wichtige Rolle spielt Crowley unter anderem bei dem von Theodor Reuss geleiteten Ordo Templis Orientis (O. T. O.).

Der Golden Dawn wurde zu einer der wichtigsten magisch-okkulten Organisationen und Initiatenorden an der Wende zum 20. Jahrhundert, zog aber vielleicht zu viele Individualisten an. So scharten sich autonom arbeitende Gruppen um einzelne Persönlichkeiten. Nach außen hin machte sich der Streit an den beiden „Inneren Orden" und an der Person Aleister Crowley fest. Yeats verweigerte dessen Initiation in den „Inneren Orden", „weil wir eine mystische Gesellschaft für etwas anderes ansehen als eine Besserungsanstalt".[5] Ein Brief vom 16. Februar 1900, in dem Mathers Florence Farr mitteilte, außer ihm hätte nie jemand Kontakt zu geheimen Meistern des Rosenkreuzes gehabt, und die Kontakte zu Fräulein Sprengel seien gefälscht, bestätigte viele Befürchtungen und schürte das gegenseitige Misstrauen der Hauptkontrahenten. 1903 löste sich der Golden Dawn auf, indem er sich in mehrere einander bekämpfende Richtungen aufsplitterte.

Francis Israel Regardie, der englisch-amerikanische Okkultforscher (1907–1985) und zwischen 1928 bis 1935 Privatsekretär von Cowley, veröffentlichte 1937 The Golden Dawn. An account of the teachings, rites and ceremonies of the Order of the Golden Dawn. In fünf Bänden stellte er Lehren, Riten und das magische System vor, um diese „großen Schätze des Ordens" vor dem drohenden Untergang bewahren.

Nach einer weiteren schönen Legende wurde das, was noch von den Ritualgegenständen des Golden Dawn übrig gewesen war, in eine Kiste gepackt und an einer Klippe vor der Südkiste Englands vergraben. Dreißig Jahre später öffneten Wellen das Grab des Ordens und spülten die Inhalte ans Land.[6] Jedenfalls schmücken sich zahlreiche neue Gemeinschaften mit den überlieferten Namen aus dem alten System des Golden Dawn und behaupten, legitimiert zu sein, die Tradition fortzusetzen.

Rose und Kreuz als Symbol über den Verpflichtungen für den „zweiten Orden" des Golden Dawn auf einer Pergamenturkunde

Schön, emanzipiert, willensstark und mit Führungsanspruch

Florence Farr (1860–1917)[1]

Die englische Frauenrechtlerin, Journalistin, Schriftstellerin und zeitweilige Geliebte von George Bernard Shaw entstammt einer reichen Arztfamilie. Als Theaterdirektorin und Vertreterin des irischen Theaters tourt sie durch England und USA. Dort lernt sie Pamela Colman Smith kennen, die als ihre Inspizientin arbeitet. Florence schreibt Artikel über das esoterische Ägypten, setzt sich für die Rechte der Frau ein und genießt als Schauspielerin Starkult. Zeitweise ist sie mit William Butler Yeats liiert, der sie für den Golden Dawn gewinnt. Wynn Westcott setzt sie 1897 zur Leiterin ein. Doch mit der Gründung einer eigenen Geheimgesellschaft für mediumistische Informationssuche im Geistigen, The Sphere, erregt sie den Unwillen der Mitglieder und liefert einen der Gründe, die 1899 zur Spaltung des Golden Dawn führen. Um 1902 wird sie auch Mitglied der Theosophischen Gesellschaft. Ihre letzten Lebensjahre verbringt sie auf Ceylon.

In London geboren, muss Pamela mit ihren Eltern ständig die Heimat wechseln. In New York besucht sie ab 1893 eine private Kunstschule. Sie arbeitet als Malerin, Fotografin und Autorin. Nach London zurückgekehrt, illustriert sie Bram Stokers LAIR OF THE WIHE WORM und einige Arbeiten von William Butler Yeats. Yeats führt sie zum Golden Dawn. Bei der Spaltung 1899 folgt sie Arthur Edward Waite in dessen Nachfolgeorden. Zwischen April und Oktober 1909 entwirft sie nach seinen Anweisungen das heute weitverbreitete Rider-Waite „Tarot Deck". Häufig krank und bettlägerig, verstirbt sie verarmt in Bude, Cornwall. Leider bleiben die meisten ihrer Werke verschollen, wie auch die Originale des Rider-Waite-Tarots.

Edith Maud Gonne MacBride (1866–1953)

Pamela Colman Smith (1878–1951)

Nicht nur durch ihre stürmische Affäre mit William Butler Yeats, der ihr mehrere Heiratsanträge macht, die sie aber ablehnt, macht sich die Engländerin einen Namen, sondern auch als irische Revolutionärin, Feministin und Schauspielerin. Yeats widmet ihr einige seiner Gedichte; seine unerfüllte Liebe zu dieser turbulent lebenden Aktivistin bleibt ein häufiges Motiv in seinem Werk. 1891 tritt sie dem Golden Dawn bei. Seán, der gemeinsame Sohn von Edith und John MacBride († 1916), einem irischen Nationalisten, erhält 1974 den Friedensnobelpreis, unter anderem als Gründungsmitglied von Amnesty international.

Moina Mathers
(1865–1928)

Mina, geborene Bergson und Schwester des Philosophen und Nobelpreisträgers Henri Bergson, zeigt schon früh Talent als kreative Künstlerin und für das Schauspiel. Mit 15 Jahren besucht sie die „Slade School of Art" in London. Dort befreundet sie sich mit Annie Horniman. Mina, von Mathers zu Moina keltisiert, wird März 1888 als erste Person in den Golden Dawn initiiert (Ordensname: V. N. R., Vestigia Nulla Retrorsum). 1890 heiratet sie Mathers. Dank ihrer hellseherischen Begabung fungiert sie als Medium während seiner Séancen und gestaltet mit ihm die Rituale, die zunächst auch in ihrem Atelier durchgeführt werden. Nach dem Tode ihres Mannes im Jahre 1918 übernimmt sie die Leitung des Ahathoor-Tempels Nr. VII in Paris und des nach der Auflösung des Golden Dawn gegründeten Ordens Alpha et Omega in London. Hier taucht 1919 als Neophytin Violet Mary Firth auf, die spätere Dion Fortune. Von Krankheit gezeichnet, tritt Moina am Ende ihres Lebens in den Hungerstreik, um ihr Elend abzukürzen.

Anna Bonus, Tochter einer wohlhabenden Kaufmannsfamilie, veröffentlicht bereits mit 13 Jahren ihr erstes Buch. 1873 studiert sie in London Medizin und Philosophie, promoviert 1880 in Paris und ist die zweite Frau in England mit einem akademischen Grad in Medizin. Sie engagiert sich für Besitz-, Wahl- und Bildungsrecht der Frauen und für den Tierschutz. 1882 schließt sie sich der Theosophischen Gesellschaft an und präsidiert 1883–1884 die Londoner Loge. Sie beeinflusst das Weltbild von Westcott und Mathers und tritt für ein mystisch-magisches Christentum ein. Zusammen mit ihrem Mann Edward Maitland gründet sie 1884 in London die Hermetic Society, unabhängig von der Theosophischen Gesellschaft, aber ihr nahe stehend. Ihre medialen Durchsagen werden nach ihrem Tode in CLOTHED WITH THE SUN als Buch veröffentlicht.

Anna Bonus Kingsford
(1846–1888)

Annie Elizabeth
Fredericka Horniman
(1860–1937)

Sie entstammt der berühmten Horniman-Teegesellschaft, und ihre Familie gründete das Abbey Theater in Dublin und das Gaiety Theater in Manchester. Ihr Vater stiftet das Horniman Museum in London. Sie besucht eine Kunstschule, wird sich ihr ganzes Leben der Kunst hingeben, muss sich aber mit der Rolle einer ewigen Mäzenin begnügen. 1890 tritt sie in den Golden Dawn ein (Ordensname: F. E. R., Fortiter Et Recte). Sie engagiert sich sehr, vor allem finanziell. Empört verlässt sie den Orden wegen der dort kursierenden „libertinistischen" Schriften von Thomas Lake Harris – vertritt dieser Anhänger Swedenborgs doch neben der energetischen Nutzung der Sexualmagie „freie Liebe" als Mittel zur geistigen Vereinigung. Nach dem Schisma 1899 holt William Butler Yeats sie wieder in den Orden. Mit seinem Rücktritt als Imperator folgt sie ihm im Amt.

Violet Mary Firth,
Pseudonym:
Dion Fortune
(1890–1946)

Violet Mary Firth Evans wächst als Waise auf, studiert in London zunächst Gartenbau, dann Psychologie und Psychoanalyse. Auch sie tritt für die Rechte der Frauen ein. 1919 wird sie in die Londoner Loge Alpha et Omega initiiert. Bedingt durch ihr Buch THE COSMIC DOCTRINE, deren Inhalte ihr in Trance zugeflossen sind und sich kaum mit den Lehren des Golden Dawn decken, wachsen aber Unstimmigkeiten zwischen ihr und Moina Mathers. Violet wechselt zu Stella Matutina, gründet 1922 oder 1924 aber die Fraternity of the Inner Light, später umbenannt in Society of the Inner Light, die bis heute besteht. 1920/25 tritt sie auch in die Theosophische Gesellschaft ein und leitet nach dem Tod ihres Lehrers, des irischen Okkultisten Theodore Moriarty, die Loge Christian Mystic Lodge of the Theosophical Society. Ihr wohl bekanntestes Buch, DIE MYSTISCHE KABBALA, präsentiert die kabbalistischen Lehren des Golden Dawn.

„Gott als Universalgeist oder Zentralsonne ist die einzige allgemeine Wahrheit."

Dr. h. c. Arnold Krumm-Heller in jungen Jahren, Archiv P. R. König

Krumm-Heller als Meister Huiracocha, Identifikation mit dem höchsten solaren Prinzip der Hochlandinka, Archiv P. R. König

Im nordrhein-westfälischen Siegerland als Sohn eines Bergwerksteigers geboren, reist er schon mit 15 Jahren nach Chile aus. An der Militärakademie von Mexiko studiert er Medizin und eröffnet in Chile zwei Sanatorien. Selbst praktiziert er als Therapeut und Volksheiler, der dabei vor keinem neuen Experiment zurückschreckt. Zunächst Freimaurer, schließt er sich 1897 der Theosophischen Gesellschaft an. 1906 trifft er in Paris Papus, tritt als dessen Schüler den Martinisten bei und sucht 1908 bei Franz Hartmann in Nürnberg Belehrung. Immer wieder pendelt er zwischen Lateinamerika und Europa, wobei er glaubt, bei seinen Aktivitäten vom Unsichtbaren Meister Racotzi geführt zu werden.[1]

1927 gründete Krumm-Heller die Fraternitas Rosicruciana Antiqua in Mexiko als lockeres System weitgehend selbständiger Gruppen ohne feste Grad- und Ordensstruktur. Mit dem Tode des Stifters verbreiteten sich deshalb Irritationen. Logen in Chile und Brasilien traten geschlossen zu Clymers F. R. C. über, andere schlüpften bei der Rosicrucian Fellowship unter, der Zweig der F. R. A. in Peru als Subordinat beim O. T. O. Heute besteht die F. R. A., zum Teil identisch mit der von Krumm-Heller in Lateinamerika eingeführten Gnostischen Kirche, nur noch aus etwa einem dutzend Ablegern in Chile, Brasilien, Peru, Kolumbien und Spanien.

Krumm-Hellers Lehren verknüpften seine medizinischen Kenntnisse und unermüdlichen Forschungen in alternativen Heilmethoden mit Okkultismus, rosenkreuzerischen Ideen sowie andinen Traditionen der Inka und Maya, vor allem mit deren solaren Mysterien. Zur Praxis gehörten Atemübungen, Vokalintonationen, osmotherapeuthische Anwendungen von Riechstoffen und Séancen, um – fernab des Vulgärspiritismus – mit noch unbekannten Naturkräften zu experimentieren.

Emblem der F. R. A.

Nachdem er sich in den Jahren 1911–20 am mexikanischen Aufstand gegen den Diktator Diaz beteiligt hat, kürt ihn die Universität Mexiko zum Doktor honoris causa. Zum Ende des Ersten Weltkrieges befindet er sich in Berlin. 1919 kauft Krumm-Heller eine Druckerei in Halle und veröffentlicht eigene Werke, darunter den erfolgreichen Roman DER ROSENKREUZER AUS MEXIKO. Im selben Jahr 1919 nimmt er als Vertreter Mexikos an der Weimarer Reichsversammlung teil. Zu Beginn der dreißiger Jahre leitet er eine Kinderklinik in Spanien, organisiert dort das Rote Kreuz, entweicht aber dann der Franco-Diktatur.[2] Sein abenteuerliches und rühriges Leben, dass genug Anlass zu legendenhafter Ausschmückung bietet, endet in Marburg (Hessen).

„Die wichtigste Entscheidung für die Erleuchtung ist der Wunsch, sich dem Wohl des Ganzen zu widmen."

Hat Ramón Llull für die Kunstfigur Christian Rosencreutz Pate gestanden, wie vermutet wird[1], oder Thomas von Kempen, Joachim Jungius, Nikolaus von Kues?[2] Paul Arnold findet biographische Ähnlichkeiten des Rosencreutz bei Joachim von Fiore, der nach seinen Reisen in den Orient eine Bruderschaft gründete, mit Rulman Merswin, dem Gründervater der Gottesfreunde, und mit Geerd Groote, dem Vater der Brüder des gemeinsamen Lebens.[3] Andere denken dabei an Paracelsus, den die beiden ersten Rosenkreuzermanifeste mehrfach erwähnen. Manche Vertreter der jüngeren Theosophie verleihen dem Protagonisten aus Andreaes CHYMISCHE HOCHZEIT eine eigene Historizität.

EFFIGIES THOMÆ DE KEMPIS

Thomas a Kempis (1380–1471), Kupferstich aus dem 16. Jahrhundert

„Nach 120 Jahren werde ich offen stehen!"
© Hans H. Sievert

Gemäß der CONFESSIO wurde Frater R. C. 1378 geboren und verstarb mit 106 Jahren (1484). Nach 120 Jahren wird sein Grabmahl im symbolischen Jahr 1604 wiederentdeckt.

FAMA und CONFESSIO kennen aber keinen Christian Rosencreutz. Sie sprechen nur von der Transformation R. C., alias C. R. C., alias Vatter C. R. Da der Inhalt der FAMA aller Wahrscheinlichkeit nach aus kabbalistischer Überlieferung stammt, verbergen sich hinter diesen Buchstaben keinerlei Personifizierungen, und diese Zahlen bezeichnen keine historischen Daten.

Alchimisten vergleichen den Stein der Weisen auch mit einem Gebäude, hoch auf steilem Fels. Wer den Eingang entdeckt, findet darin die Quelle der ewigen Jugend. „Offener" Berg der Philosophen, aus GEHEIME FIGUREN DER ROSENKREUZER, **Altona 1785**

Wer oder was ist also C. R., der als „Vatter" im Grab liegt oder in einem verborgenen Gewölbe? Kabbalisten sprechen von der Uraktivität der Lebenskraft (Symbol: Krone), die von ihrem Sitz im innersten Zentrum des Universums und auch im Menschen als unsichtbare feurige Energie in zwei Richtungen wirbelt: zentrifugal heraus in die Manifestation und zentripedal zurück. Wir können dabei vom Gesetz der Entfaltung und Zurückbildung in Raum und Zeit sprechen oder vom Atem des Einen. Vertreten werden beide Bewegungen durch die hebräischen Buchstaben R(esch) und C (für Kaf). Fratres und Sorores R. C. stellen sich bewusst in diese Grundordnung des Seins. Ausgangspunkt und Ziel von R. + C. ist Vatter C. R., die in unserer Seele schlafende Gottheit, Kopf der einzig wahren Unsichtbaren Bruderschaft.

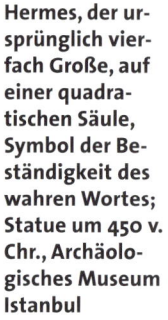

Cover von H. B. Andramoi:
DIE ROSENKREUZER VON WESTMOUR CASTLE, **Freiburg 1959**

„Meine Hände tragen die Bücher von Thoth, die geheimen Archive der Götter", verrät das ÄGYPTISCHE TOTEN-BUCH. „Er wurde ein-geweiht in das göttliche Buch, und er wandte sei-ne Augen auf die Schön-heit des Thot." Auch dieses heilige Buch, das Buch der Einweihung, müssen wir finden. Es liegt ebenfalls verborgen in einer geheimen Tem-pelkammer, im innersten Zentrum des Menschen. Thoth, Hermes Trisme-gistos und C. R. C., die fast iden-tisch sind, verhüllen ihren wahren Namen: das schöpferische Wort (Symbol: Buch), über dem das Sie-gel des Schweigens liegt, das Siegel der im Grunde unvermittelbaren Erfahrungen.

Hermes und Athene, Göttin der Weisheit, von Bartholomäus Spranger 1585, Prager Burg

Thot, später gräzisiert zu Hermes Trisme-gistos, repräsentiert den Heilsbrunnen, die Gnosis, die ewige Weisheit (Philoso-phia perennis) samt ihrer Übertragung und Eröffnung. Seine Weisheit bleibt über alle Zeiten hinweg in ihrer Substanz gleich. Er, das Große Agens genannt oder FIAT, ruft durch Wort, einer damit ver-bundenen Kraft und das klärende Licht der Einweihung Gesetz und Wandel ins bewusste und erkennende Leben! Des-halb dürfen wir diese Weisheit auch Ruf nennen, Kunde, FAMA.

Hermes, der ur-sprünglich vier-fach Große, auf einer quadra-tischen Säule, Symbol der Be-ständigkeit des wahren Wortes; Statue um 450 v. Chr., Archäolo-gisches Museum Istanbul

Das zu erleuchtende und zu öff-nende Gewölbe oder Grab birgt unsere vollkommene Natur, die Ganzheit unseres Selbst. Dort finden wir auch, wie die Fratres R. + C., das lang gesuchte Buch, das Wissen um die komplexen universalen Gesetze, das erhellende Licht von Weisheit, Wahrheit und ihrem Drang nach Verwirk-lichung. Haben wir nach eifrigem Studium einmal seine aufgeschlagenen „zehn" Buchseiten mit Kopf und Herz erfasst, erkennen und erfahren wir unsere wahre Iden-tität mit all ihren Potenzen. Wir haben das Unsterbli-che in uns gefunden, sind „wiedergeboren im Fleische". Endlich können wir unseren verwaisten Thron wieder besteigen, der allerdings Aufgaben für das kollektive Wohl bereithält.

Der König ist tot! Der König erwacht! Es lebe der König! Daher verkündet die FAMA, eine große Morgenröte bre-che an, in deren Licht der Mensch im Begriffe sei, „seinen Adel, seine Herrlichkeit und die Gnade des Mikrokosmos zu verstehen". Die-sem Verständnis wollen die rosenkreuzerischen Orden für alle, die an ihr äußeres Portal klopfen, durch überlie-ferte Lehren, Ritual und Initiation den Weg ebnen.

In Johann Valentin Andreaes CHYMISCHE HOCHZEIT CHRISTIANI ROSENCREUTZ heißt es auf dem Brunnen „Hermes Princeps":

Bibat es me qui potest (Es trinke aus mir, wer da kann)
Lavet qui vult (Es wasche sich, wer da will)
Turbet qui audet! (Es bewege mich, wer es wagt!)
Bibite Fratres et vivite! (Trinket Brüder und lebet!)

Anmerkungen

Vorwort

1 Hornung 2003: 112
2 Gilly 1995: 22
3 Gilly 1995: 62; Besolds Nachlass hütet die Universitätsbibliothek Salzburg.
4 Gilly o. J.: 6
5 Gilly 1995: 33
6 Bloch 1968: 742
7 Peuckert 1928: 384
8 Yates 1975: 97
9 Möller/Howe 1986: 12
10 Als Untertitel zu: Wehr, Gerhard 1980: Christian Rosenkreuz, Freiburg
11 Krauß 1994: 159
12 Heinz-Mohr/Sommer 1988: 50 ff.
13 Case 2003: II, 124
14 Knox 1957: 111 f.
15 Reinalter 1986: 208
16 Wilber 2003: 275
17 C. G. Jung in Eranos Jahrbuch 1938: 1939: 408 f.
18 Zitiert nach Wilber 2003: 281
19 C. G. Jung in Eranos Jahrbuch 1938: 1939: 410
20 Wilber 2003: 282
21 Meister Eckhart 1991: 114
22 Frick 1973: 173
23 Steiner 1975: 17 f.

Der traditionelle Beginn der Rosenkreuzer in Deutschland, ihre drei Manifeste und der Tübinger Kreis als mutmaßlicher Drahtzieher – „Am Anfang war das Wort"

1 Gilly 1995: 79
2 Brotoffer(r), Radtichs: AUT HIC AUT NUSQUAM. ELUCIDARIUS MAJOR …, Lüneburg 1617, zitiert nach Peuckert 1928: 157
3 Edighoffer 1995: 71
4 Schuster 1905: I, 525 f.
5 Schick 1980: 105
6 Yates 1975: 282
7 Peuckert 1928: 161
8 Edighoffer 1995: 69
9 Gilly 1995: 79
10 Rebisse 2007: 75
11 Gilly o.J.: 4
12 Gilly 1995: 21
13 Gilly 1995: 23
14 Peuckert 1928: 171
15 Peuckert 1928: 159
16 Maier: SILENTIUM POST CLAMORES, 1617, zitiert nach Schick 1980: 251
17 Maier: SYMBOLA AUREAE MENSAE, 1617, zitiert nach Jung 1984: 403
18 Edighoffer 1995: 96
19 Yates 1975: 98
20 Otto Brunner in: Joachim Jungius-Gesellschaft 1957: 158
21 Schuster 1905: I, 513
22 Peuckert 1928: 229
23 Yates 1975: 25

24 Yates 1975: 103

Ägypten und Hellas – Wiege der Hermetik: – Philosophen dringen bis zum Grund allen Seins vor

1 Merkelbach 1962: 232
2 Eco 1997: 153 f.
3 Frick 1973: 82
4 Porphyrios 1958: 3, 23
5 Hornung 2003: 25
6 Ebeling 2005: 21, 26
7 Hornung 2003: 59
8 Eco 1997: 127
9 Zippert o. J.: 42 f.

Der Einfluss früher Alchimisten – Empiriker der Gotteserfahrung

1 Kuper 1996: 23
2 Kuper 1996: 40
3 Gebelein 1996: 131 f.
4 Jung 1984: 51
5 Peuckert 1928: 86
6 Jung 1984: 361
7 Federmann 1964: 147
8 Seligmann o. J.: 160
9 Gebelein 1996: 151
10 Gebelein 1996: 151
11 Eco 1997: 47 ff., 81
12 Fulcanelli 2004: 179
13 Thomas Hakl in Flamel 1996: 21
14 Lévi 1978: II, 48
15 Eco 1997: 194
16 Kuper 1998: 113
17 Auernheimer und Baron 1991: 14, 74
18 A. von Nettesheim 1982: XXIX
19 Kuper 1994: 12 ff., 59 f.
20 Peuckert 1928: 88
21 LIBER DE RESURRECTIONE ET CORPORUM GLORIFICATIONE (1533), zitiert nach Edighoffer 1995: 43. In diesem Werk benutze Paracelsus zehn Mal die Metapher der Rose, um die höchste Form der Alchimie zu charakterisieren.
22 Frick 1973: 122
23 Yates 1975: 47
24 Khunrath 1990: 166
25 Cimelia Rhodostaurotica 1995: 13
26 Elmar R. Gruber in: Khunrath 1990: X
27 Jung 1984: 360

Die Neuplatonische Renaissance in Italien – „Vom Guten her wird alles zum Guten gelenkt"

1 Brod 1988: 54
2 Ebeling 2005: 88
3 Eco 1997: 130 f.
4 Walter 2003: 272
5 Eco 1997: 131
6 Baker 1983: 57
7 Baker 1983: 37
8 Yates 1979: 4, 103
9 Yates 1975: 147

10 Frick 1978: I, 250 f.
11 Albertini 1991: 33
12 Frick 1978: Bd. I., 253
13 Yates 1989: 13, 98 f.
14 Frick 1975: 273
15 Yates 1989: 148

Jüdische Kabbala und christliche Kabbalisten – „Um Gott zu verstehen, muss man dessen Wesen erkennen."

1 Frick 1973: 107
2 Graßl 1968: 115

Pietismus in Deutschland – „Es ist an der Zeit, ungewöhnliche Dinge zu schreiben, denn die Revolution naht!"

1 dieses Briefes wird heute angezweifelt.
2 Ruppert 2004: 17
3 Wehr 1975: 241 f.
4 Christopher McIntosh in: Schriften der Gold- und Rosenkreuzer 1999: 12
5 Peuckert 1928: 384

Jakob Böhme (1575–1624) – „Der Sohn Gottes ist aus Quecksilber gemacht!"

1 Weber 1962: 120
2 Peuckert 1928: 284 f.
3 Wehr 1979: 32f.
4 Peuckert 1928: 378
5 Peuckert 1928: 265–273

Die mystische Hochzeit von Themse und Rhein – Rosenkreuzerischer Mythos als Politikum im europäischen Machtkampf bei Ausbruch des Dreißigjährigen Krieges

1 Yates 1975: 63 ff.
2 Yates 1975: 39

Jan Amos Komenský/Comenius (1592–1670) – Apostel der Völkerfriedens

1 Schick 1980: 160
2 Peuckert 1928: 196 f.
3 Peuckert 1928: 185 ff., 194
4 Edighoffer 1995: 98 f.

„Unsichtbare Collegia" in England – Die Vorhänge zur Bühne öffnen sich

1 Kuper 1993: 25
2 Yates 1975: 198
3 Yates ebd.
4 Yates 1879: 101
5 Yates 1975: 9, 49, 231
6 Gilly 1995: 22
7 Yates 1989: 93
8 Kuper 1993: 13
9 Schick 1980: 124, 288
10 Für Rudolf Schlögl wurzelt das Naturverständnis von Bacons „Neuer Wissenschaft" in der lutherischen Weltinterpretation der Rosenkreuzer-Manifeste, in: Neugebauer-Wölk 1999: 67
11 Schick 1980: 244 f., 265, 269

12 Godwin 1979: 80
13 Schick 1980: 264 f.
14 Schick 1980: 286
15 Yates 1975: 81
16 Yates 1975: 186
17 Yates 1975: 187
18 Yates 1975: 187 f.
19 Yates 1975: 205
20 Case 2002: I, 126 f.
21 Schick 1980: 157, Yates 1975: 187 f., 192
22 Frick 1973: 175
23 Lehnhoff 1929: 64 f.
24 Yates 1975: 139, 199
25 Yates 1975: 192
26 Rebisse 2007: 184
27 Frietsch 2006: 191

Leuchtende Sterne am Gelehrtenhimmel und schillernde Adepten –
Eine Rose ist eine Rose ist eine Rose

1 Frick 1973: 313
2 Schuster 1905: I, 514
3 Peuckert 1928: 415
4 Hörti 1985: 31 f.
5 Yates 1975: 165
6 Eco 1997: 278
7 Coudert 1995: 77, Frietsch 2006: 211
8 Volz 1923: 126
9 Volz 1923: 36 f.
10 Volz 1923: 356
11 Karl von Hessen 1996: 177 ff., 210
12 Amaryllis 1996: 61 ff.
13 Schuster 1905: II, 133
14 Giovanni Barberi 1791 in: Kiefer 1991: 457 f.
15 Benz 1976: 122 f
16 Frick 1998: 352, 442
17 Frick 1973: 428 f.
18 Edighoffer 1995: 113
19 Jung 1984: 140
20 Edighoffer 1995: 113
21 Goethe-Kalender 2006, Düsseldorf – Zürich 2005: 112 ff.
22 Edighoffer 1995: 114
23 Wieland in Beyträge zur geheimen Geschichte der Menschheit: Ueber die Behauptung, dass die ungehemmte Ausbildung der menschlichen Gattung nachtheilig sei (1770)

Blaue und Hochgrad-Freimaurer – „Was wir prophezeien ist nicht allgemein, denn wir sind die Brüder vom Rosenkreuz: Wir besitzen das Maurerwort und das Zweite Gesicht ...“

1 Edighoffer 1995: 97
2 Yates 1975: 220 f.
3 Yates 1975: 219 f.
4 Konrad Dietzfelbinger in Read 2005: 342 ff.
5 Frick 1973: 307 ff.

Gold- und Rosenkreuzer – „Glücklicher Bruder, du besitzt bereits alles, was dich zeitlich und ewig beglücken kann!“

1 Edighoffer 1995: 102 f.
2 Frick 1973: 311
3 Vielleicht verbirgt sich hinter diesem Pseudonym ein Johann Heinrich Schmidt von Sonnenberg (1700–1777), ein Herr Mummenthaler oder Weinstof, Frick 1973: 314, 425
4 Reinalter 1986: 202
5 Reinalter 1992: 161
6 Frick 1973: 403
7 Schuster 1905: II, 122
8 Bissing 1955: 47 f.
9 Frick 1973: 370 ff.
10 Reinalter 1986: 242, 248 ff.
11 Smit 1988: 272

Adam Weishaupt und der Orden der Illuminaten (1776–1785) – Aufklärer im Kampf für die freie und unabhängige Bildung zwischen mutmaßlicher Erleuchtung und mutmaßlicher Weltverschwörung

1 Reinalter 1986: 296

Vom Martinezismus zum Martinismus – „Der sich vervollkommnende und reintegrierte Mensch kann und soll den herrschaftlichen Thron wieder besteigen, der seit seinem Sturz verweist ist.“

1 Frick 1973: 528
2 Frick 1973: 524
3 Balzac 1998: 278 f.
4 Wehr 1995: 36 f.
5 Frick 1973: 534
6 Vaillant 1986: 148

Frankreich – Die rosenkreuzerische Idee zwischen christlicher Mystik, magischer Kunst und universitärem Studienbereich

1 Vaillant 1986: 101
2 Yates 1975: 126
3 Rebisse 2007: 159
4 Yates 1975: 127
5 Yates 1975: 115 f.
6 Frick 1973: 500-516
7 Rebisse 2007: 254 f.
8 Frick 1978: II, 393

Deutsche Pietisten in Pennsylvania – Zuflucht und Beginn eines New Atlantis

1 Rebisse 2007: 276
2 Frick 1978: II, 417
3 Frick 1978: II, 426 f..
4 Brandt 1983: 208
5 Lamprecht 2005: 80
6 Rebisse 2007: 271
7 Brandt 1983: 180

Erste Rosenkreuzerorden in USA – Die Begegnung mit dem „heiligen Sexus“

1 Lamprecht 2004: 81
2 Rebisse 2007: 404
3 Lamprecht 2004: 85
4 Clymer 1935: 133

A.M.O.R.C., Antiquus Mysticus[que] Ordo Rosae Crucis – „Das Geheimnis der rosenkreuzerischen Idee ist das Lebendigmachen aller Dinge, mit denen wir zu tun haben.“

1 A. M. O. R. C.: Aus der Geschichte des Ordens vom Rosenkreuz o. J.: 8 f.
2 Rebisse 2007: 350, 355 f.
3 Bernard 1997: 147. Christian Bernard amtiert als derzeitiger Imperator von A.M.O.R.C.

S.R.i.A., Societas Rosicruciana in Anglia und America – Qualen und Wirren auf dem Weg der Seele zu Reifung und Vervollkommnung

1 Waite 1973: 564
2 Regardie 1987/88: III, 1481 f.
3 So in seinem Vorwort zu Eliphas Lévi 2006: 17, 25
4 ebd.: 25
5 So in seinem Vorwort zu Laarss 1921: 12 f.
6 Lamprecht 2004: 63
7 Frick 1978: II, 351
8 Rebisse 2007: 238
9 Lamprecht 2004: 67

Die Theosophische Gesellschaft und ihre Meister – „Theosophie ist das innerliche geistige Leben, das höhere Selbstbewusstsein in uns.“

1 Szeemann 1978: 5, 10, 66
2 Meyrink 1981: 353 f.

Rudolf Steiner (1861–1925) und die Anthroposophische Gesellschaft – „Das Geistige im Menschenwesen muss zum Geistigen im Weltall führen.“

1 Frick 1978: II, 276
2 Lamprecht 2004: 194 f.
3 Steiner 1985: 12 f.
4 Steiner 1987: 47 f.
5 Steiner ebd.: 60 ff.
6 Steiner ebd.: 63 f., 69 ff.
7 Steiner ebd.: 67

Max Heindel (1865–1919) und die Rosicrucian-Fellowship (Rosenkreuzer–Gemeinschaft) – „Ein urteilsfähiger Verstand – ein fühlendes Herz – ein gesunder Körper.“

1 Lamprecht 2004: 211
2 Heindel o. J.: 520 ff.
3 Lamprecht 2004: 245
4 [Foss] 1969: 12 ff.
5 [Foss] 1969: 28

Internationale Schule des Goldenen Rosenkreuzes – Lectorium Rosicrucianum – Nur eine Generalreformation des Menschen und im Menschen gemäß der Fama und Confessio kann und wird auch zu einer Veränderung der Gesellschaft führen!“

1 Lex van den Brul in: Rosenkreuz als europäisches Phänomen… 2002: 384 ff.
2 Rijckenborgh 1981: 20 f., 29 f.
3 Lex van den Brul in: Rosenkreuz als europäisches Phänomen … 2002: 394

4 zitiert nach Edighoffer 1995: 125 f.
5 Lamprecht 2004: 288 ff.

The Hermetic Order of the Golden Dawn (1888–1903) und seine Ableger – Magier der Goldenen Morgenröte

1 R. A. Gilbert in Zeitschrift GNOSTIKA, Oktober 1996: 26
2 Frick 1978: II,378
3 Regardie 1987/88: 57
4 Diehl 1999: 365 ff.
5 Ruppert 2004: 56
6 Regardie 1987/88: 59

Frauen im Hermetic Order of the Golden Dawn und seinen nachfolgenden Gesellschaften – Schön, emanzipiert, willensstark und mit Führungsanspruch

1 Alle Fotos entstammen Mary K. Greer: WOMAN OF THE GOLDEN DAWN. Inner Traditions, Rochester, Vermont, 1996

Arnold Krumm-Heller (1816–1949) und die Fraternitas Rosicruciana Antiqua (F.R.A.) – „Gott als Universalgeist oder Zentralsonne ist die einzige allgemeine Wahrheit."

1 König 1995: 12 ff.
2 König 1995: 37, 76 f.

Auf der ewigen Suche nach dem Geheimnis C. R. – „Die wichtigste Entscheidung für die Erleuchtung ist der Wunsch, sich dem Wohl des Ganzen zu widmen."

1 Schuster 1905: I, 527
2 Gebelein 1996: 227
3 Rebisse 2007: 112

Der König mit goldener Krone schwimmt im tiefen (Seelen-) Meer und schreit mit „überlauter" Stimme: „Warum helft ihr mir nicht! Warum kommt nicht jedermann/frau gelaufen und errettet mich aus der Not des Wassers? So ihr weise seid, bringt mich in mein Reich, und es soll euch zu keiner Zeit mehr Armut drücken oder eine schwere Krankheit." Der Lohn ist hoch. Also ergreift den König, das dominierende Bewusstsein unseres Selbst, und rettet ihn aus dem Wasser des Unbewussten! Kupferstich aus Michael Maier: ATALANTA FUGIENS, Oppenheim 1618

Literatur

Agrippa von Nettesheim, Heinrich C. 1982: Die magischen Werke, Wiesbaden

Albertini, Tamara 1991: Marsilio Ficino: Das Problem der Vermittlung von Denken und Welt in einer Metaphysik der Einfachheit, München

Amaryllis, Anna 1996: Die Weiße Bruderschaft. Freunde im Licht, Woldert

Andramoi, H. B. 1959: Die Rosenkreuzer von Westmour Castle. Erlebnisse auf dem Wege zur Weißen Loge. Roman einer Einweihung. Freiburg

Andreae, Johann Valentin 1976: Fama Fraternitatis. Confessio Fraternitatis. Chymische Hochzeit: Christiani Rosencreutz. Anno 1459. Eingeleitet und heraus-gegeben von Richard van Dülmen. 2. Aufl., Stuttgart

Arnold, Klaus 1991: Johannes Trithemius (1462–1516), Würzburg

Auernheimer, Richard/Baron, Franz 1991: Johannes Trithemius. Humanismus und Magie im vorreformatorischen Deutschland. Bad Kreuznacher Symposien, München – Wien

Baker, Dora 1983: Giovanni Pico della Mirandola, Dornach

Balzac, Honoré de 1998: Buch der Mystik. Erzählungen, Zürich

Bauer, Hans 1963: Der wunderbare Mönch. Leben und Kampf Roger Bacons, Leipzig

Benz, Ernst 1948: Emanuel Swedenborg, Naturforscher und Seher, München

Benz, Ernst 1976: Franz Anton Mesmer (1734–1815) und seine Ausstrahlung in Europa und Amerika. Abhandlungen der Marburger Gelehrten Gesellschaft, Jg. 1973, Nr. 2, München

Bernard, Christian 1997: So möge es sein, Baden-Baden

Betz, Otto 1996: Licht vom unerschaffenen Lichte. Die kabbalistische Lehrtafel der Prinzessin Antonia in Bad Teinach, Metzingen

Bissing, Wilhelm Moritz Freiherr von 1955: Friedrich Wilhelm II., König von Preußen, Berlin

Bloch, Ernst 1968: Das Prinzip Hoffnung, Frankfurt a. M.

Brambach, W. 1893: Des Raimundus Lullus Leben und Werke in Bildern des XIV. Jahrhunderts, Karlsruhe

Brandt, Arnim M. 1983: Bau deinen Altar auf fremder Erde. Die Deutschen in Amerika – 300 Jahre Germantown, Stuttgart

Braun, Lucien 1990: Paracelsus. Alchimist – Chemiker, Erneuerer der Heilkunde, Zürich

Brod, Max 1988: Johannes Reuchlin und sein Kampf. Eine historische Monographie, Wiesbaden

Case, Paul Foster 2002: Der Wahre und Unsichtbare Oden vom Rosenkreuz, 2 Bde, Schalksmühle

Churton, Tobias 2006: The Magus of Freemasonry. The Mysterious life of Elias Ashmole – Scientist, Alchemist an Founder of the Royal Society, Rochester, Vermont

Cleugh, James 1995: Die Medici, Macht und Glanz einer europäischen Familie, 8. Aufl., München

Clymer, Reuben Swinburne 1935: The Rosicrucian Fraternity in America, 2 Bde., Quakertown

Coudert, Allison P. 1995: Leibniz und die Kabbalah, Dordrecht–Boston–London

Dee, John 1982: Die Monas-Hieroglyphe, Interlaken

Diehl, Lothar 1998: Initiatenorden und Mysterienschulen. Ein Führer für Suchende auf dem westlichen Erkenntnisweg, Berlin

Dörfler, Peter 1979: Albertus Magnus, München–Zürich

Ebeling, Florian 2005: Das Geheimnis des Hermes Trismegistos. Geschichte des Hermetismus, München

Eco, Umberto 1997: Die Suche nach der vollkommenen Sprache, München

Edighoffer, Roland 1995: Die Rosenkreuzer, München

Eranos Jahrbuch 1938 (Bd. VI) 1939: Gestalt und Kult der Großen Mutter, Zürich

Faivre, Antoine 1979: (zusammen mit Rolf Christian Zimmermann): Epochen der Naturmystik. Hermetische Tradition im wissenschaftlichen Fortschritt, Berlin

Federmann, Reinhard 1964: Die Königliche Kunst. Eine Geschichte der Alchimie, Wien

Flamel, Nikolaus 1996: Chymische Schriften, mit einem Vorwort von Hans Thomas Hakl, Sinzheim

Florey, Ernst 1995: Ars Magnetica. Franz Anton Mesmer 1734–1815, Magier vom Bodensee, Konstanz

[Foss, Augusta] 1969: Ursprung und Entstehung der Rosenkreuzergemeinschaft, Darmstadt

Frick, Karl R. H. 1973: Die Erleuchteten. Gnostisch-theosophische und alchemistisch-rosenkreuzerische Geheimgesellschaften bis zum Ende des 18. Jahrhunderts. Ein Beitrag zur Geistesgeschichte der Neuzeit, 2. Aufl., Graz

Frick, Karl, R. H. 1978: Licht und Finsternis. Gnostisch-theosophische und freimaurerisch-okkulte Geheimgesellschaften bis an die Wende zum 20. Jahrhundert, Wege in die Gegenwart, 2 Bde., Graz

Frietsch, Wolfram 1999: Die Geheimnisse der Rosenkreuzer, Reinbek bei Hamburg

Frietsch, Wolfram 2006: Newtons Geheimnis. Wissenschaft und Esoterik – Zwei Seiten einer Medaille, Gaggenau

Fulcanelli 2004: Das Mysterium der Kathedralen und die esoterische Deutung der hermetischen Symbole des Großen Werks. Vollständige deutsche Ausgabe nach der dritten Ausgabe (Paris 1964), Basel

Gebelein, Helmut 1996: Alchemie, 2. Aufl., München

Gilly, Carlos (Red.) 1995: Cimelia Rhodostaurotica. Die Rosenkreuzer im Spiegel der zwischen 1610 und 1660 entstandenen Handschriften und Drucke. Ausstellung der Bibliotheca Hermetica Amsterdam und der Herzog August Bibliothek Wolfenbüttel, Amsterdam

Gilly, Carlos o. J.: ITER ROSICRUCIANUM. Auf der Suche nach unbekannten Quellen der frühen Rosenkreuzer. Unveröffentlichtes Manuskript

Gnädiger, Louise 1993: Johannes Tauler, Lebenswelt und mystische Lehre, München

Godwin, Joscelyn 1979: Robert Fludd. Hermetic Philosopher and Surveyor of two Worlds, London

Godwin, Joscelyn/Chanel, Christian/Deveney, John Patrick 1995: The Hermetic Brotherhood of Luxor: Initiatic and Historical Documents of an Order of Practical Occultism, York Beach

Graßl, Hans 1968: Aufbruch zur Romantik. Bayerns Beitrag zur deutschen Geistesgeschichte 1765–1785, München

Greer, Mary K. 1996: Woman of the Golden Dawn. Rebels and Priestesses, Rochester, Vermont

Hartmann, Dr. Franz 1963: Unter den Adepten und Rosenkreuzern, Berlin

Hasner, Josef von 1872: Tycho Brahe und J. Kepler in Prag. Eine Studie, Prag

Hauschulz, Kurt 1967: Der Martinistenorden, Icking

Heindel, Max o. J.: Die Weltanschauung der Rosenkreuzer. Das esoterische Christentum der Zukunft, Darmstadt

Heinekamp, Albert/Hein, Isolde/Stiftung Niedersachsen 1994: Leibniz und Europa, Hannover

Heinz-Mohr, Gerd/Sommer, Volker 1988: Die Rose, Entdeckung eines Symbols, München

Horti 1985: Der Herrenhäuser Garten und seine Statuen. Bedeutung – Symbolik, Bad Münder

Jamblichus 1922: Über die Geheimlehre. Aus dem Griechischen übersetzt, eingeleitet und erklärt von Theodor Hopfner, Leipzig

Joachim-Jungius-Gesellschaft für Wissenschaft Hamburg (Hrsg.) 1957: Die Entfaltung der Wissenschaft. Festschrift zur Tagung der Jungius-Gesellschaft vom 31. 10. 1957–1. 11. 1957 in Hamburg, Glückstadt

Jung, Carl Gustav 1984: Psychologie und Alchemie. Traumsymbole des Individuationsprozesses. Die Erlösungsvorstellungen in der Alchemie u. a., 4. Auflage, Olten und Freiburg

Jung, Carl Gustav 2001: Paracelsus, Alchimie und die Psychologie des Unbewussten, Königsfurt

Karst, Theodor 2004: Johann Peter Müller – ein Pfälzer Wiedertäufer im Kloster Ephrata in Pennsylvanien, aus: Kaiser, Karlwerner (Hrsg.): Alsenborn 872–1972, Otterbach

Khunrath, Heinrich 1990: VOM HYLEALISCHEN, DAS IST/PRI-MATERIALISCHEN CATHOLISCHEN, ODER ALLGEMEINEM NATÜRLICHEN CHAOS ... Faksimile-Nachdruck der Ausgabe Magdeburg 1597, Graz

Kiefer, Klaus H. (Hrsg.) 1991: Cagliostro. Dokumente zu Aufklärung und Okkultismus, Franfurt a. M.–Wien

Kiesewetter, Karl 1893: John Dee. Das magische Leben des größten Spiritisten des 16. Jahrhunderts, Leipzig

Kiesewetter, Karl 1977: Geschichte des Neueren Occultismus. Geheimwissenschaftliche Systeme von Agrippa von Nettesheim bis zu Carl du Prel, Schwarzenburg

Kirchhoff, Jochen 1993: Giordano Bruno, 4. Aufl., Rowohlts Bildmonographien, Reinbek

Kling, Hermann und Rhein, Stefan (Hrsg.) 1994: Johannes Reuchlin (1455–1522), Nachdruck der 1955 von Manfred Krebs herausgegebenen Festgabe, Sigmaringen

Knox, Ronald A. 1957: Christliches Schwärmertum. Ein Beitrag zur Religionsgeschichte, Köln und Olten

König, Peter-R. 1995 (Hrsg.): Ein Leben für die Rose, (Arnoldo Krumm-Heller), München

Krauß, Christel 1994: … und ohnehin die schönen Blumen. Essays zur frühen christlichen Blumensymbolik, Tübingen

Kuper, Michael (Hrsg.) 1993: John Dee und der Engel vom westlichen Fenster, Berlin

Kuper, Michael 1996: Roger Bacon. Der Mann, Bruder Williams Lehrer war, Berlin

Kuper, Michael 1998: Johannes Trithemius, der Schwarze Abt; Berlin

Laarss, R. H. 1922: Eliphas Lévi, der große Kabbalist und seine magischen Werke, herausgegeben und mit einem Vorwort von Gustav Meyrink, Wien–Berlin

Lamprecht, Harald 2005: Geschichte, Organisation und Selbstverständnis von Rosenkreuzerorganisationen des 19. und 20. Jahrhunderts, Göttingen

Landgraf Carl von Hessen (1744–1836), Statthalter in den Herzogtümern Schleswig und Holstein 1996: Ausstellung im Landesarchiv Schleswig-Holstein, Schleswig

Lehnhoff, Eugen 1929: Die Freimaurer, Zürich–Leipzig–Wien

Lehnhoff, Eugen 1931: Politische Geheimbünde, Zürich–Leipzig–Wien

Lehrs, Ernst 1962: Der rosenkreuzerische Impuls im Leben und Werk von Joachim Jungius und Thomas Traherne. Studien und Versuche 5, Stuttgart

Lemcke, Mechthild 1995: Johannes Kepler, Rowohlts Bildmonographien, Reinbek

Lévi, Eliphas 1978: Geschichte der Magie, 2. Bde, Basel

Lévi, Eliphas 2006: Das Buch der Weisen – Die Salomonischen Schlüssel, Sinsheim

Llull, Ramón 1992: Das Buch vom Freunde und Geliebten, übersetzt und herausgegeben von Erika Lorenz, Freiburg

Lohr, Charles/Pindl-Büchel, Theodor/Büchel, Walburga (Hrsg.) 1990: Brevicvlvm sev electorivm parvvm Thomae Migerii (Le Myésier), Tournhout

Lohrum, Meinolf 1991: Albert der Große, Forscher – Lehrer – Anwalt des Friedens, Mainz

Maier, Michael 1964: Atalanta Fugiens, Faksimile-Druck der Oppenheimer Originalausgabe von 1618 mit 52 Stichen [von Matthaeus Merian d. Ä.], Stuttgart

McIntosh, Christopher 1987: The Rosicrucians. The history and mythology of an occult order, Wellingborough, Northamptonshire

Meinel, Christoph 1984: In physicis futurum saeculum respicio. Joachim Jungius und die Naturwissenschaftliche Revolution des 17. Jahrhunderts, Göttingen

Meister Eckhart 1991: Einheit im Sein und Wirken, hrsgg. von Dietmar Mieth, 3. Aufl., München

Merkelbach, Reinhold 1962: Roman und Mysterium in der Antike. Eine Untersuchung zur Religion, München

Miers, Horst E. 1993: Lexikon des Geheimwissens, München

Möller, Helmut/Howe, Ellic 1986: Merlin Peregrinus. Vom Untergrund des Abendlandes, Würzburg

Neugebauer-Wölk, Monika (Hrsg.) 1999: Aufklärung und Esoterik. Studien zum achtzehnten Jahrhundert, Bd. 24, Hamburg

Nigg, Walter 1990: Das mystische Dreigestirn: Meister Eckhart, Heinrich Seuse, Johannes Tauler, Zürich

Oppeln-Bronikowski, Friedrich von 1927: Abenteurer am Preußischen Hofe 1700–1800, Berlin–Leipzig

Pagel, Walter 1962: Das medizinische Weltbild des Paracelsus, seine Zusammenhänge mit Neuplatonismus und Gnosis, Wiesbaden

Peuckert, Will Erich 1928: Die Geschichte der Rosenkreuzer. Zur Geschichte einer Reformation, Jena

Porphyrios 1958: Über Plotins Leben, in: Plotins Schriften, Band Vc: Anhang, Hamburg

Pötsch, Winfried R./Fischer Annelore/Müller, Wolfgang/Cassebaum 1989: Lexikon bedeutender Chemiker, Frankfurt a. M.

Rath, Wilhelm 1985: Der Gottesfreund vom Oberland. Sein Leben, geschildert auf Grundlage der Urkundenbücher des Johanniterordens „Zum Grünen Wörth" in Straßburg, 4. Aufl., Stuttgart

Read, Piers Paul 2005: Die Templer. Die Geschichte der Tempelritter, des geheimnisvollen Ordens der Kreuzzüge, München

Rebisse Christian 2007: Geschichte und Mythos der Rosenkreuzer. Von den Anfängen bis zur Gegenwart, Baden-Baden

Regardie, Israel 1987/88: Das magische System des Golden Dawn, 3 Bde., Freiburg

Reinalter, Helmut (Hrsg.) 1986: Freimaurer und Geheimbünde im 18. Jahrhundert in Mitteleuropa, 2. Aufl., Frankfurt

Reinalter, Helmut (Hrsg.) 1992: Aufklärung und Geheimgesellschaften: Freimaurer, Illuminaten und Rosenkreuzer: Ideologie – Struktur – Wirkungen. Internationale Tagung am 22./23. Mai 1992 an der Leopold-Franzens-Universität, Innsbruck, Bayreuth 1992

Rijckenborgh, Jan van (d. i. Jan Leene) 1980: Das Bekenntnis der Bruderschaft des Rosenkreuzes. Confessio Fraternitatis R. C., Haarlem

Rijckenborgh, Jan van (d. i. Jan Leene) 1983: Die Alchemische Hochzeit von Christian Rosenkreuz, 2 Bde., Haarlem

Rijckenborgh, Jan van (d. i. Jan Leene) 1985: Der Ruf der Bruderschaft des Rosenkreuzes. Esoterische Analyse der Fama Fraternitatis R. C., Haarlem

Roob, Alexander 1996: Das Hermetische Museum. Alchemie und Mystik, Köln

Ruppert, Hans-Jürgen 2004: Rosenkreuzer, München

Ruska Julius 1931: Turba Philosophorum. Ein Beitrag zur Geschichte der Alchemie. Quellen und Studien zur Geschichte der Naturwissenschaften und der Medizin. Herausgegeben vom Institut für Geschichte der Medizin und der Naturwissenschaften in Berlin, Heidelberg

Schäfer, Gerhard 1984: Johann Valentin Andreä. Im Zeichen von Kreuz und Rose – Der Calwer Dekan in: Der Landkreis Calw. Ein Jahrbuch, Calw

Schick, Dr. Hans 1980: Die geheime Geschichte der Rosenkreuzer. Nachdruck der Ausgabe Berlin 1942, Schwarzenburg/Schweiz

Scholem, Gershom 1993: Die jüdische Mystik in ihren Hauptströmungen, Frankfurt

Schuster, Georg 1905: Geheime Gesellschaften, Verbindungen und Orden, Nachdruck o. J., 2 Bde., Wiesbaden

Seligmann, Kurt o. J.: Das Weltreich der Magie. 5000 Jahre geheime Kunst, Wiesbaden

Sievert, Hans H. 1996: Im Zeichen von Kreuz und Rose. Zur Geschichte der Rosenkreuzer, Berlin

Steiner, Gerhard 1987: Freimaurer und Rosenkreuzer. Georg Forsters Weg durch de Geheimbünde. Neue Forschungsergebnisse aufgrund bisher unbekannte Archivalien, Berlin

Steiner, Rudolf 1985: Die Theosophie des Rosenkreuzes, GA 99, 7. Aufl., Dornach

Steiner, Rudolf 1987: Das esoterische Christentum und die geistige Führung der Menschheit, GA 130, 3 Aufl., Dornach

Symonds, John 1983: Aleister Crowley. Das Tier 666, Basel

Szeemann, Harald (Hrsg.) 1978: Monte Verita. Berg der Wahrheit. Lokale Anthropologie als Beitrag zur Wiederentdeckung einer neuzeitlichen sakralen Topographie, Locarno–Milano

Tegtmeier, Ralph 1989: Aleister Crowley. Die tausend Masken des Meisters, München

Tetzlaff, Irene 1980: Der Graf von Saint Germain. Licht in der Finsternis, Stuttgart

Tetzlaff, Irene 1992: Unter den Flügeln des Phönix. Der Graf von Saint Germain. Aussagen – Meinungen – Überlieferungen, Stuttgart

Tilton, Hereward 2003: The Quest for the Phoenix. Spiritual Alchemy and Rosicrucianism in the Work of Count Michael Maier (1569–1622), Berlin–New York

Vaillant, Bernard 1986: Westliche Einweihungslehren, München

Volz, Gustav Berthold 1923: Der Graf von Saint-Germain. Das Leben eines Alchimisten nach größtenteils unveröffentlichten Urkunden, Dresden

Waite, Arthur F. 1973: The Brotherhood of the Rosy Cross. Nachdruck der Ausgabe von 1924, New York

Walter, Ingeborg 2003: Der prächtige Lorenzo de' Medici und seine Zeit, 2. Aufl., München

Webb, James 1976: The Occult Establishment, La Salle

Weber, Franz Michael 1962: Kaspar Schwenckfeld und seine Anhänger in den freybergischen Herrschaften Justingen und Öpfingen. Ein Beitrag zur Reformationsgeschichte im Alb-Donau-Raum, Stuttgart

Wehr, Gerhard 1975: Esoterisches Christentum. Aspekte, Impulse, Konsequenzen, Stuttgart

Wehr, Gerhard 1979: Jakob Böhme – der Geisteslehrer und Seelenführer, Freiburg

Wehr, Gerhard 1980: Christian Rosenkreuz, Freiburg

Wehr, Gerhard 1980: Franz von Baader. Zur Reintegration des Menschen in Religion, Natur und Erotik, Freiburg

Wehr, Gerhard 1989: Meister Eckhart, Rowohlts Bildmonographien, Reinbek

Wehr, Gerhard 1995: Louis Claude de Saint-Martin, der unbekannte Philosoph, Berlin

Westenberg, Ger 2007: Max Heindel und The Rosicrucian Fellowship, Den Haag (Privatdruck)

Wilber, Ken 2003: Spektrum des Bewusstseins. Eine Synthese östlicher und westlicher Psychologie, 6. Aufl., Reinbek

Wissende, Eingeweihte und Verschwiegene. Esoterik im Abendland 1986: Ausstellungskatalog der Zentralbibliothek Zürich, 2. Aufl., Zürich

Yates, Frances A. 1975: Aufklärung im Zeichen des Rosenkreuzes, Stuttgart

Yates, Frances A. 1979: Die okkulte Philosophie im Elisabethanischen Zeitalter, Amsterdam

Yates, Frances A. 1989: Giordano Bruno in der englischen Renaissance, Berlin

Zerling, Clemens 2003: Lexikon der Tiersymbolik. Mythologie – Religion – Psychologie, hrsgg. von Wolfgang Bauer, München

Zerling, Clemens 2007: Lexikon der Pflanzensymbolik, CH-Baden – München

Zika, Charles 1998: Reuchlin und die okkulte Tradition der Renaissance, Sigmaringen

Zippert, Erwin o. J.: Die Große Befreiung, Teil III, Ikking (Privatdruck)

Danksagung

Ich danke Dr. Wolfram Frietsch für die vielfältige Unterstützung, vor allem bei der Sammlung des Bild- und Fotomaterials, und meiner Lebensgefährtin Barbara Aigmüller für die unermüdliche inhaltliche Auseinandersetzung, welche die Arbeit enorm befruchtete.

Nicht ausgewiesene Fotos, Bilder und Cover entstammen aus den privaten Archiven von Wolfgang Bauer, Frankfurt a. M.; Lothar Diehl, München; Martin Erler, Icking; Thomas Hakl, Graz; den Verlagsarchiven AAGW, Sinsheim, und Zerling, Bad Reichenhall. Ihnen allen sei auf diesem Wege herzlich gedankt.

Folgenden Archiven, Bibliotheken, Museen und Privatpersonen danke ich herzlich für die Bereitstellung von Bild- und Fotomaterial:

- Archiv A. M. O. R. C.
- Archiv F. R. S.
- Archiv Internationale Schule des Rosenkreuzes, Lectorium Rosicrucianum
- Archiv Peter-R. König
- Archiv Rudolf Steiner Stiftung, Dornach
- Archiv S. R. i. A.
- Archiv The Rosicrucian Fellowship, Oceanside
- Bayerische Staatsbibliothek, München
- Bibliotheca Philosophica Hermetica, Amsterdam
- Château la Tour Voucros
- Dominikanerkonvent, St. Andreas, Köln
- Edelmayer Jürgen, Weyer
- Ernst Franz + Sternberg Verlag, Riederich
- Franckesche Stiftungen, Halle
- Germanisches Nationalmuseum, Nürnberg
- Hessische Hausstiftung, Schloss Fasanerie, Eichenzell
- Joachim-Jungius-Gesellschaft, Hamburg
- Monacensia Literaturarchiv der Münchener Stadtbibliothek
- Museum Burg Beeskow, Brandenburg
- Pomaska Sigrid, Schalksmühle
- Stadtarchiv der Hansestadt Rostock
- Stadtarchiv Eberbach/Neckar, Dr. Lenz
- Stadtarchiv Sulzbach-Rosenberg, Herr Hartmann
- Steiner Thomas, A-Wieselburg
- Universitätsbibliothek Frankfurt a. M.
- Universitätsbibliothek Mannheim
- Universitätsbibliothek Salzburg, Sammlung Besold
- Valentin-Weigel-Gesellschaft, Marburg, Dr. Horst Pfefferl
- Westerburg Ger, NL-Laag-Soeren
- Wiener Bezirksmuseum Landstrasse, Professor Karl Hauer
- Württembergische Landesbibliothek Stuttgart

Sollten wir aus Unkenntnis Bildrechte verletzt haben, bitten wir um Entschuldigung und korrigieren dies in einer Neuauflage.

Namen- und Sachregister

Abraham von Worms   141
Abramelin   141
Adami, Tobias   67
Affelmann, Johann   32
Agrippa von Nettesheim, Heinrich C.   41, 50 f., 65, 99, 116, 141
Ahathoor Tempel Nr. 7   141, 145
Albertus Magnus   40, 42, 56, 63, 65
Amberlain, Robert   114
Anderson, James   100
Andreae, Johann Valentin   9, 10, 13, 22–25, 27, 32 f., 42, 49, 55, 57, 59, 67, 70 f., 76, 79, 83, 86, 90, 98 f., 135, 139, 147 f.
Antiquus Mysticus[que] Ordo Rosae Crucis (A. M. O. R. C.)   22, 83, 119, 121, 126 f.
Antonia, Prinzessin von Württemberg (Antonia von Württemberg)   71 f.
Apollonius von Tyana   8, 13, 36, 38
Aristoteles   62
Arnd(t), Johann   70
Ashmole, Elias   31, 54, 86–89, 100, 128
Astrum Argenteum   141, 143
Atkinson, William W.   126
Avicenna (Abu Ali al-Hussein Ibn Abdallah Ibn Sina)   42

Bacon, Francis 67, 76, 78, 82 f., 86, 88 f., 93, 120, 149
Bacon, Roger   40–42, 50, 56, 80, 93, 118
Baillet, Adrien   115
Balsamo, Guiseppe (siehe Alessandro Graf von Cagliostro)   94 f.
Balzac, Honoré de   113
Barlet, François-Charles   118
Bassus, Thomas de   111
Beissel, Conrad   122 f.
Bergson, Henri   145
Berridge, Edward   141
Besant, Annie   83, 93, 133 f.
Besold, Christoph   10, 24 f., 29, 66, 149
Bessarion, Basilius   60
Bischoffswerder, Rudolf von   104 f., 107
Blavatsky, Helena   16, 132 f.

Boccalini, Traiano   11 f., 67
Böhme, Jakob   63, 71, 73 ff., 91, 108, 113, 120, 138
Böhmische Brüder   16, 78 f.
Boissin, Firmin   118
Bonifatius VIII. (Papst)   43
Brahe, Tycho   29
Brandis, Alma von   136
Brotoffer, Radtich   23
Brouncker, William Viscount   89
Brown, Edward   124
Brüder des gemeinsamen Lebens   147
Bruno, Giordano   45, 64–67, 98
Builders of the Adytum (B. O. T. A.)   142
Bulwer-Lytton, Edward George; 1st Baron Lytton   8, 130 f.

Cadiot, Marie-Noémi   130 f.
Cagliostro, Alessandro Graf von (Guiseppe Balsamo)   94 f., 101, 106
Campanella, Tommaso   33, 65 ff., 78, 83
Carpenter, William   129
Casanova, Giacomo   92
Casaubon, Isaak   39
Case, Paul Forster   16, 87, 93, 112, 131, 142
Catharose de Petri (siehe Henriette Stok-Huyzer)   138
Causabon, Méric   36, 80 f.
Chaboseau, Augustin   114, 118
Chevaliers Bienfaisants de la Cité Sainte (C. B. C. S.)   114
Chevallerie, Arnauld de la   47
Christian August, Pfalzgraf und erster Herzog von Pfalz und Sulzbach   69
Christian I., Fürst von Anhalt-Bernburg   77
Christina, Königin von Schweden   116
Christliche Gesellschaft (siehe Societas christiana)   24, 79, 90
Cibinensis, Melchior   42
Clemens IV. (Papst)   41
Clemens V. (Papst)   43
Clymer, Emerson   125

Clymer, Reuben S.   125, 146
Columbus, Christoph   93
Comenius, Johann A.   11, 18, 33, 78 f., 86, 88 f., 99, 135
Cork, Richard Graf von   88
Croll, Oswald   30, 77
Crowley, Aleister (Eduard Alexander)   142 f.
Crucifera Militia Evangelica   26 f., 125

Dantinne, Emile   119
David, König von Israel   85
Davis, Ann   142
de Bry, Johann Theodor   31, 44, 116
d'Esterno, Graf (N.)   105
de Guaita, Marquis Stanislas   114, 118, 126
d'Olivet, Antoine Fabre   117 f.
Dee, John   36, 51, 54, 77, 80 f., 83 f., 86 f., 115, 128 f.
Demokrit (von Abdera)   41 f.
Descartes, René   33, 115 f.
Diogenes, Antonius   34
Dionysios Areopagita   60
Dionysos (griech. Gott)   7
Dorn, Gerhard   52, 76
Dury, John   86

Echnaton, Pharao von Ägypten   126
Ecker und Eckhoffen, Carl von   106
Eco, Umberto   45
Edighoffer, Roland   99 f.
Eglinus (von Götzen), Raphael   30
Elias (alttest. Prophet)   120
Elisabeth I., Königin von England   27, 81
Elisabeth, Pfalzgräfin (siehe Stuart, Elisabeth)   9, 76–78, 85, 91, 116, 120
Encausse, Gérard A. V. (siehe Papus)   114
Encausse, Philipp   114
Enke, Wilhelmine   105
Erler, Martin   119
[Esoterische] Gemeinschaft der Rosenkreuzer Sivas (Siegen/NRW)   139
[Esoterische] Gemeinschaft der Rosenkreuzer Sivas (Siegen/NRW)   139
Euklid (von Alexandria)   115
Evans, Violet M. F.   145

Falk, Johann Daniel   99, 129
Farr, Florence   141, 143 f.
Faulhaber, Johann   116
Faustus, Johann (Dr. Faustus)   51, 123
Felichiani, Lorenza (Gräfin Cagliostro)   94
Felkin, Robert William   135, 142
Ferdinand, Herzog von Braunschweig-Lüneburg   106
Fichte, Johann G.   57
Ficino, Marsilio   34, 39, 51, 54, 60–64, 66, 68, 84
Fictuld, Hermann   103
Flamel, Nicholas   46 f.
Flamel, Peronelle   46 f.
Fludd, Robert   31, 69, 81, 84 f., 87 f., 97, 128
Fortune, Dion   145
Foss(-Heindel), Augusta   136 f.
Franckenberg, Abraham von   74 f.
Franklin, Benjamin   125
Fraternitas Rosae Crucis (F. R. C.)   125, 146
Fraternitas Rosicruciana Antiqua in Mexiko   146
Fraternity of the Inner Light   145
Freud, Sigmund   97
Frick, Karl   64
Friedrich August, Prinz von Braunschweig   92
Friedrich I., Herzog von Württemberg   27
Friedrich I., König von Böhmen (siehe Friedrich V., Kürfürst von der Pfalz)
Friedrich II. von Aragonien, König von Sizilien   42 f.
Friedrich II., König von Preußen (bis 1772 König *in* Preußen)   117
Friedrich V., Kürfürst von der Pfalz (Friedrich I., König von Böhmen)   9, 11, 76–78, 85, 120
Friedrich Wilhelm II., König von Preußen   104 f.

Galileo, Galilei   67
Garasse, François   117
Geber (Abu Musa Dschabir ibn Hajjan)   42